金融科技系列丛书

廖理 李鹏飞 王正位 ◎ 主编

金融科技研究
前沿与探索

FINANCIAL
TECHNOLOGY
RESEARCH
Frontiers and Explorations

中国经济出版社
CHINA ECONOMIC PUBLISHING HOUSE

·北京·

图书在版编目（CIP）数据

金融科技研究：前沿与探索 / 廖理，李鹏飞，王正位主编．
-- 北京：中国经济出版社，2020.10（2024.3 重印）
ISBN 978-7-5136-6336-6

Ⅰ．①金… Ⅱ．①廖…②李…③王… Ⅲ．①金融 -
科学技术 - 世界 - 文集 Ⅳ．① F830-53

中国版本图书馆 CIP 数据核字（2020）第 176751 号

责任编辑　杨　莹
文字编辑　郑潇伟
责任印刷　马小宾
封面设计　任燕飞

出版发行	中国经济出版社
印 刷 者	北京富泰印刷有限责任公司
经 销 者	各地新华书店
开　　本	710mm×1000mm　1/16
印　　张	22.75
字　　数	303 千字
版　　次	2020 年 10 月第 1 版
印　　次	2024 年 3 月第 5 次
定　　价	68.00 元

广告经营许可证　京西工商广字第 8179 号

中国经济出版社 网址 www.economyph.com 社址 北京市东城区安定门外大街 58 号 邮编 100011
本版图书如存在印装质量问题，请与本社销售中心联系调换（联系电话：010-57512564）

版权所有　盗版必究（举报电话：010-57512600）
国家版权局反盗版举报中心（举报电话：12390）　　服务热线：010-57512564

作者简介

廖 理

清华大学五道口金融学院讲席教授，博士生导师，教育部长江学者特聘教授，现任清华大学五道口金融学院常务副院长，清华大学金融科技研究院院长，主要研究领域包括金融科技、消费金融和公司金融。

李鹏飞

清华大学五道口金融学院博士后，研究领域包括金融科技、资本市场、公司金融。

王正位

金融学博士，清华大学五道口金融学院助理教授，博士生导师，清华大学金融科技研究院智慧金融研究中心副主任，研究领域包括金融科技、消费金融等多个领域。

目录

1 金融科技发展与研究

1.1 金融科技发展的基本格局 ········· 1
1.1.1 传统金融转型与重塑 ········· 3
1.1.2 资管与借贷的赋能 ········· 7
1.1.3 全新的融资模式 ········· 11
1.1.4 金融数据与信息服务 ········· 15

1.2 金融科技学术研究背景和趋势 ········· 18
1.2.1 金融科技研究领域分类 ········· 19
1.2.2 金融科技学术发表动态 ········· 22

1.3 本书结构设计 ········· 27

2 网络借贷

2.1 借款人信息的识别 ········· 29
2.1.1 人口统计学信息 ········· 30
2.1.2 认证信息 ········· 34
2.1.3 非认证信息 ········· 35
2.1.4 社会关系 ········· 42

2.2 出借人的行为 ··········· 56
2.2.1 信息识别 ··········· 57
2.2.2 风险厌恶 ··········· 59
2.2.3 羊群效应 ··········· 60
2.2.4 推荐群组 ··········· 63
2.3 网络借贷的定价机制与信用筛选 ··········· 65
2.3.1 信息不对称 ··········· 65
2.3.2 竞价和标价机制 ··········· 70
2.3.3 价格弹性 ··········· 71
2.3.4 利用利率期限进行信用筛选 ··········· 72
2.3.5 利用算法促进公平 ··········· 73
2.3.6 催收策略 ··········· 76
2.3.7 媒体作用 ··········· 78
2.4 网络借贷对于借款人的影响 ··········· 80
2.4.1 积极作用 ··········· 81
2.4.2 消极作用 ··········· 84
2.5 网络借贷与传统银行借贷 ··········· 90
2.5.1 竞争性与互补性 ··········· 91
2.5.2 信用卡之谜 ··········· 93

3 众筹

3.1 产品众筹 ··········· 95
3.1.1 产品众筹发起人或团队信息的识别 ··········· 95
3.1.2 产品众筹项目信息的识别 ··········· 111
3.1.3 投资人的行为 ··········· 121

3.1.4　产品众筹对发起人的影响 …………………………… 128
3.2　股权众筹 ……………………………………………………… 134
3.2.1　股权众筹发起人或团队信息的识别 ………………… 134
3.2.2　股权众筹项目信息的识别 …………………………… 138
3.2.3　投资者的自我效能 …………………………………… 145
3.3　捐赠众筹 ……………………………………………………… 147

4　另类数据

4.1　大数据与社会科学研究 ……………………………………… 149
4.2　消费者行为 …………………………………………………… 153
4.2.1　消费者平滑消费了吗？ ……………………………… 153
4.2.2　线上搜索预测消费行为 ……………………………… 156
4.2.3　支付方式 ……………………………………………… 159
4.2.4　线上团购 ……………………………………………… 164
4.2.5　数字足迹与信贷违约 ………………………………… 168
4.3　企业决策 ……………………………………………………… 170
4.3.1　企业融资成本 ………………………………………… 170
4.3.2　产品定价策略 ………………………………………… 171
4.3.3　企业招聘 ……………………………………………… 173
4.3.4　企业创新 ……………………………………………… 176
4.4　资产价格信息含量 …………………………………………… 179
4.4.1　另类数据如何影响资产价格有效性 ………………… 179
4.4.2　股票价格预测能力 …………………………………… 182
4.5　宏观经济研究 ………………………………………………… 187
4.5.1　另类数据在预测宏观产出指标的应用 ……………… 187

  4.5.2 另类数据在预测贫穷问题的应用 ……………………… 194
  4.5.3 线上消费数据的应用 …………………………………… 198
  4.5.4 渔业收入与海盗问题 …………………………………… 204

5 社交媒体

5.1 社交媒体与股票市场有效性 ………………………………… 207
  5.1.1 大众的智慧 ……………………………………………… 208
  5.1.2 股票价格预测能力 ……………………………………… 210
  5.1.3 市场流动性 ……………………………………………… 213
  5.1.4 个人持仓与信息有效性 ………………………………… 214
  5.1.5 企业战略性散布信息 …………………………………… 216

5.2 社交媒体的社会影响 …………………………………………… 219
  5.2.1 社会网络多样性对经济发展的影响 …………………… 219
  5.2.2 社交媒体对个人金融决策的影响 ……………………… 221
  5.2.3 社交媒体对组织声誉的影响：公共群体 ……………… 222
  5.2.4 社交媒体对组织声誉的影响：利益相关者 …………… 224
  5.2.5 社交媒体对新闻消费是竞争效应还是互补效应？ …… 225
  5.2.6 绩效反馈机制与用户原创内容 ………………………… 228

6 数字加密货币与区块链

6.1 数字加密货币与区块链的发展 ………………………………… 233
  6.1.1 简述比特币经济学 ……………………………………… 233
  6.1.2 比特币交易费用的演变 ………………………………… 235
  6.1.3 首次代币发行（ICO） …………………………………… 237
  6.1.4 加密货币市场的交易与套利 …………………………… 241

  6.1.5 区块链中的无名氏定理 …………………………… 243
 6.2 区块链技术的应用 ……………………………………………… 246
  6.2.1 智能合约 …………………………………………… 246
  6.2.2 基于区块链的资产交易结算 ……………………… 247
  6.2.3 金融系统网络中的去中心化 ……………………… 249
 6.3 数字加密货币交易中的异常行为 …………………………… 252
  6.3.1 比特币生态系统中的价格操纵 …………………… 252
  6.3.2 稳定币对数字货币价格的影响 …………………… 254
  6.3.3 利用加密数字货币从事非法活动 ………………… 256
 6.4 数字加密货币与法定货币的对比 …………………………… 258
  6.4.1 私人货币与政府货币如何等价？ ………………… 258
  6.4.2 私人货币的可行性 ………………………………… 261

7 人工智能与机器学习

 7.1 人工智能的发展与挑战 ……………………………………… 265
  7.1.1 人工智能的"理性"优势与挑战 ………………… 265
  7.1.2 人工智能会加剧不平等现象吗？ ………………… 267
 7.2 利用机器学习算法解决市场中的经济金融问题 …………… 269
  7.2.1 优化资产组合 ……………………………………… 269
  7.2.2 优化资产定价模型 ………………………………… 272
  7.2.3 建立新闻恐慌指数 ………………………………… 275
  7.2.4 预测个体行为 ……………………………………… 276
  7.2.5 道德风险与误判风险 ……………………………… 279
 7.3 利用机器学习算法进行学术研究 …………………………… 282
  7.3.1 会计和金融领域的文本分析 ……………………… 282

- 7.3.2 公司披露信息的识别 …… 284
- 7.3.3 金融科技创新的识别 …… 286
- 7.3.4 语言信号的识别 …… 287
- 7.3.5 社交媒体内容的识别 …… 289

8 国内金融科技研究

8.1 网络借贷 …… 294
- 8.1.1 借款人信息识别 …… 297
- 8.1.2 项目信息识别 …… 299
- 8.1.3 出借人行为 …… 301
- 8.1.4 网贷行业问题平台风险 …… 303
- 8.1.5 网贷利率外部影响因素 …… 306

8.2 众筹 …… 308
8.3 另类数据 …… 310
8.4 社交媒体 …… 312
8.5 数字加密货币与区块链 …… 313
8.6 人工智能与机器学习 …… 315

9 总结与展望

9.1 金融科技研究总结 …… 318
9.2 金融科技未来研究展望 …… 319

参考文献 / 321

索　引 / 347

1 金融科技发展与研究

1.1 金融科技发展的基本格局

从20世纪80年代开始,以互联网为代表的信息技术快速发展,也带来了人类生产和生活方式的巨大改变。在金融领域,互联网技术与金融业开始融合产生出我们称为"互联网金融"的业态,后来随着大数据、人工智能、云计算和区块链等技术不断应用于金融领域,我们使用"金融科技"来统称应用于金融领域的技术,以及由此带来的创新型产品、服务和商业模式。

金融科技从21世纪初开始在以美国为代表的发达国家率先发力,其他国家纷纷跟进,其中又以中国的表现一枝独秀。金融科技在全球的迅速崛起有着深刻的技术和制度背景。技术背景是指移动终端和互联网,以及其他技术的发展和应用;制度背景是指金融行业的放松管制。以美国为例,1975年,美国证券行业佣金的自由化带来了在线折扣经纪券商的发展；1986 年，利率的市场化则为互联网银行的发展铺平了道路；2010 年，奥巴马医保法案催生了一大批保险科技公司；2012 年通过的 JOBS 法案①更是为股权众筹融资模式的发展扫除了障碍。

金融科技在中国的发展也面临同样的机遇。一方面，互联网技术从 21 世纪初开始至今获得了长足的发展，网民数量和智能手机用户数量都位居世界前列，信息技术和金融业的发展日益融合；另一方面，我国金融体系的改革不断深入，多层次资本市场的建设和利率市场化制度加速推进。更重要的是，中国经济经过改革开放 40 多年的持续发展，居民可支配收入和财富水平不断增加，家庭资产负债表内的品类极大丰富，家庭资产和负债的管理为金融科技的发展提供了广阔的市场空间。与此同时，经济结构的转型，创业型经济的发展等制度变迁所催生的大量中小微企业也成为金融科技重要的目标市场。

从世界各国的发展状况来看，金融科技在经过早期的酝酿和缓慢发展之后，开始进入加速发展的新阶段，呈现出多业态、交叉性和爆发式的特点。多业态不但指传统的银证保机构的数字化转型，也指 P2P 网贷和众筹等全新的业态，既包括金融产品的互联网创新，也包括营销渠道创新和服务模式创新。交叉性指互联网平台尝试开展金融业务，同时，也包括金融产品和服务融入了社交和 O2O 等元素。爆发式是指金融科技能够巧妙利用互联网技术和平台进行获客，面对庞大的市场容量，其用户数量和业务往往能取得爆发式的增长。从 20 世纪末互联网和传统金融

---

① JOBS 法案，全称为 "Jumpstart Our Business Startups Act"，是指美国总统奥巴马在 2012 年 4 月 5 日签署的法案，旨在通过适当放松管制，完善美国小型公司与资本市场的对接，支持小型公司的发展。

开始结合，到如今的金融科技不断向纵深发展，我们把金融科技的发展格局分成以下几个方面：传统金融转型与重塑，资管与借贷的赋能，全新的融资模式，金融数据与信息服务及金融科技基础设施。

1.1.1 传统金融转型与重塑

金融科技对于金融业的改变第一个方面是推动传统金融的转型与重塑，具体表现为传统银行转型和银行科技、传统券商转型和证券科技、传统保险转型和保险科技。

传统银行转型和银行科技。传统的商业银行一直是金融系统的核心支柱之一，互联网技术的发展推动了银行业的变革。20 世纪 90 年代，出现了没有实体营业网点、通过互联网技术来提供服务的银行，我们将其称为"互联网银行 1.0"。

近年来，互联网银行模式进一步创新，出现了完全基于移动手机应用开展银行服务的数字银行，我们将其称为"互联网银行 2.0"。互联网银行 2.0 在发展初期普遍没有独立的银行牌照，多数选择与传统银行合作开展业务，类似于附在银行体系外的，提供创新技术服务、改善用户体验的外包公司。2016 年以后，以英国为主的欧洲国家对于金融科技逐渐采取更为开放的态度，越来越多的数字银行开始获得银行牌照，并独立开展银行业务。相较之下，美国对于数字银行的监管则较为严格，数字银行仍采用与传统银行合作的方式开展业务。

除互联网银行外，还存在部分科技公司，其本身不提供银行相关的存贷业务，而是利用科技手段为银行提供服务，帮助其改进业务流程、提高业务运作效率、提升用户体验等，我们称之为"银行科技"公司。

随着大数据、云计算与人工智能等创新型技术的发展，科技公司为银行提供的服务逐渐丰富，并且深入到前、中、后台各个业务领域。此外，从 2018 年开始兴起开放银行，金融科技公司通过提供 API 技术，实现银行与第三方之间的数据共享，为未来银行业务模式的发展提供了新的可能性。

我国在传统银行的数字化转型及新型数字化银行的创新这两条路上都进行了积极的探索。一方面，网商银行、微众银行和百信银行等新成立的银行以完全基于互联网的方式开展经营活动；另一方面，大量的传统银行开始使用互联网、大数据和人工智能等技术提升运营效率，改善客户体验，同时把越来越多的非核心业务外包给金融科技公司。

传统券商转型和证券科技。互联网等技术对于证券行业的推动在美国表现得比较典型。在互联网出现之前，证券投资者的交易需要注册经纪代理的协助。20 世纪中末期，随着 1975 年颁布的《有价证券修正法案》取消了交易固定佣金制度、90 年代末计算机的普及开始兴起网上证券交易业务，以及 1999 年颁布的《金融服务现代化法案》废除了分业经营的限制，使得传统的全服务券商开始分化，券商收取更低的交易佣金，提供更多样化的线上金融产品和服务，在线折扣经纪券商开始出现。该模式的出现满足了那些受过一定教育、有一定投资分析能力，但同时又对佣金价格比较敏感的客户需求。

与此同时，另一类券商模式"平台型券商"，也开始逐渐将科技应用到证券行业中来。平台型券商主要存在于美国，通常称之为独立经纪券商（Independent Broker Dealer），如 LPL Financial 等。平台通过为挂靠平台的理财师提供展业条件及合规服务，来经营证券交易与资产管理业务。与折扣券商相似,平台型券商兴起时间较早,在20世纪90年代后逐渐开始了线上服务,理财师从原先通过电话等方式与客户联系、提供交易服务转而利用互联网平台开展业务。

此后,随着移动互联网的兴起,以及年轻投资者对于证券交易更多样化的需求,"创新型经纪券商"诞生,其中,典型的代表为零佣金的Robinhood[1]与社交型的Motif Investing[2]。创新型经纪券商进一步满足了个人投资者对于低价、投资建议、流动性等方面的需求。而与此同时,在线经纪券商模式已经进入成熟型阶段。

伴随着创新型经纪券商的发展,另一类服务于证券行业的科技公司也于21世纪开始兴起,我们将之称为"证券科技"公司。该类公司旨在通过互联网及创新型技术,为证券公司等提供如投研、风控等业务的服务。由于我国券商牌照的发放及交易佣金的管理比较严格,证券业基于互联网等技术的创新发展多表现为证券公司与证券科技公司的合作。需要指出的是,我国的证券市场虽然建立相对较晚,但还是较快地赶上了基于互联网提供交易服务的节奏。近年来,随着金融科技的不断发展与此领域创业公司的不断涌现,以及投资者对于金融服务要求的提高,越来越多的证券机构和基金公司开始着眼于将创新型技术引入传统的业务中。

---

[1] Robinhood成立于2015年,是一款免交易费的股票交易平台。
[2] Motif Investing成立于2010年,是一家提供主体投资服务和社区平台功能的股票交易网络券商。

传统保险转型与保险科技。互联网与保险的结合也是发端于 20 世纪末,早期以渠道为切入点,体现为传统保险公司的网销电销。随着互联网和移动终端的不断普及,出现了一批集中发力互联网销售的保险中介平台,这些平台有些具有独特的获客能力,有些建立了保险产品的网上比价机制,大幅度推进了基于互联网销售的保险业务的比例。在这个过程中,创新能力较强的保险中介开始跟保险公司合作,基于场景开发了新的保险品种,比如手机碎屏险、航空延误险和旅行意外险等,保险中介基于场景和保险公司联合开发新产品,特别是财险的新产品——是保险业和互联网结合的第一个重要的成果,财险在互联网的推动下迎来了自己的春天。

与此同时,传统保险公司也开始探索除网销电销之外的新技术以改善产品设计及运营的效率,这一方面体现为公司内部的创新,另一方面体现为跟越来越多涌现出来的保险科技公司的合作。公司内部的创新以使用 UBI 技术[①]为代表,UBI 的含义是基于使用者的保险,即通过在车辆上安装传感器等设备,保险公司可以提取车辆的行驶数据和驾驶员的行为数据,从而实现差别化定价。还有的大型传统健康险公司通过鼓励投保人使用可穿戴设备来采集客户的日常数据,在进行差别化定价的同时还能够鼓励客户培养健康的生活习惯等。

传统保险公司还有一个重要的转型路径就是跟保险科技公司合作来推动创新,这也有助于建立一个友好的保险科技的生态,进而鼓励保险科技的新创公司不断涌现出来。这些新创公司针对市场需求和保险公司

---

① UBI 技术(Usage-Based Insurance)。

的效率低下的环节，利用大数据和人工智能等技术在产品设计、营销、定损理赔、反欺诈、数据服务和其他增值服务等方面都进行了探索和突破。在这个过程中也出现了全新类型的保险公司，比如中国的众安保险和美国的奥斯卡公司。众安保险是一家不同于传统保险的、完全基于互联网来进行设计和运营的公司，而奥斯卡公司则在很大程度上颠覆了我们对传统健康险的认知，它通过给客户提供免费的非处方药、体检，以及基于大数据和人工智能的医疗服务来加强对客户的健康管理，从而大大降低了公司的赔付和运营成本。

1.1.2 资管与借贷的赋能

金融科技如果对于传统金融行业的变革更多地立足于供给侧的角度，那么对于企业和家庭特别是家庭的作用则体现在需求侧，使其非常方便和高效地进行借贷和资产配置管理，即资管和借贷的赋能。针对家庭和企业的借贷主要表现为互联网消费金融和互联网公司金融，针对家庭资产的配置管理则表现为智能投顾。

互联网消费金融。互联网消费金融是传统消费金融业务的线上化，其技术基础是移动支付、互联网获客，以及根据客户大数据实现的风险定价和反欺诈，其业务生态可以分为从事互联网消费金融业务的机构及消费金融科技公司。

从事互联网消费金融业务的机构，涵盖了由传统银行、消费金融公司等持牌金融机构、各类大型互联网电商平台、大型消费品公司的互联网平台、新兴的互联网消费金融公司及互联网小贷公司等。其中，传统银行、消费金融公司等持牌金融机构由于拥有资金、牌照、原有客户群、合规等优势，在行业中占有重要地位。其他各类互联网平台则拥有客户及数据优势，通过技术手段对用户实现精准定价，并且充分发挥自身互联网基因，为用户提供基于场景的消费金融业务。而新兴的互联网小贷公司则可以跟拥有某类场景的公司合作，结合用户特定需求，为用户提供基于细分市场的消费金融产品，如租房分期和旅游分期等。

从全球范围内来看，互联网消费金融在金融体系较为发达的国家以传统消费金融机构的互联网化为主，我国的消费金融尽管起步较晚，但是互联网消费金融的商业模式相比美国等发达国家更加具有多样性，产业生态也有所不同。在互联网消费金融的推动下，我国短期消费借贷的余额从2015年的4万亿元增长到目前的8万亿元。应该说，消费金融的爆发式增长比较集中地展现了我国互联网金融在第一个十年的发展成果。

消费金融科技公司服务于持牌金融机构的消费金融业务，可以将其分为提供获客导流的聚合平台、提供风控反欺诈服务的公司及提供智能催收服务的公司，统称为消费金融科技公司。它们分别服务于消费金融全业务链的前端获客、中端放款及后端催收环节，也有部分公司覆盖了不止一个业务环节。值得一提的是，在国内监管政策收紧的环境下，国内部分消费金融科技公司积极拓展海外特别是东南亚的消费金融市场并初步取得了成效。

互联网公司金融。 互联网公司金融通过金融科技的方式向中小微企业提供小额商业贷款，有效弥补了传统银行贷款的不足。与传统银行贷款相比，新兴的企业贷款提供平台结合基于互联网产生的数据，包括交易数据、资金流数据、物流数据、社交数据、财务数据等，通过对这些数据信息的分析有效地解决了传统银行面临的信息不对称和风险定价问题，从而快速满足中小微企业的贷款需求。

这类平台的典型代表包括蚂蚁微贷、京东京小贷，以及美国的Ondeck[①]和Kabbage[②]。蚂蚁微贷和京东京小贷是我国电商贷款平台的代表，它们更多是基于自身平台的客户开展业务，由于拥有卖家的基本资料和交易信息，这些电商平台可以依靠自身的交易数据从平台卖家或者上游供应商中挖掘优质客户，并基于数据分析提供贷款服务。Ondeck和Kabbage则是完全基于第三方平台的客户信息和全网络数据对网商进行放贷，这类平台通常具有大数据采集、人工智能、机器学习等技术分析能力，通过与电商及其他第三方数据源合作，获取商户的交易数据和社交数据，并基于这些数据为中小微企业提供小额贷款服务。此外，还有一类公司金融科技平台并不面向中小微企业直接发放贷款，而是通过赋能银行、小贷公司等贷款机构间接服务中小微企业。这类平台通常具有技术优势和数据优势，能够向贷款机构提供获客、风控审批、贷后管理等服务，随着国内数据的日益开放，这类金融科技企业生存和发展的空间也会越来越大。

智能投顾。随着经济的不断发展，人类社会逐步走向富裕，越来越多的国家的居民开始拥有了自己的可支配资产，家庭的资产管理和增值日益成为社会生活的中心话题。长期以来，只有各个国家的高净值人群才有资格享受个性化的资产管理的服务，这主要是由于传统金融机构的

---

① Ondeck是指On Deck Capital(NYSE: ONDK)，创立于2006年，是一家为中小型企业提供在线贷款服务的P2P公司。

② Kabbage公司创立于2009年，是一家面向企业和个人的在线贷款平台，以网络电商市场作为主要业务和最大特色。

人力投顾资源的有限所导致的。从 21 世纪初开始，部分传统金融机构和新创企业尝试使用互联网、大数据和人工智能的技术提供资产管理服务，智能投顾就是在这样的背景下产生和发展起来的。

智能投顾是指在一个或者多个投资顾问环节使用机器代替人工实现投资顾问的服务，这些环节包括客户的风险识别、客户画像、资产配置、投资组合选择、交易执行、投资组合调整及税收管理等方面。智能投顾的兴起解决了传统投顾的两个痛点：一是机器可以服务海量的投资者，解决了传统投顾数量不足的问题；二是机器服务的成本并不会因为客户的大规模增加而大幅度上升。同时，智能投顾还能在发掘海量信息、提高交易的效率及克服人性弱点等方面大大地提升资产管理的专业性。

智能投顾 2008 年开始于美国的新创公司 Betterment[1]，之后其他创业公司以及传统的资产管理公司开始跟进，基于智能投顾管理的资产快速增长，成为全球金融科技的亮点。目前，在美国既有 Betterment, Personal–Capital[2] 和 Wealthfront[3] 这样的新创公司，也有 Fidelity[4] 及 Vanguard[5] 等

---

[1] Betterment 是一家机器人投资顾问公司，根据用户设定的投资目标来提供投资组合建议。

[2] PersonalCapital 是一家提供在线资产管理及投资理财顾问服务的公司，主要提供的服务包括免费的网页理财分析工具和收费的专职理财顾问服务。前者利用自动化算法为投资者提供资产配置、现金流量以及费用计算分析工具；后者主要针对有进一步理财需求的投资者，提供个性化的人工投资咨询服务。

[3] Wealthfront 是一家在线财富管理公司，主要是借助机器模型和技术，为经过调查问卷评估的客户推荐与其风险偏好和风险承受能力匹配的资产投资组合。

[4] Fidelity 是指美国富达投资集团（Fidelity Investment Group），成立于 1946 年，是一家多元化的金融服务公司，向客户提供包括基金管理、信托以及全球经纪服务在内的全面服务。

[5] Vanguard 是指美国先锋集团（Vanguard Group），成立于 1974 年，是目前世界上最大的基金管理公司之一。

老牌资产管理公司内部的智能投顾产品。国内的智能投顾在 2015 年开始起步，也是创业公司和大型基金公司内部探索并存的局面，有所不同的是国际上智能投顾配置的基础资产大多是交易所交易基金 ETF[①]，而国内则以配置公募基金为主。

1.1.3 全新的融资模式

从 21 世纪初至今，金融科技对于金融业最具革命性的贡献就是 P2P 网贷和众筹等全新的融资模式的兴起。移动支付和互联网技术的发展使得个人和企业通过网络面向不特定人群进行大规模小额融资成为可能，这不但填补了传统金融机构长期没有覆盖的群体，也给家庭和个人甚至机构提供新的投资资产类别。

P2P 网贷。由于无须抵押和担保、撮合速度快、借款利率相对较低，P2P 网贷作为一种创新型的借贷方式在开始阶段发展迅速。随着 P2P 网贷的不断发展，商业模式也开始呈现多样化。在资产端从最早期的信用消费贷扩展到小微企业贷款，以及票据、汽车抵押等细分资产领域，在投资端也从最早期的个人扩展到机构投资者（包括资产证券化的方式）。从全球范围来看，P2P 网贷领域的创新以英国、美国和中国最为突出。

英国是 P2P 网贷的发源地，2005 年 Zopa[②]的成立标志着 P2P 网贷的开端，英国至今成立了近 30 家 P2P 网贷平台，资产的类型主要是个人

---

① ETF（Exchange Traded Fund，简称 ETF）。
② Zopa 平台于 2005 年 3 月在伦敦成立，是一家来自英国的 P2P 借贷服务网站，是最早提供个人对个人网络借贷服务的网站，被视为 P2P 网络借贷鼻祖。

消费贷款和中小企业贷款，近年来开始向资产细分领域发展，如针对房地产贷款的网贷平台和针对商业票据的网贷平台。美国的 P2P 借贷起源于 2005 年 Prosper[①] 的创立，随后是 2006 年成立的 LendingClub[②]。之后在细分市场涌现了几十家网贷平台，在资产端分别专注于学生贷、中小企业贷和车贷等。在网贷监管方面，美国证监会（SEC）早在 2008 年就判定 Prosper 和 Lending Club 的业务涉及证券发行，将 P2P 网贷纳入其监管范围，要求 P2P 网贷平台对其发放的借款进行类似证券的注册。所以说，P2P 网贷在美国是按照证券发行来监管的，如果网贷平台的投资人都是合格投资者，则不需要在证监会进行注册。

我国 P2P 网贷行业起步于 2007 年，从 2014 年起进入快速发展时期，交易规模迅猛增长，在 2017 年达到顶峰，之后开始明显回落。2014 年全年网贷总成交量仅为 0.25 万亿元，2017 年全年成交 2.8 万亿元，年均复合增长率超过 120%，而 2018 年年底则回落至 1.8 万亿元，到 2019 年 9 月则下降至 6000 亿元左右。P2P 网贷在我国的迅速发展，依赖于资金供需两端的现实背景，无论是从信贷产品还是投资产品的角度来看，网贷都反映了我国金融业还有很大的市场空白，显示了我国的普惠金融之路还很漫长。

但是由于我国 P2P 网贷行业没有进入门槛，在 P2P 网贷平台数量大

---

① Prosper 平台于 2005 年在美国成立，是一个为有借款需求的借款人和有闲置资金的出资人进行自行配对的平台站点，是目前世界上最大的 P2P 借贷平台之一。

② LendingClub 成立于 2006 年 10 月，是一家会员制的网络借贷公司，2007 年 5 月开始以 Facebook 上一个应用程序的形式运营。随着美国监管机构对 P2P 借贷行业的监管要求变化，LendingClub 的商业模式经历过 3 个时期的发展：信息中介模式（2007 年 6—12 月）、类银行模式（2008 年 1—3 月）、资产证券化模式（2008 年 10 月之后）。

幅度增长的同时，也暴露出诸多问题，如刚性兑付、资产来源混乱、虚构资产标的等，同时也给非法金融活动提供了可乘之机。网贷行业分别在 2015 年和 2018 年出现了两次问题平台的集中爆发，其中，第一次问题平台的集中爆发的主要原因是非法金融活动导致的，即金融诈骗和平台自融；而第二次爆发的原因则比较复杂，这里面既有宏观经济下行和去杠杆的外部因素，也有平台刚性兑付及借款人恶意逃废债等内部原因。随着监管的深入，行业野蛮生长的现象将不复存在，网贷行业或者将走上有序发展的轨道，或者全面转型成为持牌金融机构的行业。

众筹。其英文是 Crowdfunding，即向众人筹集资金的意思。现代意义上最早的众筹平台是 2001 年上线的 ArtistShare[1]，这家以音乐迷资助艺术家的创作为主的融资平台第一次真正通过互联网实现了众筹特征：大规模、小额、便捷和快速。众筹平台通过互联网将有融资需求的项目和个人与他们的投资人直接连接，迅速成为广受欢迎的新型融资渠道。根据投资人获得的回报类型，众筹模式在广义上可以分为四种类型：捐赠型、产品型、股权型和债权型。

捐赠型众筹是指平台上的项目都是以捐赠形式从支持者处筹资的，支持者不以获得任何回报为目的，项目发行人也无须承诺给予支持人回报。捐赠型众筹，其实就是传统慈善捐赠的线上版，由于互联网技术而使得捐赠活动更加高效和精准，例如，美国的 Gofundme[2] 及我国的水滴

---

[1] ArtistShare 为艺术众筹平台，于 2003 年在美国成立。ArtistShare 是一个以"粉丝为基础"的众筹平台。

[2] Gofundme 于 2010 年在美国硅谷成立，是美国著名的捐赠众筹平台，主营是人与人之间的社会众筹，是一个面向个人项目的公众集资平台。

筹和轻松筹等，都是这个方面的代表。产品型众筹平台允许项目发起向投资人提供项目的产品和其他优惠作为回报的筹资活动，也被理解为预售型众筹。美国的 Kickstarter[①] 和 Indiegogo[②] 这两家初步获得成功的众筹平台都是产品型众筹。产品型众筹的魅力在于，一方面满足了消费者优先获得独特产品的心理，另一方面也测试了市场反馈、使融资者获得了早期开发和生产的资金。股权众筹是指初创企业通过互联网众筹平台进行股权融资。股权众筹首先出现在美国，是在 2008 年金融危机之后中小企业融资环境进一步恶化的背景下应运而生的。互联网的规模、高效性，以及小额融资的低门槛使得互联网股权众筹平台这一创新的商业模式迅速得到了市场的认可。众筹平台不断涌现，截至目前，美国有超过 100 家股权众筹平台，比较著名的有美国的 AngelList[③] 和英国 Crowdcube[④] 等。对于初创企业来说，股权众筹不仅丰富了其融资渠道，更重要的是向初创企业提供了一个展示的平台。值得一提的是，由于众筹的互联网特性，与此前在公开宣传推介、面向非合格投资人及众筹平台资格合法性等方面的原有监管框架存在冲突，美国在 2012 年通过了创业企业融资法案，为股权众筹的发展铺平了道路。债权型众筹就是我们前面介绍的 P2P 网贷。

---

① Kickstarter 成立于 2009 年，是美国规模最大、极具代表性的众筹平台，项目类型涵盖艺术、科技、电影、游戏、音乐等多个领域。
② Indiegogo 成立于 2008 年，是美国最早的众筹平台之一，旨在成为大型而多元的投资公司。Indiegogo 支持两种筹款模式：定额筹款模式，需要在设定的时间内达到预设的捐款额，未能达标则会全额退款给投资者；灵活筹款模式，不论是否达到预期的筹款额，筹款人都会拿到资金。
③ AngelList 于 2010 年在美国硅谷成立，是集创业企业投融资服务、求职招聘以及社交功能于一体的众筹平台。
④ Crowdcube 于 2011 年在英国成立，融资方式为定额筹款模式，即企业要在规定时间内获得一定额度的融资资金，未能达标则会全额退款给投资者。

1.1.4 金融数据与信息服务

随着金融科技的发展，围绕金融产品和服务的信息和数据服务生态开始建立起来，出现了一大批提供金融数据与信息服务的创新型企业，这类金融科技模式本身不属于金融业务的范畴，但是其为金融业务提供信息和数据，起到了支持金融业务发展的功能，能够大大地提升人们对金融产品和业务的认知，从而提高金融体系的运营效率，也是金融科技的重要组成部分。这类金融科技模式主要包括但不限于：另类数据服务、在线投资社交、金融产品搜索、个人财务管理、个人信用管理等。

另类数据服务。另类数据（Alternative Data），即非传统数据，目前没有统一明确的定义，泛指区别于传统金融数据的有价值的数据和信息。传统金融数据是指通过常规渠道获得的数据，例如股票、债券等的交易数据、上市公司年报和财务数据、银行用户的借贷数据等；而另类数据是指由各类信息终端、平台或者系统产生的数据，这些数据也能够用来帮助进行金融决策。另类数据近年来快速发展，应用也越来越广泛。

另类数据首先是典型的大数据（Big Data），主要体现在三个方面。一是体量大（Volume），体现在数据规模与传输量巨大；二是流动速度大（Velocity），因为数据的获取和传输往往是实时或者接近实时；三是数据种类多（Variety），数据结构形式多样化，或者是已经存在自己的数据结构，或者是无数据结构。其次，另类数据之所以另类，是因为数据获取的方式和渠道跟传统数据有很大不同。互联网的普及，特别是移动终端的普及，使得积累数据的基础设施不断加强，以前无法留存的数据现在可以积累，并得到有效利用。另类数据主要有三个方面来源。一是个人产生数据（Data generated by individuals），如社交网络信息、产品评价、搜索记录、购物喜好等；二是商业过程数据（Data generated by business process），如物流数据、支付数据等，也有另类数据公司采集传统商业数据，如大型百货公司客流量、大型游乐场客流量等数据；三是传感器数据（Data generated by sensors），如利用卫星数据通过光感和热感采集钢厂、化工厂、原油等的开工、采集、运输情况，另外还有来自 GPS 定位、车辆轨迹和个人穿戴设备的另类数据。

另类数据快速积累和广泛应用的原因在于全球经济和社会生活的数字化趋势，互联网和移动终端的普及、物联网和传统行业的数字化转型、存储技术的提高和成本的大幅度下降都给另类数据的发展提供了广阔的空间。从数据积累方面看，根据互联网数据中心（Internet Data Center, IDC）的一份报告，2018 年全球有 33ZB 的数据，而这个数量预计在 2025 年会增长到 175ZB，而据 AlternativeData 的统计，2018 年全球另类数据公司将近 400 家，国内另类数据公司约占 100 家，发展非常迅速。

另类数据的快速发展也为学术研究提供了新的机会和有利条件，另类数据不仅可以作为传统数据的补充来更深入地研究原来的问题，完善现有的研究，更可以用来研究以前由于数据限制而无法研究的问题。同时，我们也可以使用另类数据和新的研究方法例如机器学习来研究新的问题。近年来，基于另类数据的学术文章迅速普及，涉及以个体、企业、宏观为研究对象的各个领域。

在线投资社交。投资社交平台主要供投资者们交流观点，分享市场行情信息和投资组合策略。投资社交最早是以投资者通过新闻通讯等方式寻找并跟随成功的和有经验的交易员的形式出现的，之后随着互联网的出现和 BBS 的广泛使用，很多财经媒体纷纷成立了供人们进行投资交流和讨论的投资社区。随着全球社交网络的发展，出现了一批专注于投资分析的社交平台，根据用户专注分享的内容进行区分，大致有三种，分别是财经资讯、财经指标、量化策略分享。对于专注于财经资讯分享的投资社交平台，用户分享的内容主要是财经资讯，以及由专业投资者发布的行业研究报告，代表公司有 Seeking Alpha 等；对于专注于财经指标分享的投资社交平台，用户主要分享一些投资观点预测或者某个固定的财务指标的预测等，平台会综合分析用户们发布的预测给出分析结果，代表公司有 Estimize 等；对于专注于量化策略分享的众包型投资社交平台，用户主要利用平台提供的数据和工具进行在线策略编写和回测，代表公司有 Quantopian 等。

金融产品搜索。金融产品搜索平台能够聚合各类金融机构提供的产品，并在网站上进行全面罗列，根据用户的需求进行匹配，通常包括储蓄产品、贷款产品、信用卡、保险产品等。这类平台的典型代表为 Bankrate、LendingTree 和国内的融 360 等。金融市场化导致各个金融机构利用提供多样化的产品价格和服务内容来争夺用户，也因此带来了金融产品搜索的需求。随着互联网的发展，越来越多的消费者开始转向线上搜索金融产品信息。金融产品搜索平台通过将各个金融机构提供的同类金融产品整合聚集起来，提供在线比价服务，降低了消费者的信息搜集成本，从而能够帮助他们作出更明智的金融决策。

个人财务管理。个人财务管理平台是通过记录用户的消费数据、投资状况和财务信息等，帮助用户分析收支结构、制定消费计划并改进消费习惯。具体而言，个人财务管理平台通常以记账服务作为切入点提供服务，用于帮助管理家庭的资产负债表。除提供基础记账服务外，许多平台还为用户提供财务管理的其他服务，包括推荐金融产品、管理信用卡等。这类平台的典型代表包括美国的 Mint 等。

个人信用管理。个人信用管理是互联网金融信息服务模式中非常重要的一个分支，我国正在积极推动个人征信体系建设，发达国家的个人信用管理模式具有非常重要的启发意义。经过近百年的演变，发达国家的个人征信体系趋于完善。以美国为例，其征信体系由 20 部左右的法律及市场化的信用报告局和评分机构所构成，征信局负责征信，评分机构进行评分。对于个人来说，不断提高并维持高的信用分数是一项非常重要的日常事务。在互联网技术手段不断提高的背景下，在线个人信用管理的商业模式应运而生，这些模式通常都提供信用查询服务、信用管理服务，以及在此基础上的金融产品推荐和其他金融服务的对接等。这类平台的典型代表包括美国的 Credit Karma 等。

从历史的发展来看，技术创新与企业组织创新及制度创新总是交织在一起。金融科技的发展对于金融业的改变首先体现在提升了行业的效率和普惠程度，接下来将进一步推动金融机构的组织变革以适应技术的变化，而这一切都需要金融体系的制度安排作出相应的调整来达到既能保护创新又能够防范风险、保护金融消费者的目的。

1.2 金融科技学术研究背景和趋势

伴随着金融科技的迅速发展，与金融科技相关的学术研究在近十年来得到了国内外学者的广泛关注，并逐步成为热门研究领域。一方面，金融科技的发展目前已经渗透到了金融体系的所有环节，成为金融发展和经济增长的重要引擎，因此对金融科技进行全面深入的研究，对于提升金融科技服务、促进经济增长十分必要。另一方面，金融科技近年来在快速发展过程中也暴露出了一些风险，对于其未来的发展形成了挑战，因此，对金融科技的学术研究有利于系统性地理解金融科技的价值定位，提升我们认识金融科技场景具体风险的认知，为行业发展和监管政策提供参考价值。

基于数据可获得性，在针对金融科技的学术研究中，直接研究传统金融转型与重塑、资管与借贷的赋能的文章相对较少。目前的研究主要关注全新融资模式（例如网络借贷、众筹等）、金融数据与信息服务（例如另类数据、社交媒体等）及金融科技基础设施（例如区块链技术等）。此外，人工智能与机器学习技术虽然不属于本书对金融科技的发展格局总结的单个模块，但是近年来关注人工智能发展、利用机器学习技术来研究金融问题的文献也越来越多，因此，我们也关注了这类文献。本书将金融科技的学术研究分为以下几个方面：网络借贷、众筹、另类数据、社交媒体、数字加密货币与区块链、人工智能与机器学习。

1.2.1 金融科技研究领域分类

金融科技行业的发展为经济科学研究主要提供了三个方面的特征。第一个特征是"新数据"。在以往的研究中，学者最常用的数据是传统的财务数据、政府或机构的抽样调查数据等。受益于互联网的发展，尤其是移动互联网的普及，金融科技行业在不断产生新数据。例如，另类数据具有体量大、流动速度大和种类繁多的特征。"新数据"可以为研究带来多个优势。首先，可以利用这些全量、实时的大数据来构建更为精准和高频的宏观指标，或者对宏观指标进行预测。例如，可以利用消费大数据构建消费者物价指数、利用招聘大数据预测就业率或失业率指标、利用投资者搜索数据构建投资者情绪指标等。基于大数据的指标具有更为高频、更为及时、颗粒度更细、延展性更宽及更具有前瞻性的特征。其次，"新数据"可以帮助学者探讨企业和市场内部的"黑箱"，即利用搜寻和收集信息、通讯或交流信息、决策信息、微观交易信息等来进行统计学分析企业和市场的内在逻辑（Einav和Levin，2014）。此外，"新数据"还可以用于研究一些传统的经济学问题。例如，股票市场有效性问题、信息不对称问题、利用个体层面数据检验经济学基本假设、利用个体层面数据研究行为金融学问题等。

第二个特征是"新方法"。金融科技大数据的出现给传统的经济学实证研究方法带来了巨大挑战，体现在以下方面：非结构化，大量的"另类数据"具有非结构化特征，例如社交网络数据、消费数据、物流数据、传感器数据等；维度高，个体层面数据具有多个维度，数据量越大、数据来源越多，个体层面数据的数据维度也会越多；文本数据，例如社交媒体信息、商品评价信息、项目描述内容信息等。为了应对这些大数据带来的问题，一些金融科技研究中的"新方法"也不断发展成熟。机器学习算法在目前的研究中已经逐渐普遍，并衍生和优化出多种类型的算法，例如被应用于信贷评分领域的机器学习算法包括BP神经网络（Back Propagation Neural Network，BPNN）、K均值聚类算法（K-means clustering）、支持向量机（Support Vector Machine，SVM）、随机森林（Random Forest）、LightGBM（Light Gradient Boosting Machine）等。针对文本数据，文本分析技术已经慢慢普及，结合文本分析和机器学习算法可以用于非结构化、大文本数据分析。机器学习算法可以将高维度数据进行有效降维，从而获得少数的关键指标，便于经济学分析。然而，机器学习算法的一个问题是难以进行因果推断。不过，利用金融科技技术和互联网的低成本优势，进行大范围的随机田野实验来研究经济学中的因果效应正在被积极运用，并将逐步完善和普及。

第三个特征是"新问题"。金融科技研究的"新问题"包括两类，分别是新兴行业中的研究问题和传统行业中因为金融科技迅速发展而催生出来的一些问题。在金融科技迅速发展的背景下，技术带动了金融服务创新并产生了新的商业模式、应用、流程和产品。例如，P2P网络借贷和线上众筹就是金融科技的产物。这些金融科技创新会带来相关的问题，包括P2P网络借贷是否真的对借款人有益，数字加密货币在交易过程中有没有价格操纵现象，USDT是否合法，区块链技术如何应用到各个行业并控制风险，等等。而在传统行业中，金融科技的发展既可以提升其金融服务，也有可能带来新的问题。例如，在信贷逾期的催收环节，智能催收降低了成本，但是这种催收方式是否提升了效率，传统商业银行在受到金融科技的冲击之后其业务有何变化，移动支付是否需要更强的监管，等等。

在金融科技的研究中，以上三个特征往往是同时存在的。例如，利用"新数据"来研究"新问题"，利用"新数据"和"新方法"研究传统金融学问题，以及同时利用"新数据"和"新方法"来研究"新问题"等。

金融科技目前已经覆盖到金融体系和经济活动中的各个方面，因此，金融科技研究既可以针对微观个体，也可以针对宏观经济。首先，金融科技研究可以关注个体层面的交易活动，包括网络借贷交易中的借款人和出借人行为、众筹活动中的筹款人和支持者行为、消费者的个体行为等。其次，金融科技研究可以针对企业层面进行分析，包括企业管理层决策、股票信息含量、产品定价、企业招聘、ICO 融资等。最后，金融科技研究可以用于分析宏观经济趋势，例如，利用线上消费数据预测消费者价格指数、利用线上招聘数据预测就业率和失业率、利用另类数据预测贫穷问题等。

1.2.2 金融科技学术发表动态

为了对全球金融科技的发展和风险有系统性的认识，本书对金融科技六大模块的学术研究动态与前沿，包括网络借贷、众筹、另类数据、社交媒体、数字加密货币与区块链技术、机器学习与人工智能，进行了系统性的梳理与总结，突出了金融科技在经济发展中发挥的作用，并强调了金融科技行业发展过程中的风险和监管问题。

本书对国际和国内的经济、金融、会计、管理、自然科学，以及社会科学领域知名期刊的金融科技研究动态进行了统计与总结。在国际和国内的经济、金融、会计、管理、自然科学及其他社会科学领域知名期刊中，国际期刊包括经济类：*American Economic Review*，*Econometrica*，*Journal of Political Economy*，*Quarterly Journal of Economics*，*Review of Economic Studies*，*Journal of Monetary Economics*；金融类：*Journal of Finance*，*Journal of Financial Economics*，*Review of Financial Studies*，*Journal of Financial and Quantitative Analysis*；会计类：*Journal of Accounting Econo-*

mics, *The Accounting Review*, *Journal of Accounting Research*, *Review of Accounting Studies*, *Contemporary Accounting Research*；管理类：*Management Science*, *Academy of Management Review*, *Academy of Management Journal*, *Strategic Management Journal*, *Journal of Management*, *Organization Science*；自然科学类：*Science*；其他社会科学类：*Proceedings of the National Academy of Sciences*, *Journal of Marketing Research*, *Journal of Business Venturing*, *Management Information System Quarterly*, *Information Systems Research*, *Journal of Human Resources*。国内期刊包括：《中国社会科学》《经济研究》《金融研究》《世界经济》《中国工业经济》《管理世界》《管理科学学报》《数量经济技术经济研究》《会计研究》《中国管理科学》《清华大学学报（自然科学版）》《清华大学学报（哲学社会科学版）》。

根据统计，2009—2019年在以上知名国际期刊中发表（含录用）的金融科技类研究总共有150余篇，在2015年之前的发表数量变化较小，而在2015年之后呈现出逐年上升的趋势，在2018年和2019年尤为明显。如图1.1所示。

>>> 金融科技研究：前沿与探索

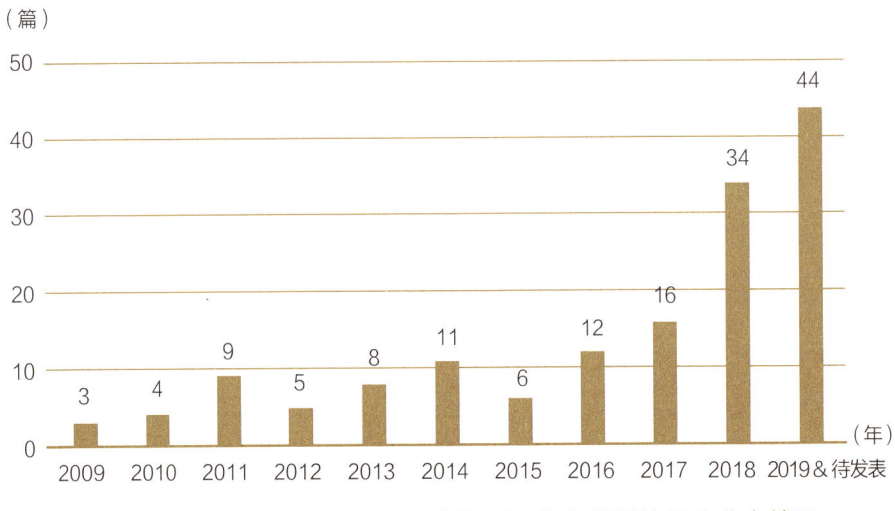

图1.1 2009—2019年国际知名期刊上的金融科技论文分布情况

对国际知名期刊中的论文类别进行统计，可以发现，学者的研究主要集中于网络借贷、另类数据和众筹，在人工智能与机器学习、社交媒体、数字加密货币和区块链三个模块的研究相对较少。如图1.2所示。

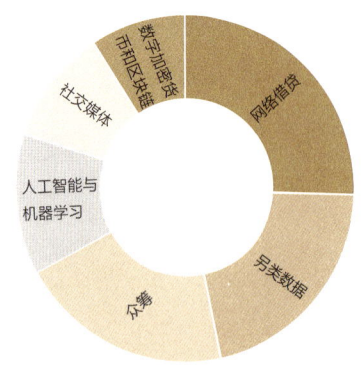

图1.2 国际知名期刊上的金融科技论文类型分布

当对期刊发表金融科技论文数量进行统计时，发现在发表数量最多的15个期刊中，*Management Science*，*Review of Financial Studies*，

Journal of Business Venturing 发表的金融科技类论文最多，其次是 *Science*、*Journal of Financial Economics*、*Journal of Monetary Economics* 等。如图 1.3 所示。如果对期刊发表情况进行精细化分析，可以发现，不同的期刊侧重点有所不同，例如，*Journal of Business Venturing* 发表的众筹类文章较多、*Science* 发表的另类数据类文章较多，*Journal of Monetary Economics* 发表的数字加密货币类文章较多等。

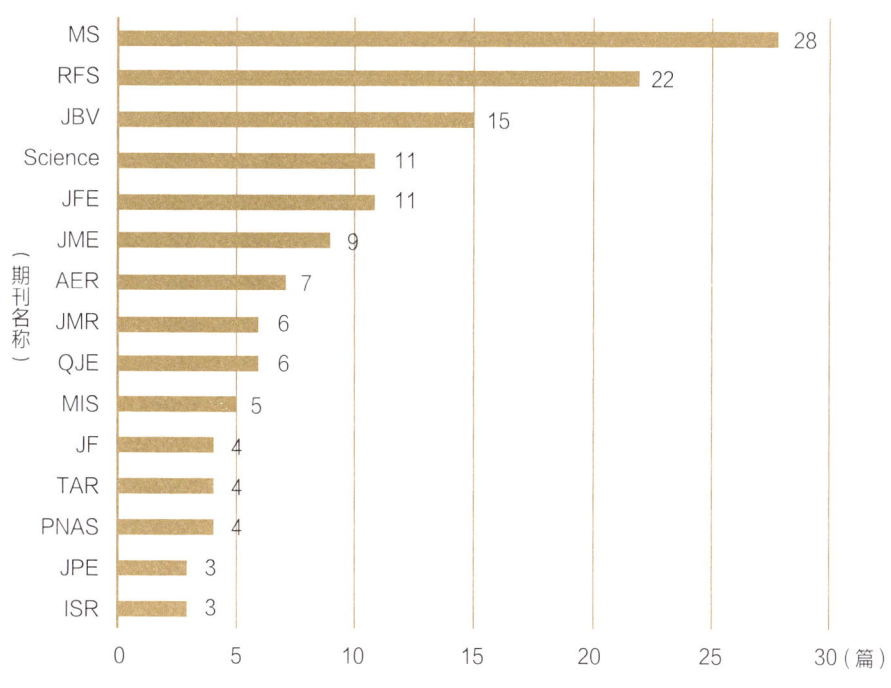

图 1.3　国际知名期刊金融科技论文发表数量

此外，本书还对国内知名期刊的金融科技类文章进行了统计，根据统计结果，国内学者对于金融科技领域的研究在最近十年也呈现出逐年上升的趋势，也在 2018 年和 2019 年尤为明显，如图 1.4 所示。国内学者关注最多的研究领域是网络借贷，接近所有发表论文的一半。在剩下几个场景模块中，关于众筹的研究数量相对较多，其他几个场景模块的研究数量比较接近，如图1.5所示。本书在第八章对国内金融科技领域的研究进行了详细梳理。

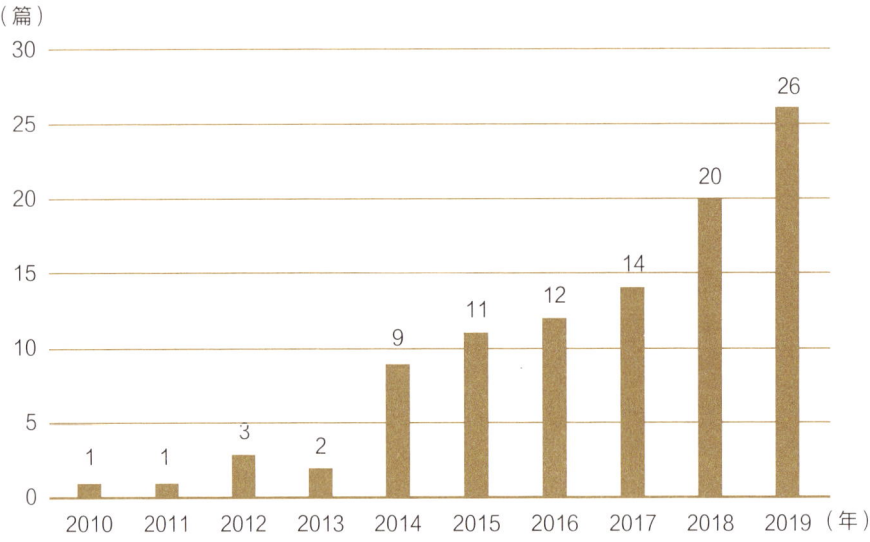

图1.4 2010—2019年国内知名期刊上的金融科技论文分布情况

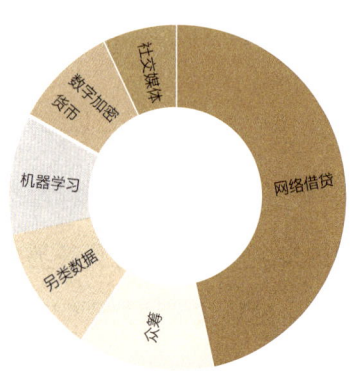

图1.5 国内知名期刊上的金融科技论文类型分布

总体而言，本书总结了金融科技各行业的前沿动态，包括150余篇国际知名期刊论文与约100篇国内知名期刊论文，是金融科技发展以来对金融科技行业研究最全面、最前沿的书籍，为居民投资、行业发展、政策制定等提供了借鉴与启发。同时，本书为金融科技研究人员提供了十分全面和详细的框架，有利于研究人员梳理传统研究和开拓新的研究领域。最后，本书在梳理过程中强调了各行业发展的不足与各个方面的风险，对监管机构制定监管政策和风险防控措施具有参考价值。

1.3　本书结构设计

本书内容共有四个部分。第一，在第一章中，我们对金融科技的发展格局和总体研究概况进行了说明。第二，在第二章至第七章中，我们对金融科技各个模块的国际研究动态和前沿进行总结。第二章总结了网络借贷领域的相关研究，包括对借款人信息识别、出借人投资行为、定价机制与信用筛选、网络借贷对借款人影响，以及网络借贷和传统银行业务的关系。第三章分别总结了产品众筹、股权众筹和捐赠众筹的研究前沿，具体包括众筹发起人背景信息、众筹项目信息和众筹投资者行为等方面。第四章内容探讨了另类数据在学术研究中的应用。另类数据覆盖了从个体到宏观层次的各方面数据，可以用于消费者个体行为、企业决策、宏观指标预测等多个角度的研究。第五章内容总结了社交媒体在提升资本市场有效性作用相关的研究，以及社交媒体的社会影响。第六章对数字加密货币和区块链技术的发展、应用、风险等方面进行了总结，并概括了法定货币的相关研究。第七章内容阐述了人工智能的经济影响和机器学习在行业和学术研究中的应用。第三,在第八章中,我们对国内学者在金融科技领域的研究进行了总结,分别从网络借贷、众筹、另类数据、社交媒体、数字加密货币与区块链、人工智能与机器学习六个模块进行阐述。第四,在第九章中,我们对金融科技研究进行了整体总结,并提出了金融科技相关研究的不足与未来的研究方向。

2 网络借贷

网络借贷在全球多个国家的快速发展中催生了基于网络借贷的一系列学术研究,目前主要有以下几个研究领域:(1)针对借款人信息的识别研究;(2)针对出借人的行为研究;(3)网络借贷的定价机制与信用筛选;(4)网络借贷对于借款人的影响;(5)网络借贷与传统银行借贷的竞争性与互补性。

2.1 借款人信息的识别

在借贷市场中,借款人和出借人之间由于存在信息不对称情况,出借人无法掌握借款人的真实和全面信息,借贷合同可能会受到逆向选择和道德风险的影响。在传统商业银行的借贷市场中,商业银行会通过抵押、担保、定期检查甚至派专人进入企业董事会的方式来减轻委托代理问题对银行权益造成的损害。

在网络借贷市场，为了降低借贷成本和提高用户普及率，往往不需要提供抵押、担保等高成本增信方式，促进借贷双方达成借贷合同的是与借款人有关的个人信息。网络借贷过程中影响借款人获得贷款的信息主要包括：（1）人口统计学信息，如性别、年龄、种族、受教育程度等；（2）认证信息，即可经过第三方认证的财务或非财务信息，如借款人信用评分、收入和支出账单、住房信息、历史信用违约信息等；（3）非认证信息，即借款人自愿披露的非认证性质的信息，如借款描述、个人爱好、照片信息等；（4）社会关系，即借款人自愿披露的社交信息，如在平台上借款人可以选择加入群组，或者邀请朋友一起在平台上借款或投资等。

2.1.1 人口统计学信息

在借贷市场，借款人是否能得到融资，以及借款利率往往会因为借款人的种族、性别、年龄、受教育程度等因素受到借款歧视。借贷市场中的歧视可以分为两种类型，统计性歧视（Statistical Discrimination）和偏好性歧视（Taste-based Discrimination）。统计性歧视是指在信息不完备的市场中，投资人基于已有的信息，将一个群体的典型特征作为决定该群体每个个体是否获得借款及决定借款利率的指标，根据这些指标对借款人作出歧视性决策。当统计性歧视行为比较准确地利用了统计性特征时，这种歧视行为能帮助投资者实现有效的投资决策。例如，在借贷市场中，部分借款人由于有糟糕的信贷历史，而无法获得贷款或者承担高利息贷款。偏好性歧视是指投资者由于存在个人偏好，不愿与某些类型的借款人产生交易，甚至愿意承担额外成本避免这类交易。偏好性歧视的出现说明投资者在做决策时不完全是理性地从投资风险与收益角度出发，这往往造成投资者的效用损失。

Pope 和 Sydnor（2011）利用美国大型网络借贷网站 Prosper 数据，并收集借款人在发布项目时主动提供的照片信息，研究 P2P 网络借贷中的歧视问题，尤其是借款人的种族特征对借款成功率与借款利率的影响。作者认为，如果在 P2P 借贷过程中投资者仅存在统计性歧视并且决策过程由借款项目的净收益率决定，其中项目净收益率为考虑违约风险之后的收益率，那么当控制借款人提供的所有可观测信息后，投资者会对净收益率最高的项目提供贷款。而在竞争性借贷市场中，借款利率会充分反映影响借款人信用水平的所有信息，因此，最终成功获得贷款的项目应该具有相同的净收益率。与此不同的是，当投资者的决策过程只受到偏好性歧视影响时，受歧视的借款人会承担更高的净收益率，否则无法获得贷款。

在实证过程中，Pope 和 Sydnor（2011）利用 Prosper 数据主要研究了种族因素对借款的影响。具体而言，作者用融资是否成功或者借款的成交利率作为被解释变量，借款人是否为黑色人种作为解释变量，控制借款人的性别与婚姻状况、年龄、高兴程度、体重、吸引力、财务状况，信用等级及其他特征，进行 OLS[1] 回归和 Logit[2] 回归，发现黑色人种借款人的借款成功的概率显著低于白色人种借款人，而黑色人种借款人的借款成交利率显著高于白色人种借款人。为了检验该结果的稳健

---

① 最小二乘法（Ordinary Least Square，OLS）。

② Logit 模型是指回归因变量 y 满足 $y = \begin{cases} 1 \ if \ y^* > 0 \\ 0 \ if \ y^* \leq 0 \end{cases}$，其中 $y^* = x'\beta + \varepsilon$，$\varepsilon$ 服从逻辑分布（Logistic Distribution）。

性，作者一方面分别使用公布了照片的借款，或者每个借款人的第一笔借款，作为子样本进行回归，另一方面根据借款的时间、信用等级，以及借款者报告的收入将样本拆分成子样本进行回归。此外，Prosper 的借款人可以选择是否开启"Open funding"功能。如果借款人不开启该功能，当投标进度达到 100% 之后，借款人将以自己设定的最高利率获得贷款，导致成交利率偏高。如果黑色人种借款人比白色人种借款人更喜欢关闭"Open funding"功能，那么黑色人种借款人将拥有更高的成交利率。为了排除了这一解释，作者用所有开启了"Open funding"功能的借款进行研究，发现黑色人种借款人的成交利率仍然高于白色人种借款人。整体而言，稳健性检验结果说明以上结果十分稳健。考虑到 Prosper 拥有自动投标功能，以上回归结果可能还低估了肤色对借款成功率的影响。

上述研究结果表明，在贷款过程中，投资者对于黑色人种借款人存在种族歧视。为了检验这种歧视来自统计性歧视还是偏好性歧视，作者继续对借款人的真实违约率与净收益率开展了研究。首先，作者利用 Hazard 违约模型检验借款人的真实违约率，利用借款人是否违约作为被解释变量，借款人是否为黑色人种作为解释变量，并控制其他变量。结果发现当控制其他因素后，黑色人种借款人的违约率比白色人种借款人高 36%，这说明投资者对于黑色人种借款人存在一定程度的统计性歧视。其次，作者用投资三年的净收益，即每投资借款项目一美元之后三年内的净收益，作为被解释变量，借款人是否为黑色人种作为解释变量，并控制其他变量，进行 OLS 回归。结果发现在控制其他因素之后，黑色人种借款人的借款的净收益率低于白色人种借款人的借款,这个结果在 Duarte、Siegel 和 Young(2012)的研究中再次得以验证。为了避免宏观经济形势对结果造成影响,作者将所有借款项目按照借款成功时间进行子样本检验,或者直接在回归模型中控制反映经济形势对不同肤色人种影响的变量(黑色人种与白色人种的失业率差值与肤色变量的交乘项),发现实证结果没有显著变化。这些结果说明投资者对黑色人种借款人不存在偏好性歧视。对于该文的结果,作者提出的一种可能解释是投资者对黑色人种借款人有统计性歧视,这种歧视被对白色人种借款人的偏好性歧视部分抵消,但是这种解释与传统的研究结果不一致;另一种可能的解释是投资者虽然对黑色人种借款人有统计性歧视,但是由于投资者不够成熟,低估了黑色人种借款人的违约率,即便对这类借款人收取了较高的借款利率,但是不足以抵消掉这类借款人高违约率带来的损失,结果导致净收益率更低。

除了种族因素外,在 P2P 网络借贷市场上是否存在年龄歧视,目前的结论比较一致,即青年人和老年人往往不容易得到借款,或者即使借到款得到借款的金额也比较少。其中,有研究发现在 P2P 网络借贷市场上存在对老年人的歧视,且他们需要支付较高的借款利率。Pope 和 Sydnor(2011)以借款人上传的个人图片为基础,发现相比于不上传图片的借款人,主动上传图片的借款人更容易获得贷款。然而,当图片中出现老人时,借款人更难获得贷款。

此外,在 P2P 网络借贷市场上是否存在性别歧视,目前仍没有定论,这可能受到各国的人文历史和社会传统文化影响。在美国 P2P 网络借贷平台,存在男性性别歧视,虽然投资于男性借款人的期望收益率更高，但女性借款人更容易获得借款。Pope 和 Sydnor（2011）发现当图片中出现女人或者穿军装的人时更容易获得贷款。而另有研究发现，在控制其他因素后，投资于女性借款人的项目最终期望收益率更低（Duarte、Siegel 和 Young，2012）。此外，其他实证研究发现在中国 P2P 网络借贷市场上，则存在女性性别歧视，女性的违约率更低，但要支付更高的利率。而在德国 P2P 网络借贷市场上，没有发现显著的性别歧视。

最后，关于教育背景的影响，已有研究发现虽然受教育程度较高的借款人的违约率显著地低于受教育程度低的借款人，但他们的借款并没有受到出借人的特别偏好，出借人在教育程度上识别风险存在一定的偏误（廖理、吉霖和张伟强，2015）。

2.1.2 认证信息

网络借贷平台一般都要求借款人向出借人披露自己的信息作为信用的主要标识，这类信息往往是可认证的信息，包括信用等级、收入和支出的详细信息、是否拥有住房、已有债务、债务收入比、信用报告查询情况等。一般这些信息会被第三方信用评级机构以评等级或评分形式呈现。同时，一些平台也会在此之外要求披露更详细的信息，如银行账户、信用卡使用情况等。

无论在传统的银行系统，还是在网络借贷平台，借款人的信用等级对借款成功与否起着至关重要的作用。信用等级越高的借款人成功获得借款的概率往往也越高，而在已获得借款的借款人中，信用等级越高的借款人违约率往往越低。Pope 和 Sydnor（2011）的 Prosper 数据显示借款人成功获得融资的比例随着信用等级降低而逐步下降。

根据 Iyer et al.（2016）的数据，网络借贷平台借款人的平均信用分数为 610，而美国全体居民的平均信用分数为 680，说明网络借贷平台吸引了大量信用水平相对较低的居民进行借款，此处信用分数是指 Experian ScoreX PLUS[①] 信用分数。

除了信用等级，收入水平也是影响借款人获得融资的重要决定因素。Pope 和 Sydnor（2011）的 Prosper 数据显示借款人成功获得融资的比例随着收入减少而下降。收入处于最高 25% 区间的借款人成功获得融资的比例为 14.7%，而最低 25% 区间的借款人成功获得融资的比例仅为 5.9%。

2.1.3　非认证信息

除了认证信息外，在 P2P 网络借贷平台上借款人也可以提供一些非认证信息，这些非认证信息有利于出借人更好地了解借款人的情况，降低信息不对称性。但是，由于这些非认证信息不能或者不容易被第三方机构认证，其真实性与可靠性不强，出借人使用时存在一定的不确定性。已有文献从非认证信息的种类和某一具体的非认证信息出发，研究非认证信息对借款的影响。

[①] Experian Score X PLUS 是指美国信用公司 Experian 提供的一种信用分数。Prosper 平台在 2013 年 9 月之前使用该信用分数作为借款人的信用评判标准，之后改用 Experian 公司提供的 FICO 分数。FICO 信用分是最常用的一种普通信用分，打分范围是 325～900。

2.1.3.1 自愿披露的未核实信息

Michels(2012)主要研究借款者自愿披露的且未经核实的信息在P2P借贷中的影响。作者通过构建一个能表示信息披露程度的指标,考察未经核实的信息披露对投标数、借款利率的影响,该研究结果表明这种信息披露能够降低利率,并且提高借款成功率。此外,未经核实的信息披露对于信用较低的借款者有更强的影响,且与借款违约率之间有负相关关系。

在一般情况下,未经核实的信息可靠性较低,但作者假设借款者提供的信息虽然未经核实却是真实的,以便借款者将来能够从中受益。该研究选取Prosper的三年期未担保借款作为样本,数据时间跨度从2007年2月12日—2008年10月31日,选择这个区间的原因是Prosper在这段时间内的信息披露政策没有变化。样本总共包括246841条借款申请,其中,21450条借款成功,225391条借款失败。该研究对这些数据进行分层随机抽样,分别从成功和失败的样本中抽取500条记录,总共1000条。该研究之所以使用随机抽样的样本而不是总体数据,是因为在构造信息披露得分时,每一条信息都需要手动筛选与处理。

该研究构建的核心变量是信息披露得分,即对特定的、未经核实的信息披露程度的度量,选取的9个指标包括:借款用途、收入水平、收入来源、教育水平、其他债务额度、其他债务利率、对较低信用评级的说明、月度支出及借款人照片。上述信息如果进行了披露则相关指标取1,否则取0,将所有的指标得分加总就是信息披露得分。对于其他能够影响利率和投标数的因素,作者选取了自动投标机制、借款者设置的最高利率、借款额度、信用评级、房产、债务与收入比,以及两年期国债收益率作为控制变量。投标数则用投标总数与天数之比的近似整数来表示。

单从描述性统计的角度来看，成功的借款在信息披露各个指标的得分情况均优于失败的借款，因此，从某种程度上来说，已经有先验证据表明投资者确实会在投资过程中考虑这些未经核实的信息。之后该文分别对利率和投标数进行Tobit[①]和Poisson[②]回归，研究结果表明：未经证实的信息披露可以使借款利率降低1.27个百分点，同时使得投标数提高8个百分点。因此，即使是未经证实的信息披露，也能够在减少借贷成本方面发挥显著作用，提高P2P市场的效率。

该研究认为P2P平台相比上市公司可以对未经核实的信息进行更稳健的检验。在稳健性检验中，作者采用的是两步模型，首先分析一笔借款是否融资成功；其次，如果成功，其利率是如何确定的。在两步模型中，首先使用Probit模型[③]，用投标数对信息披露分数和控制变量进行回归，结果表明，信息披露的边际效应能使投标数提高3.28个百分点。第二步是对已经融资成功的借款，用实际利率对信息披露分数和控制变量进行回归，结果表明，对于已经融资成功的借款，信息披露能够使利率降低0.22个百分点。如果使用Heckman模型[④]，信息披露则可以使利率降低0.31个百分点。

---

① Tobit 回归模型是指回归因变量 y 满足 $y = \begin{cases} y^* & if\ y^* > 0 \\ 0 & if\ y^* \leq 0 \end{cases}$，其中 $y^* = x'\beta + \varepsilon$，$\varepsilon$ 服从正态分布。

② Poisson 回归（泊松回归）模型是指当解释变量和变量系数已知时，因变量呈泊松分布的模型。

③ Probit 模型是指回归因变量 y 满足 $y = \begin{cases} 1 & if\ y^* > 0 \\ 0 & if\ y^* \leq 0 \end{cases}$，其中 $y^* = x'\beta + \varepsilon$，$\varepsilon$ 服从正态分布。

④ Heckman 模型是指为了解决样本选择偏差问题的 Heckman 二阶段模型。

如果对信息披露分数进行分解，则单个指标的影响似乎不再显著，并且不同指标对利率和投标数的影响也不尽相同。此外，该文还考虑到信息披露的指标中可能有部分信息在其他借款信息中得到了证实，因此，该文还需要将这些信息剥离以证明是真正未经证实的信息在影响投资者行为。该文将信息披露的指标分为两部分，认为收入、收入来源、其他债务及其他债务利率是有可能在其他借款信息中被验证的，而借款目的、教育水平、对较低信用水平的说明、月度支出和照片则属于不大可能被证实的。结果表明，不论是在系数还是显著性上，后者都比前者对利率和投标数的影响更大。因此，稳健性检验表明投资者确实对未经证实的信息有明显反应。

除了影响投资者决策，该研究认为信息披露还能反映借款的实际质量。该文以违约率作为因变量，对信息披露分数以及控制变量进行了 Probit 回归。结果表明，借款额度越高，或者以前有不良信用记录的，借款违约率就越高，并且利率不能够显著预测违约率。但信息披露分数确实与违约率之间有较强的负相关关系，信息披露大概能使违约率降低 5.37 个百分点。进一步将信息披露分数分解为两部分，可以看出是最不能核实的信息披露导致了违约率的下降。因此，未经核实的信息披露在还款过程中也体现出某种后验特性。

该研究还针对信用评级相对较低的借款者构建了一个虚拟变量，将信用评级在 C 以下的借款者取 1，C 以上借款者取 0，然后对各个自变量取交叉项，以确定信息披露对信用较低借款者的影响。结果表明，额外的信息披露能够将投标数提高 18.21%。因此，对于信用评级较低的借款者，未经核实的信息披露更加重要。

虽然该研究证实了未经核实的信息披露在减少借贷成本方面的作用，但从实际情况来看，借款者并未提高相应的信息披露量。该研究认为原因可能有两点：一是借款者目前尚未深入认识到信息披露的作用，随着对市场的不断深入与了解，借款者的学习能力可能随之增强，信息披露量也会随之增加；二是借款者不愿意用虚假的信息误导投资者，依靠未经核实的信息来降低借款成本。该研究的结论和心理学以及行为经济学的部分研究结论是一致的，即客观的、未经核实的信息内容也会影响个人决策。

2.1.3.2　借款语言描述

在网络借贷平台上，借款人可选择填写借款描述一栏，借款人可以介绍更多的个人信息或本次借款的目的，意图体现出本借款项目的与众不同之处，说服出借人作出投资决策。已有研究发现，借款描述对融资成功率和借款利率的影响并不一致，易读性好、字数多、描述的具体程度有利于提高借款成功率和降低借款利率，而那些包含更多私人问题、解释性词汇的描述则降低借款成功率。出借人并不能很好识别借款描述背后隐含的风险，如使用欺骗性语言的借款人更容易借到款，但他们借款的违约率更高。

Herzenstein、Sonenshein 和 Dholakia（2011）在研究中将借款描述中的词汇划分为六类：信任、成就、努力、经济困难、道德、信仰。该研究使用 Prosper 平台在 2006 年 6 月—2007 年 6 月的共 1493 个借款申请来研究借款语言描述对于借款结果的影响。通过研究发现，第一，那些信用水平低的借款人，会使用更多的借款描述；第二，借款人借款描述中使用的词汇种类越多，借款的利率会更低，借款成功率会更高，但是违约率会上升；第三，借款描述的类型也与借款成功率、借款未来表现有关，其中可信任的和成功的借款描述有利于提高借款人的借款成功率，有道德的描述与借款未来表现正相关，而经济困难的描述与借款未来表现负相关。

2.1.3.3 相貌

在社会心理学领域，学者提出人们存在"外表吸引力的刻板印象"（Physical-attractiveness stereotype），即认为美的就是好的，长相漂亮的人更具有吸引力，并拥有社会所需的其他特质。在网络借贷市场，投资人挑选借款项目的过程也可能受到借款人外貌、长相的影响，例如，Pope和Sydnor（2011）发现相比于不上传图片的借款人，主动上传图片的借款人更容易获得贷款。Ravina（2012）发现外表更具有吸引力的借款人往往可以在更低的利率水平上获得贷款。

关于借款人提供照片是否有利于增进投资者的信任从而有利于其获得借款，Duarte、Siegel和Young（2012）进行了深入研究。作者在Prosper平台获得2006年5月—2008年1月的共176537个申请项目及17480个真实借款项目信息，并从中随机挑选20000个标的项目及6500个借款项目，去除无效观测后，最终保留17837个标的项目和5950个借款项目，其中，6821个标的项目和3291个借款项目有借款人提供的照片信息。为了对借款人提供的照片进行分析，作者通过亚马逊土耳其机器人（Amazon's Mechanical Turk）平台提供的服务，利用类似于专家打分法的方式来针对借款人构建可信赖度指标。具体而言，对于每张借款人照片，作者在该平台招募25个独立的员工，要求每个员工对该照片中人物的可信赖度进行打分，总共5个等级，从1（不值得信赖）至5（非常值得信赖）。此外，在另一个独立的测试中，作者要求员工回答一个更为具体的问题："假如你把10美元借给照片中的人，当他/她有钱偿还时，你认为他/她有多大可能性会把钱还给你？"答案为从0～100的十分位数。然后，作者取25个员工对第一个题目和第二个题目回答的均值综合构建可信赖度指标。然而，这种打分方式获得的可信赖度可能受借款人照片的吸引力影响，这种吸引力与借款人的还款意愿无关，却会对投资者的个人偏好有所影响。因此，作者为了区分可信赖度和吸引力的影响，再次要求25个员工对照片中人物的吸引力及财富进行分别打分，吸引力指标从1（不具有吸引力）至5（十分有吸引力），财富指标从1（非常贫穷）至5（非常富有），以25个员工的打分均值构建吸引力指标和财富指标。

基于上述方法构建的可信赖度指标、吸引力指标和财富指标，作者对借款人相貌是否影响其获得借款及借款利率进行研究。作者以是否成功获得借款融资作为被解释变量，以可信赖度指标、吸引力指标和财富指标作为解释变量，并控制人口统计学信息、信用历史信息、收入和教育信息，以及发标与投标特征，在所有标的项目中进行Probit回归。然后再以借款利率作为被解释变量，在所有借款项目进行Tobit回归。结果表明相貌上更具有可信赖度的借款人更容易获得借款，并且以显著更低的利率成交。同时，在回归结果中吸引力指标和财富指标对借款人是否获得融资以及借款利率没有显著影响，这可能是因为这两个指标包含的信息已经反映在信用历史信息、收入和教育信息等方面。此外，作者进一步研究表明，相貌上看起来更具有可信赖度的借款人，实际上也拥有更高的信用评级和更低的违约率。

该研究表明，借款人的相貌对其是否获得借款及借款利率有显著影响，说明一个人的外部印象不仅仅在劳动力市场和政治场合中产生影响，也会在金融交易中有所影响。投资人基于借款人相貌的可信赖度进行投资并不是非理性的结果，因为借款人相貌的可信赖度能够预测其真实的信用水平和违约率，反映了个人的声誉资本。

2.1.4 社会关系

与人口统计学信息、认证信息和非认证信息相比，借款人的社会关系信息作为一种间接性信号，也会对借款人是否获得融资和融资利率造成影响。社会关系信息的真实性介于认证信息与非认证信息之间，当社会关系较强时，这类信息可以通过验证，因此具备认证信息的价值。但是当社会关系较弱时，其可认证的价值也较低。在 P2P 网络借贷兴起之时，恰逢 Facebook 和 Twitter 等社交网络平台的兴起。网络借贷平台借鉴传统民间借贷市场的社交借贷，将线下社会关系移到线上，在平台引入群组和朋友等社会关系，鼓励借款人之间、出借人之间、借款人和出借人之间建立群组或朋友联系，组员之间可能是具有某些相同的背景等因素，例如职业或者教育背景相似。平台可以充分利用成员的社会关系，促进借款人、出借人相互之间的信息交流，弥补信息的缺乏。

在现有研究中，借款人的社会关系信息在网络借贷市场中的作用机制主要有两种，分别是信号机制和惩罚机制。首先，出借人与借款人在网络借贷市场存在信息不对称，当借款人提供的信息有限或者难以验证其真实性时，其社会关系可以作为个人信用的补充信号。"物以类聚，人以群分",社会关系较强的个体之间往往存在一些相似性,例如,亲人或朋友关系,或者地区相近、职业相似等。当借款人的社会关系中存在信用差的个体,那么这种信号会反映出该借款人的个人信用也有可能较差。比较明显的案例是目前网络借贷平台中的防诈骗机制之一就是预防团伙欺诈,因为诈骗行为往往扎堆出现,与存在诈骗嫌疑或诈骗历史的个人有一定社会关联的用户都会受到重点关注,例如,通讯录好友、老乡等。由于社会关系存在信用背书功能,信贷市场中的参与者会利用其掌握的信息来决定是否加入其他用户群组或者接受其他用户的邀请。在均衡状态下,信用水平相似的个体之间容易建立强社会关系,而信用水平相差较大的个体之间难以出现社会关系或者只有弱社会关系。因此,社会关系在理论上可以作为个人信用的一种信号机制,从而影响借款人是否获得借款及借款利率。

其次,社会关系可以作为一种惩罚机制,提高借款人的违约成本,从而预防道德风险。大量研究发现,个人违约行为不仅会降低其信用分数,而且当违约的信息被其朋友知晓时,会给违约者带来比较大的声誉成本,即"*Social stigma cost*"(Lin、Probhala 和 Viswanathan,2013)。在我国催收行业未得到监管之前,一种"暴力催收"方式就是利用借款人提供的通讯录信息,对其中联系人逐一电话告知借款人的违约信息,以此方式提高借款人的违约成本从而降低其违约率。考虑到社会关系带来的违约成本,违约率低的借款人拥有强社会关系的成本较低,违约率高的借款人拥有强社会关系的成本较高,那么信用较差的借款人会避免在网络借贷平台提供其强社会关系信息。因此,当达到均衡时,强社会关系更好的借款人应该具有较低的违约率,更受到投资者欢迎。

本节分别从朋友、群组、文化、距离、相似特征等方面研究社会关系对网络借贷市场借款人是否获得借款及借款利率的影响。

2.1.4.1 朋友

在社交平台中的朋友关系是一种较强社会关系，Prosper平台的用户在注册时需要验证一个电子邮箱，同时可以填写朋友的邮箱地址邀请他们加入Prosper平台，当朋友接受邀请后就在Prosper平台建立了一个朋友关系。当一个借款人发布借款申请时，他的朋友关系和信用信息、借款信息一起被展示出来，当他的朋友投资这个借款时，更是会被特别标出。那么，Prosper平台上的线上朋友关系是否有助于识别借款人的信息呢？对此，Lin、Probhala和Viswanathan（2013）专门进行了研究。

Lin、Probhala和Viswanathan（2013）研究所用数据来自Prosper平台在2007年1月—2008年5月的所有线上标的信息，包括借款人信用历史、平台账户ID、朋友信息、申请标的结果信、是否违约等，共计205132个申请标的，其中有56584个申请标的项目有借款人的朋友信息，作者根据5个层级指标将借款人的朋友关系进行分级，如图2.1所示。具体而言，Level 1将借款人的朋友区别为可在Prosper平台通过认证的和无法认证的朋友；Level 2将可认证的朋友继续区分为平台上的借款人和出借人；Level 3利用"是否在此之前已经在该平台上出借过资金"，将朋友中的出借人区分为真实出借人和潜在出借人；Level 4继续将真实出借人按照"是否在该借款人申请的标的项目中投标"进行区分；Level 5继续将投标的真实出借人根据"是否成功获得投标"进行区分。随着分类层级增加，作者定义的朋友关系也逐级增强。

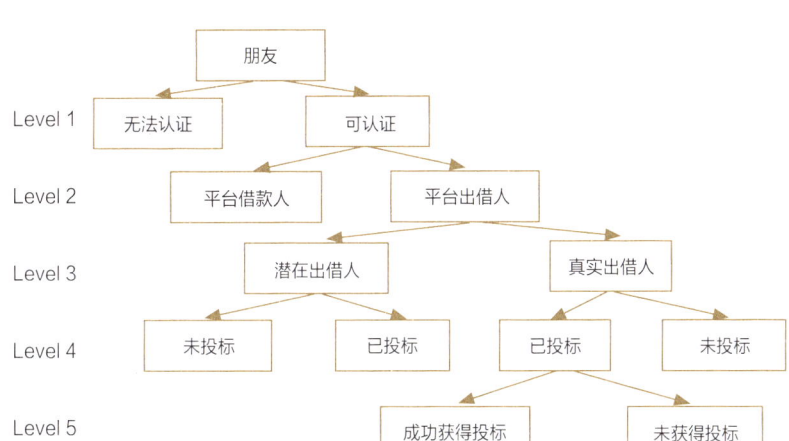

图 2.1　Prosper 平台借款人朋友关系分类层级

在实证设计中，作者检验借款人申请结果与朋友信息之间的关联。首先，作者利用标的是否获得融资作为被解释变量，朋友个数作为关键解释变量，并加入信用等级、债务收入比率、信用查询次数、借款用途等控制变量，进行 Probit 回归。其中，作者针对不同朋友分类层级分别进行了检验，例如包含所有朋友、仅包含 Level 1 中分类、包含 Level 1 和 Level 2 分类、包含所有层级分类等。其次，作者将被解释变量替换为标的借款利率，利用 Heckman 两步法重新进行二阶段回归分析。然后，作者利用 Cox Hazard 模型继续对数据进行分析，研究借款人违约的影响因素。研究结果显示：借款人的"朋友关系"更好（例如，朋友数量更多，经过身份认证的朋友数量更多，出借人朋友数量更多，在该项目上进行投资的出借人朋友数量更多等），则借款成功率更高，并且借款利率更低，其真实的违约率也更低。

为了检验结果的可靠性,作者进行了一系列稳健性检验,例如,采用 Logit 回归模型替代 Probit 回归模型、利用投标进度代替借款成功率、将回归中衡量朋友关系的变量由人数改变成指标变量、分别用没有提供图像和提供图像的借款标的(加入图像中人物特征作为控制变量)进行子样本检验、加入借款描述中五类词语的数量作为控制变量等,结果表明原结论比较稳健,即借款人的朋友信息在借贷交易过程中具备价值,越好的朋友关系会提高其借款成功率和降低借款利率,并且其真实的违约率也更低。这个结果与"朋友关系可以作为借款人信用质量的信号"假设是一致的,并且出借人在制定投资决策的过程中会考虑借款人的朋友关系。

在上述研究中,作者关注的是借款人的朋友关系对于其是否得到融资以及借款利率的整体影响,并没有针对借款人的朋友关系对出借人决策的影响机制进行细化分析。Liu、Brass、Lu 和 Chen(2015)试图用中国拍拍贷平台的数据研究朋友关系对网络借贷的具体影响机制,该文提出朋友关系在网络借贷交易中可能通过三种机制来对借贷双方的决策造成影响。

第一,是管道效应(Pipe Effect),即出借人是否选择投标是由出借人与借款人二者之间的朋友关系决定。在网络借贷交易过程存在信息不对称的背景下,借贷双方的朋友关系会对借贷交易成功造成重要影响。这是因为在交易前,朋友关系使得出借人可以掌握借款人更多的信息,而在交易后,朋友关系可以形成有效的监督机制防止道德风险,并且借款人违约的成本增加。因此,该文提出借款人的朋友,尤其是关系更密切的朋友,更有可能投标该借款人申请的借款标的。

第二，是棱镜效应（Prism Effect），即借款人的朋友对其标的进行投标，会起到信用背书的作用，从而对潜在的第三方出借人决策造成影响。然而，这种朋友的信用背书对第三方的影响是复杂的。一方面，正如第一条所述，借款人的朋友对其标的进行投标会传递出积极信号，因为该朋友可能掌握更多的借款人信息，投标过程就反映了这种私有信息，并且该朋友具有额外的事后监督能力和提升了借款人违约的成本，因此，会降低借款人违约概率。另一方面，借款人的朋友对其标的进行投标可能受到情绪或者责任的影响，是出于替朋友帮忙的目的或者"面子"的影响，而这种决策往往是非理性的。此时，朋友的投标行为可能造成一种"合谋"嫌疑，因为出借人的朋友比其他潜在的陌生投资者更容易收回其投资成本。因此，由于可能存在非理性决策或者合谋行为，借款人的朋友对其标的进行投标对于潜在的第三方也会传递出消极信号。综合两方面的影响，考虑到在网络借贷平台中，大部分潜在的投资者对于借款人都是陌生的，无法观察或者验证借款人和其朋友之间的关系，只能在拍拍贷平台观察到该借款人的标的是否有其朋友投标，因此作者提出消极信号要强于积极信号，即借款人的朋友对其标的进行投标会对潜在的第三方出借人决策造成负面影响。

第三，是关系羊群效应（Relational Herding Effect），即当潜在出借人观测到其朋友对借款人的标的进行投标时，该出借人会跟随其朋友进行投标，从而形成基于朋友关系的羊群效应。关于羊群行为的研究已经比较普遍，例如羊群行为可能是由于"信息瀑布"或者是投资者的盲目从众行为造成等。该文研究出借人之间的羊群效应，重点关注朋友之间的羊群效应，提出当标的的投资者增加时，或者潜在出借人的线下朋友，尤其是紧密的朋友进行投标时，该出借人有可能跟随他们线下朋友的投标。

Liu、Brass、Lu和Chen（2015）的实证基于拍拍贷平台在2009年1月—2010年6月的交易数据，其核心变量是平台上借款人与出借人、出借人与出借人之间的朋友关系指标。拍拍贷平台允许其用户邀请朋友加入平台和公布朋友信息，而该平台上用户之间的朋友关系分为两种线上朋友类型（拍拍贷好友和其他线上好友，如淘宝好友）和六种线下朋友类型（亲密朋友、普通朋友、同事、同学、亲戚、熟人），作者将这八种关系类型分为线下紧密朋友、线下普通朋友、线上朋友三种指标。在以出借概率作为因变量的条件Logit回归模型中，作者发现当出借人是借款人的朋友，尤其是紧密的朋友时，该出借人更有可能投标该项目，证明了管道效应；当借款人的朋友对其申请标的进行投标时，潜在的陌生出借人投标该项目的可能性更低，说明棱镜效应的负向影响；相比于线上朋友和陌生人，出借人的投标行为更有可能跟随其线下朋友，虽然在线下紧密朋友与线下普通朋友之间的结果没有显著差异，但是这在一定程度上证实了关系羊群效应。

总体而言，Lin、Probhala和Viswanathan（2013）和Liu、Brass、Lu和Chen（2015）研究了网络借贷交易中，朋友关系作为一种强社会关系，对于借贷交易结果的影响，以及相应的影响机制。在已有研究中，比较一致的观点是朋友关系无论是作为一种信号机制或是惩罚机制，整体上对于借贷交易具有促进作用。

2.1.4.2 群组

在著名网络借贷平台Prosper上，平台成员可以自行建立"群组"，即每个成员都可以建立一个群组，说明建立群组的目的和组员的情况等，建立群组的平台成员默认成为该群组的领导者。群组的领导者有权力邀请或者拒绝其他平台成员加入该群组，也可以要求组员验证其提供的信息。群组的领导者在平台上注册了该群组后，既可以进行投资，也可以发起借款项目。在实际操作中，群组的领导者往往会要求潜在的借款人提供额外的一些信息以备审核，或者要求借款项目必须在其审核之后才能在该群组上线。对于群组内的借款项目，所有组员都可以看见其他人的出借行为，例如，群组领导者是否进行投资以及投资金额等。群组领导者也可以针对个别项目进行信用背书，即对该借款项目的可靠性进行额外说明。在 Prosper 平台刚刚开始发展业务的过程中，群组领导者有权力针对该群组中的借款项目收取额外费用，这项规定在 2007 年夏天之后不再有效，即此后不存在付给群组领导者的额外费用。

有研究发现，群组有利于降低信息不对称，特别是对信用评分不高的借款人，可以在提高借款的成功率的同时降低借款利率（Berger & Gleisner，2009）。具体表现为，借款人加入群组、群组领导人的推荐或者投标都可以帮助借款人降低借款利率；此外，群组级别提高和群内人数的增加也都有利于降低借款人的借款利率。当一个借款人是一个群组的成员时，如果这个群组的信息没有得到认证，那么出借人虽然愿意投资，但借款人不能得到较低的利率；而当这个群组的信息得到认证的时候，出借人不仅更愿意投资，也会给借款人提供更低的利率。与非认证的群组相比，经过认证的群组成员的借款违约率也更低（Maier，2014）。

如果存在社会惩罚措施，加入群组会减少违约率；群组成员地理相近程度越高，违约率越低，利率越低；当出借人竞争较为激烈的时候，决定违约率较低的因素会传导到较低的利率；当内部人和外部人存在竞争的时候，内部人的软信息会导致利率较低。结果表明，当群组成员在真实生活中有联系的时候，加入群组会显著地降低违约风险（Everett，2015）。

然而，在网络借贷平台设立群组并通过群组来提高借款人的借款效率过程中，如果群组的领导者可以收取创设费用，那么借款项目融资过程会出现严重的逆向选择问题，即借款项目的利率较低但是违约率较高。为了研究群组领导者收取创设费用是否对借款项目造成影响，Hildebrand、Puri 和 Rocholl（2017）针对 Prosper 平台在 2007 年 2 月—2008 年 4 月之间的借款交易数据进行研究，而禁止群组领导者收取创设费用的规定在 2007 年 9 月正式出台。该文章发现，在全样本分析过程中，无论群组领导者是否收取额外创设费用，当群主领导者对借款项目进行投标时，这类项目比没有群组领导者投标的项目在 Prosper 平台上的借款成功率显著更高。然而，当群组领导者收取额外创设费用时，有群组领导者投标的借款项目相比于没有群组领导者投标的借款项目而言，借款利率更低但是还款表现更差、违约概率更高。如果以禁止群组领导者收取创设费用的规定作为外来事件冲击进行分析并对比该事件前后的区别，该文发现有群组领导者投标的项目在禁止收费后的违约率要显著低于没有群组领导者投标的同期项目。这个结果说明，虽然群组领导者掌握更多的借款项目信息优势，跟随群组领导者进行投资并不一定产生更低的投资风险或更高的投资回报，尤其是群组领导者收取额外的创设费用时,其领投的项目往往利率更低但是违约率却更高,这说明存在较严重的逆向选择现象。只有当群组领导者的投资额度较大或者不收取创设费用时,其信息优势才会发挥作用,此时其领投的项目中高利率项目往往有高违约风险,低利率项目往往有低违约风险。

2.1.4.3 文化差异与地理距离

在网络借贷平台的交易中,投资人与借款人之间的文化差异、地理距离往往也会对投资人的投资偏好造成影响。文化差异对于投资人决策的影响来自多个方面:首先,有文章发现文化差异会导致交易成本增加,包括沟通成本、控制成本、监管成本、社交成本等;其次,文化差异会降低个体之间的信任、交流、协作行为;再次,在建立群组过程中,群组成员对文化差异较大的其他成员的接纳程度较低;最后,个体交易过程中也会出现一些交易偏好现象,即不愿意与文化差异较大的其他个体进行交易。类似地,地理距离对投资者的决策也会造成影响,因为研究表明地理距离越近代表投资人对借款人有可能更为熟悉,或者借款后更容易进行监管、违约后追偿成本更低等。

Burtch、Ghose 和 Wattal(2014)基于 Kiva[①] 平台在 2005—2010 年接近 335 万条个人借贷交易数据,包含 37 万个投资人和 16 万个借款人,然后对每个国家的借贷交易数据进行汇总,汇总数据共有 52 个国家的借款人和 196 个国家的出借人数据,最后作者检验投资人与借款人之间的文化差异、地理距离对投资人决策的影响。关于国家之间的地理距离指

---

① Kiva 平台成立于 2005 年 10 月,是世界上第一个提供在线小额贷款服务的非营利组织,总部位于美国加州旧金山市。平台将需要资金的人和有闲置资金的人联系在一起。

标，作者参考 Sousa et al.（2005）的构建方法，并利用 Google Maps API 补充缺失值。关于国家之间的文化差异指标，作者直接采用了"世界价值调查"数据（World Values Survey），由社会科学家在全球范围内调查采集，涉及接近 100 个国家。作者利用泊松最大似然法进行实证回归检验，以借款决策作为被解释变量，以文化差异指标、地理距离指标及二者交乘项作为核心解释变量，并控制 GDP、共同语言指标、财富差异指标、国家固定效应等。结果发现，投资人和借款人之间的文化差异越大或者地理距离越大，投资人进行投资的概率越低。具体从边际效应而言，当文化差异指标增加一个标准差时，投资者投标项目个数减少了 30 个，当地理距离指标增加一个标准差时，投资者投标项目个数减少了 0.23 个，并且文化差异和地理距离对投资者投资决策的影响具有相互替代效应。整体而言，Burtch、Ghose 和 Wattal（2014）验证了文化差异和地理距离对于投资者投资偏好的负面影响。

2.1.4.4 本地偏好

在上一节中，Burtch、Ghose 和 Wattal（2014）的研究证明在网络借贷交易中地理距离对投资者投资偏好会产生负面影响，本节重点关注投资者在决策过程中是否存在本地偏好。本地偏好，是指投资者在投资交易过程中，倾向于选择本地（本国，或本州，或本城市）的项目，在其他条件相同的情况下不愿意投资外地项目。投资者本地偏好现象的产生往往来自两方面的因素：一方面来自理性因素，或者说是经济因素，是指投资本地项目有利于降低运营和交流等交易成本、减少信息获取成本、提高信息优势等，因此，提高了投资回报。另一方面，投资者本地偏好现象有可能是由非理性因素造成，例如在经济因素相同的前提下，地理距离越小会增加投资者对借款人的信任程度和对该项目的过分乐观情绪。

Lin和Viswanathan（2016）利用Prosper平台在2008年以前所有的借款标的申请和交易数据，包括成功和未成功的所有项目，来检验网络借贷平台中投资者是否存在本地偏好及背后的影响机制。在Prosper平台上，借款人的居住地区信息是公开并且无法隐藏的。值得说明的是，在Prosper平台上的借款项目没有抵押品，电子交易减少了交易成本，因此交易成本不会受到投资人和借款人之间地理距离的影响。此外，当借款人违约时，出借人在法律上是没有追偿权利的，即便出借人和借款人的地理距离十分接近，出借人也无法对借款人的项目进行监督或者在借款人违约后进行追偿，因此，地理距离越小并不能带来经济方面的收益。这些特征使得利用网络借贷平台来研究投资者的本地偏好具有独特优势。

在实证研究中，Lin和Viswanathan（2016）首先发现，整体而言投资者选择本地项目进行投标的比例显著高于投资者和借款人处于不同地区的比例，同一地区的投资者在本地投资总额占所有投资者在本地投资总额的比例也要高于该地区投资者在整个平台的投资总额占所有投资者在整个平台投资总额的比例。其次，在利用日交易数据进行二元分析逻辑回归的结果中，作者发现投资者对本地项目进行投标的概率要比平均水平高出 14.6% ~ 16.9%，说明投资者更倾向于投资本地借款项目。然后，为了降低模型的内生性，作者利用借款人移居行为作为准自然实验，即针对在样本区间内出现过移居的借款人，对比其移居前后原地区投资人和新地区投资人对其投资行为的变化。实证结果发现，当借款人改变居住州之后，原居住州的投资人向其提供贷款的意愿下降，新居住州的投资人向其提供贷款的意愿上升。最后，为了更进一步地减弱内生性因素的影响，作者利用 MiniProsper 交易数据作为自然实验进行研究。Prosper 成立于 2006 年，在刚成立时并没有在美国证监会进行注册。2008 年 10 月，美国证监会要求 Prosper 平台关闭。2009 年 4 月底，Prosper 完成了在美国证监会的注册，但是在 2009 年 4 月 28 日平台重新开始运作后，仅加利福尼亚州的投资者可以对平台上的借款项目进行投资，称为 Mini Prosper，这种现象维持了 10 天。作者利用这一外生事件进行研究，继续采用二元分析逻辑回归模型，结果发现在 Mini Prosper 时期，来自加利福尼亚州的借款项目成功得到借款的概率要比其他州的借款项目成功得到借款的概率高出至少 21%。

Lin 和 Viswanathan（2016）在以上研究中证实了 Prosper 的投资者相对更愿意投资于本州的借款标的，即投资者存在本地偏好。为了对该现象进行解释，作者排除了"朋友"或"亲人"等因素的影响。考虑到借款人的朋友可能与借款人居住在同一地区，同时愿意向借款人放款，这可能对该文实证结果造成影响。然而，作者发现朋友个数只占与借款人来自同一州的投资人总数的 17.5%，投标占比仅为 1.9%，朋友投资占比与当地投资者占比之间不存在显著的相关性，因此，可以排除朋友关系导致该文实证结果的解释。其中，朋友个数等于 Explicit Friends（即 Prosper 的朋友关系）和 Implicit Friends（参考 Lin、Probhala 和 Viswanathan，2013）的人数之和。

然后，作者排除了经济因素对该文实证结果的解释。投资者有可能因为某些经济上的原因（例如，投资者更了解本地借款人的信用状况）

偏好于将钱借给本地借款人。在这种情况下,第一,投资借款标的业绩应该与和借款人来自同一州的投资人占比正相关。但实证结果表明,本地投资者投资占比高的借款标违约率更高、违约时间更早、违约金额更高,不支持经济原因的解释。第二,作者发现借款描述中再次出现与借款人居住地相关的信息将增加本地借款人投资比例,也不支持经济原因的解释。第三,如果投资者因为某种经济因素偏好于将钱借给本地借款人,则借款人改变居住的州之后,不会增加对新州借款人投资的概率,与实证结果不符。第四,投资者可能认为本州借款人的违约率更低而倾向于向其投资。作者使用 Mini-Prosper 时期的数据,分析加利福尼亚州的投资者对来自加利福尼亚州及违约率低于加利福尼亚州借款人的投资情况,发现投资者仍然偏好向本州借款人融资,排除前述解释。第五,投资者可能因为本州借款标收益率的方差更低而倾向于向其投资。作者对各州各信用等级借款标收益率的方差进行了成对比较,发现其中 83%的方差没有显著差异。此外,作者对比获得本地投资者投资的借款标与其他州未获得该投资者的借款标的方差,发现二者之间不存在显著差异,排除了方差的解释。

同时,投资者可能因为希望帮助同一种族的借款人,从而偏向于投资本州的借款标。如果这个解释正确,那么,(1)当投资者从种族单一的州迁居至种族多样的州,他们将不会增加对新州借款标的投资比例;(2)居住在种族多样化程度较强的州的投资人不会出现倾向于投资本地借款标的现象。实证结果不支持上述推论,排除了前述解释。

整体而言,Lin 和 Viswanathan(2016)的研究为网络借贷平台的投资者存在本地偏好提供了证据,同时该现象无法由理性因素完全解释,相反地，投资者个人的非理性行为因素对于本地偏好行为有所影响。

2.1.4.5　相似性

Galak、Small 和 Stephen（2011）主要从亲社会性角度"Prosocial Nature"对网络借贷平台进行研究。该文利用 Kiva 平台的交易数据，总共包含约 29 万个借款项目，2.3 万名借款人，样本区间为 2007 年 11 月—2008 年 6 月，并搜集国家层面的 GDP 和婴儿死亡率指标作为财富指标代理变量，以及文化维度指标等。

在该文的实证研究中，一方面作者研究对借款人项目投标的总人数对于出借人投标额的影响，发现总人数越多则投标额越小。另一方面，作者主要利用性别、职业、名字首字母作为衡量出借人与借款人之间相似性的指标，实证结果发现性别、职业的相似性对于出借人的决策具有显著影响，而名字首字母的影响比较微弱，并且，出借人倾向于与其相似度较高的借款人的借款项目。整体而言，该文验证了网络借贷交易过程中投资者的亲社会性。

2.2　出借人的行为

在网络借贷市场中，出借人往往是个人投资者，相比于机构投资者而言，其投资资金更少、信息挖掘与信息分析能力较差、更容易出现非理性投资行为。因此，研究出借人的行为对于理解网络借贷市场有着比较重要的意义。本节从出借人的信息识别、风险厌恶、羊群效应等角度对出借人行为相关的研究进行总结。

2.2.1 信息识别

网络借贷平台作为一种信息中介平台,可以要求借款人提供相关必要信息,但是平台不应该承担信用中介职能,出借人可以根据借款人提供的必要信息进行风险甄别并进行投资决策。在借款人提供的所有信息中,能否从中筛选出有价值的信息并对借款项目的风险进行定价,是对网络借贷出借人的一个重要考验,直接影响到出借人的投资回报。

Iyer et al.(2016)对网络借贷平台中出借人的信息识别能力进行了研究,该文以 Prosper 平台在 2007 年 2 月—2008 年 10 月的所有借款申请标的项目为研究样本,样本数据中包括申请过程中所涉及的所有信用相关数据、项目文本介绍、借贷及还款历史、信用分数等。作者将所有信息指标分为两类,分别是标准的财务信息指标和非标准的软信息指标。财务信息指标包括可从借款人信用报告中获取的一些硬性指标。软信息指标是指难以完全量化的一些信息,以及可以量化但是在传统银行的信贷模型中没有涉及的指标,例如,代表借款人决策的非标准化变量,包括借款人愿意支付的最高借款利率、借款类别、借款周期等,以及借款人是否提供照片、借款人对借款项目的文本说明的字数、文本的风格特征等。借贷交易过程中的真实利率反映了出借人对借款人信息识别后的预期风险溢价,作者利用借款人的事后还款表现来分析出借人的信息识别能力。具体而言,作者研究真实交易利率是否可以预测借款人的贷后表现,包括是否违约与本金偿还比例,并与基准模型的预测能力进行对比,基准模型包括:(1)传统信用分数;(2)利用所有标准的财务信息后使用计量方法可以获得的预测模型。

　　为了研究对借款人还款的预测表现，作者运用了两个指标：第一个是对信息筛选模型进行线性回归，因变量是事后还款表现，自变量是筛选模型中涉及的信息指标，通过线性拟合回归后的调整后 R^2 来观测模型的预测表现。第二个指标是接受者操作特性曲线（Receiver Operating Characteristic Curve，ROC 曲线），该技术在商业银行评估系统中比较普遍。首先，作者发现贷后表现与真实交易利率进行线性拟合后的 R^2 要显著高于利用传统信用分数获得的 R^2 结果；其次，当以 ROC 曲线作为预测表现时，真实交易利率对违约事件的预测准确度要比传统信用分数高出 45%；最后，在信用等级较高的借款人群中真实交易利率对违约事件的预测准确度要高于信用等级较低的借款人群，并且无论借款人群的信用等级高低，真实交易利率对违约事件的预测准确度都高于传统信用分数。以上结果说明，真实交易利率对借款人贷后表现的预测能力要高于传统信用分数。

　　作者对影响真实利率的信息进一步进行了研究，分别对标准的财务信息和非标准的软信息进行检验，以线性拟合的 R^2 和 ROC 曲线作为预测表现，发现标准的财务信息和非标准的软信息对借款人贷后表现都具有预测能力，并且任何一种信息均无法完全包含另一种信息的预测能力。此外，在信用等级较差的借款人中，非标准的软信息对于预测借款人的贷后表现更有价值。

　　该文的亮点在于发现了出借人通过互联网上的可得信息预测借款人违约率的准确度要高于传统信用分数的预测表现，并且根据不同信息的来源对非标准的软信息进行了度量，然后发现对于信用等级较低的借款人来说通过软信息进行信用筛选更为重要，充分说明了软信息对于提高网络借贷市场效率的意义，对于网络借贷市场和银行信用评价体系具有很强的现实意义。

2.2.2 风险厌恶

在关于资本市场的经典理论研究中，一个比较重要的假设是个体的风险厌恶水平是不变的。然而，在这个理论框架下资本市场出现了一系列的谜题（Puzzle），例如，美国股票市场的历史收益率长期处于高位、股票过度交易、股票市场也出现很多异象（Anomaly）等，都无法被经典理论模型解释。Campbell 和 Cochrane（1999）提出另一种基于习惯的个人效用理论模型，在该模型框架下个体的风险厌恶是逆经济周期变动的，并且该模型可以解释绝大多数资本市场的谜题。然而，在真实交易场景中针对该模型的实证检验比较少，大部分关于该模型的实证检验来自实验室实验，Paravisini、Rappoport 和 Ravina（2017）基于网络借贷平台数据对该模型进行了验证。

作者基于 LendingClub 平台 2372 名投资者在 2007 年 10 月—2008 年 4 月的交易数据，通过以下的公式来估计个体的风险厌恶系数：

$$E(R_z) = \theta^i + ARA^i \times \frac{W^i x_z^i}{n_z^i} \times Q_z^2 + \varepsilon_z^i ,$$

其中 i 代表第 i 个投资者，z 代表第 z 个借款项目，ARA^i 是指投资者的绝对风险厌恶系数，$W^i x_z^i Q_z^2 / n_z^i$ 代表用投资额度比例进行加权后的项目回报率方差，ε_z^i 代表随机扰动项。

在 LendingClub 平台的众多借款项目中，每个投资者在特定时刻都有资产组合，根据该资产组合中各个借款项目的投资比例，对每个投资者进行横截面最小二乘回归，可以估计出该投资者的绝对风险厌恶系数 ARA^i。然后，作者基于估计出的风险厌恶系数分别在横截面上研究个体风险厌恶水平与其财富水平之间的相关性，以及在时间序列上当投资者面临外来的财富冲击后其风险厌恶水平是否发生变化。考虑到投资者的个人财富数据无法直接获取，作者利用 Acxiom 的净财富估计算法，即通过个人姓名、住址、信用等级及其他数据估算出来的净财富。然而，该估计算法可能存在测量误差，因此，作者额外用了房产价值作为稳健性检验，房产价值采取投资者邮编地址对应群体的房产价值的中位数进行估计。

实证结果发现，在横截面上，更富有的投资者在投资过程中显得更为风险厌恶。然而，在时间序列上，投资者在面临负向的财富冲击后变得更为风险厌恶，这与 Campbell 和 Cochrane（1999）提出的投资者风险厌恶是时变的并且逆经济周期变动的结论保持一致。

2.2.3 羊群效应

在行为金融学理论和实证研究中，羊群效应是个体投资者群体普遍存在的一个现象。在网络借贷交易中，羊群效应是指当借款项目已经获得大量投资者进行投标时，相比于还没有获得大量投资者进行投标的项目，在其他条件相同的情况下，更容易吸引其他的投资者进行投标。

Zhang 和 Liu（2012）利用 Prosper 平台在 2006 年 2 月—2008 年 9 月的随机面板数据，共有 5 万个借款申请项目，来研究网络借贷中的羊群效应。特别地，Zhang 和 Liu（2012）将个体投资者的羊群效应分为两类，分别是非理性羊群效应和理性羊群效应。其中，非理性羊群效应是指投资者直接消极地模仿其他投资者的投资决策，跟随同伴进行投标。理性羊群效应是指个体投资者获取借款者的个人相关信息，并观察和学习其他投资者的决策，然后进行贝叶斯推断借款者的信用水平。相对于非理性羊群效应而言，理性羊群效应的重点在于投资者活跃地进行观察性学习，利用贝叶斯推断方法来充分利用同伴投资决策中所反映的信号，而不是简单地跟随同伴的投资决策。

首先，作者简单地对投资者投标决策进行分析，以投标额度作为被解释变量，以借款项目已募集到的累计金额作为核心解释变量，并控制剩余额度比例、已募集资金的利率、累计投标次数及其他相关变量，进行最小二乘估计，来研究投标的序列相关性。回归结果发现，投资者的投标额度与项目已募集到的累计金额显著正相关。然而，这个结果可能是由四种机制造成：一是借款项目之间未观测到的异质性，例如部分借款项目在描述文本中加入专业性的图片，这有可能吸引更多的投资者进行投标，但是该专业性信号却无法翻译在回归模型中；二是项目回报的外部性，是指已经募集到更多资金的项目更有可能最终募集成功，因此，会吸引其他的投资者进行投标，因为如果借款项目最终无法募集成功会浪费这些投资者的机会成本和时间成本；三是非理性羊群效应，投资者既有可能是对已有投资者的决策进行简单复制，也有可能是因为在无法确定如何进行投资的情况下会借鉴已有投资者的投资决策，同时 Prosper 会根据已募集资金比例对借款项目进行排序并展示给投资者，这种曝光效应会造成投资者更有可能产生非理性羊群效应；四是理性羊群效应，即该文重点研究的现象。

　　该文的一大贡献在于利用独特数据和巧妙的方法来筛选出投资者的理性羊群效应。首先，为了控制未观测到的异质性对回归模型的影响，作者假设这种项目特定的异质性是非时变的，这是因为在 Prosper 平台上的借款项目一经申请，其信息在项目截止之前往往不会变更，因此，作者在回归模型中加入项目固定效应，即可以控制住非时变异质性的影响。其次，为了控制项目回报外部性的影响，作者在回归模型中加入已募集到的累计金额与剩余额度比例的交乘项作为自变量进行分析。然后，为了区分非理性羊群效应和理性羊群效应，作者提出如果投资者的非理性羊群效应是来自简单地对其他投资者的投资决策进行复制，那么他们的投资行为应该与其他投资者在作出该投资决策过程中所用到的信息不相关。然而，如果投资者是基于理性羊群效应，即活跃的观察性学习，来进行投资，那么其推断过程应该与其他投资者在作出该投资决策过程中所用到的公开可观测信息高度相关。例如，如果有两个借款资金和已募集比例相似的同期项目，其中一个是借款人信用等级较低的"高风险"项目，另一个是借款人信用等级较高的"低风险"项目，那么基于理性羊群效应的投资者应该可以推断出前一个项目具备更多积极的信号，这些信号来自现有投资者掌握的私有信息。因此，作者在回归模型中加入已募集到的累计金额与一些公开可获得信息指标的交乘项，来区分出理性羊群效应的影响。最后，考虑到投资者和已有投资者都掌握的一些私有信息无法公开观测，即无法纳入回归模型从而造成遗漏变量问题，作者利用借款项目真实的还贷表现数据来作为辅助数据（Auxiliary Data），在回归模型中加入已募集到的累计金额与真实还贷表现指标的交乘项，来区分出理性羊群效应的影响。

实证结果表明，在控制住未观测到的异质性和项目回报外部性的影响后，投资者的羊群效应依然显著存在。在加入已募集到的累计金额与一些公开可获得信息指标的交乘项、与真实还贷表现指标的交乘项后，发现投资者的理性羊群效应存在。另外在接下来的研究中，作者还发现理性羊群效应预测借款人还款表现的能力要强于非理性羊群效应。该文的贡献在于利用真实的网络借贷交易数据验证了投资者的羊群效应，并区分出理性羊群效应与非理性羊群效应，为行为金融学的相关研究提供了重要的借鉴意义。

2.2.4 推荐群组

在有关亲社会（Prosocial）行为的研究中，很多研究关注使用价格机制来激发捐赠行为的策略，如配捐、种子基金等，而相对来说关于身份机制的研究较少，如同伴压力、群组身份、竞争等。Ai et al.（2016）在无息贷款平台 Kiva 上开展田野实验，研究给出借人推荐群组的策略如何激发出借人提供无息贷款这一亲社会行为。具体而言，Ai et al.（2016）首先研究哪一类群组推荐更能激励出借人加入群组，其次出借人加入群组对后续的出借行为有怎样的影响。

Ai et al.（2016）研究数据来自网贷平台 Kiva，这是一家美国的非营利组织，向贫困地区的小微企业提供小额无息贷款以帮助他们经营。和其他网络借贷平台一样，Kiva 发挥了撮合出借人和借款人的信息中介职能的作用。出借人是在平台上注册的个人会员，Kiva 通过和当地小贷机构合作，将低收入创业者的借款需求发布在平台上，出借人即可投标，为借款人提供无息借款。注册会员中有 36% 从未投标，还有相当一部分只投过 1 次。2008 年，平台引入社交功能，出借人可以建群也可以加入已有的群，在平台提供的样本数据中一共有 38957 个群。

该文的实验是向 64800 个出借人发送群组推荐，这些人都在过去 6 个月中借出 2 次以上，但没有加入任何群组。推荐的策略是基于出借人的同质性和群组的等级状态。其中，出借人的同质性是用地域相似性和出借历史相似性进行度量。地域相似性是指群组内现有成员与该出借人来自相同地域的人数，人数越多则地域相似性越高；出借历史相似性是指群组内现有成员与该出借人曾经投标过相同借款项目的人数，人数越多则出借历史相似性越高。等级状态是指群组等级，在 Kiva 平台排行榜中排名前三的群组被归为高等级组。此外，实验中被推荐群组的出借人被随机分为两组，向其中一组解释上述推荐机制的细节，另一组不予解释。为了控制发邮件的效应，还设置了两个控制组，一组不发邮件，另一组发邮件告知有群组但不做推荐。根据以上实验方法，实验对象一共分为下述 8 个组：不发邮件组、发邮件但不做推荐组、地域相似—解释组、地域相似—不解释组、历史相似—解释组、历史相似—不解释组、高等级—解释组、高等级—不解释组。

实验结果发现，首先，小组推荐会增加出借人加入小组的概率。其次，出借人更愿意加入和自己地理位置更相近或者高等级的小组，出借人基于地理位置相似性的推荐策略最有效。最后，为了识别加入小组对借贷行为的影响，用出借人是否收到邮件作为加入小组的工具变量（Instruments Variable），来解决自选择（Self-selection）的内生性问题，发现出借人加入小组后一周内的出借金额显著上升，但是没有发现长期效果，有可能是出借人会等该笔借款得到偿还之后再进行下一笔投资。

2.3 网络借贷的定价机制与信用筛选

在网络借贷交易中，借款者不提供传统商业银行借款过程所提供的抵押品，往往也不提供个人固定资产及财富信息。考虑到网络借贷双方分别为个人投资者和个人借款者，双方的信息不对称问题更为严重，贷后违约追偿的成本也较高。因此，如何基于借款人所提供的信息进行定价和信用筛选是网络借贷交易中的关键问题。

2.3.1 信息不对称

在经济学研究中信息不对称是重要的理论假设，也是资本市场中十分普遍的现象，然而在实证研究中验证信息不对称是一个难题。在信息不对称存在的情况下，交易双方可能出现"隐藏信息"问题或者"隐藏行动"问题。"隐藏信息"是指事前选择效应，包括事前基于风险水平的选择，即经典的逆向选择问题，或者事前基于无法观测的预期努力程度的选择。"隐藏行动"是指事后激励效应，即道德风险问题。Karlan 和 Zinman（2009）利用南非的一家开展现金贷业务的微贷公司设计和开展田野实验，试图研究借贷双方的信息不对称问题，并区分"隐藏信息"和"隐藏行动"的影响。

作者开展田野实验的公司是一家位于南非的已经成熟运营超过 20 年的头部微贷公司，主营现金贷业务。实验样本包括 57533 个信用历史良好的客户，客户在 24 个月内在公司内有借款，并且在实验的前一个月都已经结清。公司根据客户历史将客户分为高风险、中等风险和低风险三个等级。作者在 2003 年 7 月、9 月和 10 月分别开展了三次实验，向客户发邮件邀请其借款。在每次实验中，根据现金贷客户的风险等级随机给客户设置三种利率，分别是开价利率、合同利率和未来利率。其中开价利率在发给客户的邮件中直接提供，而合同利率和未来利率只有当客户申请了邮件中的借款项目并且贷款经理完成了首期评估后，才对客户和贷款经理可见。这个实验的重点在于，合同利率和未来利率是客户和贷款经理在事前意想不到的，因此，客户是否申请贷款及贷款经理是否批准贷款仅和开价利率相关，与合同利率、未来利率不相关。

在实验的所有客户中，8.7% 的客户（5028）接受了贷款邀请并前往分公司进行贷款申请。在这些申请贷款的客户中，86.5% 的客户（4348）的贷款得到贷款经理批准，最大借款额度和借款周期由贷款经理决定。值得注意的是，贷款经理的决定不受实验利率的影响，申请贷款的过程与普通客户来申请贷款一致。当客户选择了贷款额度和周期后，公司软件系统会对其中 41% 的客户提供一个比开价利率更低的合同利率，这个过程不需要贷款经理的批准。最后，实验还开展了动态激励计划，即随机抽取 47% 的客户，当客户申请贷款流程结束之后通知这些客户，如果还款表现良好，他们在未来一年内的所有贷款都可以享受一个较低的未来利率。在本实验中，合同利率和未来利率都要显著低于正常的贷款利率，平均而言，月利率要低 350 个基点。如果实验客户没有收到动态激励计划的邀请（即未来利率），其合同利率仅在该次贷款中有效。

❷ 网络借贷

作者设计该实验来识别信息不对称中的"隐藏信息"和"隐藏行动"效应，识别策略如图 2.2 所示。首先，客户可以决定是否接受实验中提供的开价利率，而开价利率有可能是高开价利率（High Offer Rate）或低开价利率（Low Offer Rate）；然后，对于那些接受高开价利率的客户，系统会随机给部分客户提供一个更低合同利率，如图 2.2 中的②/③所示，而其他客户开价利率和合同利率是相同的，如图 2.2 中①所示；在贷款流程结束后，②/④的客户被随机分配了动态激励计划，③/⑤的客户没有分配动态激励计划。

考虑到开价利率在所有客户中是随机分配的，而客户可以自由选择是否根据开价利率进行申请，在图 2.2 中，④/⑤的客户在最开始就申请了低开价利率，②/③的客户在最开始申请了高开价利率，但是被随机分配了更低的合同利率，此时，④/⑤和②/③的客户的合同利率相同，因此，对比④/⑤和②/③的还款表现可以研究"隐藏信息"效应，包含基于风险的逆向选择问题和无法观测的预期努力程度。考虑到①和②/③中的客户都选择了高开价利率，但是②/③的客户被随机分配了更低的合同利率，因此，对比①和②/③的还款表现可以研究"隐藏行动"效应，即道德风险问题。同时②和③的客户选择了相同的开价利率和合同利率，但是②的客户被随机分配了动态激励计划，而③的客户没有动态激励计划，因此，对比②和③的还款表现也可以研究道德风险问题。类似地，对比④和⑤的还款表现也可以研究道德风险问题。

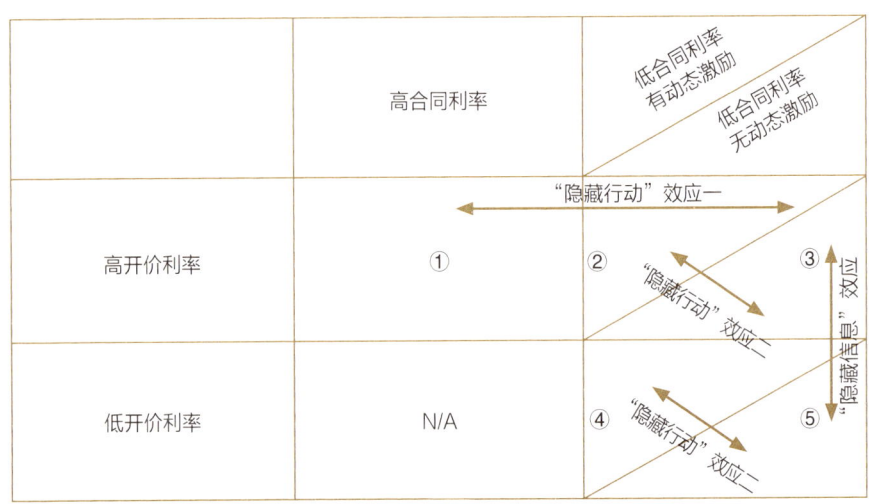

图 2.2 "隐藏信息"和"隐藏行动"效应识别设计

根据以上实验,对比不同客户群组的还款表现,结果发现在以上的借贷交易中道德风险问题比较普遍,有显著的实证结果,样本中大约 13%～21% 的违约行为可以被道德风险问题所解释。然而,在本实验中,"隐藏信息"效应的结果相对较弱。该文的主要贡献在于利用现金贷实验验证了借贷市场信息不对称下"隐藏行动"效应和"隐藏信息"效应的存在,以及对两种效应进行了区分,对于经济学中信息不对称的研究提供了重要参考。

与 Karlan 和 Zinman (2009) 相似,Dobbie 和 Skiba (2013) 利用美国发薪贷[①](Payday Loan)市场来研究信息不对称问题。具体而言,作者使用美国三家大型发放发薪日贷款的机构 A、B、C。这三家机构的数据分

---

① 发薪贷,全称为发薪日贷款(Payday Loan),是指一至两周的短期贷款,借款人承诺在下一发薪日偿还贷款并支付一定的利息及费用。

为两批，分别称为断点回归样本（Regression Discontinuity）和拐点回归样本（Regression Kink）。其中，断点回归样本中贷款机构发放的贷款金额不连续，以 50 美元为增量，从而可以做断点回归分析；拐点回归样本中贷款金额基本连续，但以 300 美元或 500 美元为上限，可以做拐点回归分析。所有机构发放的贷款的金额都不超过借款者的两周工资，所有样本都是首次借款。

针对借贷市场的信息不对称，作者提出，当借贷交易中存在道德风险问题时，借款人更有可能在大额借款项目中违约，而当借贷交易中存在逆向选择问题时，具有高违约风险的借款人更愿意申请大额借款。因此在这两种情况下，借款者的借款金额与违约率之间存在正相关关系，但是区分道德风险和逆向选择的影响比较困难。

该文通过断点回归和拐点回归进行实证分析，其基本假设是在断点和拐点的两侧，借款人的风险和影响违约的所有因素没有显著差异。具体而言，作者在实证研究中先估计道德风险系数，用可借款金额作为工具变量回归，发现借款金额越大，则借款人越不容易违约，这说明不存在道德风险。然后，利用最小二乘回归分析，发现整体而言，借款金额越高则借款人越容易违约，结合道德风险系数为负的上述结果，可以得知借款人存在严重的逆向选择问题。

整体而言，该文结果发现发薪日贷款的借款者面临严重的信用约束，说明这部分借款者可能面临严重的信息不对称问题。其次，借款金额越大，借款人越不容易违约，这不符合道德风险的一般推论，说明道德风险问题不严重。最后，作者发现选择了更大借款金额的借款人，其本身违约风险更高，这说明逆向选择问题严重，逆向选择主导了信息不对称问题带来的后果。

2.3.2 竞价和标价机制

网络借贷的定价不仅由借贷双方的供给和需求决定，也可能受到平台设置的议价机制的影响。Wei 和 Lin（2017）研究了网络借贷平台的议价机制，即竞价还是标价，对平台成交量、标的违约率、成交速度的影响。

该文利用 Prosper 平台于 2010 年 12 月 20 日"出人意料"地改变了定价方式，即平台议价方式由竞价改为标价，来研究议价机制的影响。竞价是指由借款人设定保留价格，即可以接受的最高利率，然后由出借人竞价，利率由高往低竞价。标价是指由平台根据借款人的信用水平给出一个固定的标价，出借人可以选择投标或者不投标。平台更改议价方式的初衷是促成交易尽快完成，这样能扩大成交量，扩大收入。

该文建立了一个博弈模型，由模型提出了以下四个假设：(1) 在标价机制下，平台设定的利率要高于在竞价机制下借款人设定的初始利率，即保留利率；(2) 对于在平台上成交的借款项目，在标价机制下的成交利率要高于竞价机制下的成交利率；(3) 对于在平台上申请的借款项目，在标价机制下的成交概率要高于竞价机制下的成交概率；(4) 对于在平台上成交的借款项目，在标价机制下的违约概率要高于竞价机制下的违约概率。

在实证设计中，作者选取了 2010 年 8 月 20 日—2011 年 4 月 19 日的数据，相关信息有标的信息、借款人信用信息、宏观经济环境变量等。

结果发现，定价机制由竞价改为标价之后，成交概率上升、成交利率上升、违约率上升。同时，从整体社会福利的角度考虑，在标价机制下平台攫取了借款者的全部剩余。对社会整体而言，长期存在福利损失。

2.3.3　价格弹性

信贷产品的定价问题对于信贷企业而言至关重要，直接影响到企业的盈利、市场规模和市场占有率。对于追求利润最大化的信贷企业而言，研究贷款利率变动对借款人和竞争者的影响十分关键。Karlan 和 Zinman（2018）试图利用墨西哥最大的一家小额贷企业进行田野实验，研究利率变动对于借款人借贷需求的影响。

Compartamos Banco（CB）长期以来是墨西哥最大的小额贷企业，在该文的研究样本区间中，联保贷款（Group Lending）一直是该公司最大的业务来源，运作平台是 Credito Mujer。该企业的服务目标群体是女性，包含已经拥有小微企业的客户，或个体工商户，或准备自主创业的客户。联保贷款群体的借款客户数量在 10～50 人之间，同一联保群体中的客户之间具有连带责任。因此，该企业在审批过程中会拒绝有欺诈历史的申请者，除此之外，主要利用客户之间的监督来筛选信用不良客户，而不是基于信用局的信息。

该文的田野实验如下：在 80 个地区中，随机挑选一部分地区作为实验组，剩下的地区作为控制组。从 2007 年 5 月 16 日开始，实验组地区的小额贷款利率以原有贷款利率为标准下降 20%，而控制组地区的小额贷款利率以原有贷款利率为标准下降 10%，该项措施最长维持了 29 个月。作者收集了所有借贷数据、借款者个人数据、信用局数据等研究贷款利率下降后小额贷的变化。

作者基于该田野实验研究利率变动对于借贷业务的影响，利用双重差分 OLS 回归模型，发现：（1）该企业降低借贷利率吸引了很多新的借款者，扩大了企业业务；（2）借款需求对于利率的弹性显著为负，并且借款期限越长，其对利率的弹性绝对值越大；（3）该企业降低借贷利率并没有影响传统借贷机构（例如银行）的贷款业务，说明来申请的借款人在传统借贷机构面临借贷约束；（4）该企业降低借贷利率在短期内增加了运营成本，尤其是针对新的申请人，但是在长期内增加了利润；（5）研究发现该企业的同行业竞争者运营过程没有受到以上田野实验的影响。

该文的主要贡献在于丰富了借贷领域企业利润最大化的相关研究，实证发现长期借款比短期借款对于利率的弹性强等结果，并且为田野实验研究与企业业务相结合提供了借鉴。

2.3.4 利用利率期限进行信用筛选

在信用借贷市场中，借款人和出借人之间的信息不对称往往导致信贷交易的低效率。理论研究认为出借人可以利用不同的出借利率和合同限制条件来筛选不同信用水平的借款人，然而利用实证设计检验信用水平的筛选机制却往往比较困难。Hertzberg、Liberman 和 Paravisini（2018）利用 Lending Club 在 2013 年的两项政策变化作为自然实验，研究发现债务期限可以作为借款人信用的筛选机制。

Lending Club 在以往提供短期债务合约（36 个月）和长期债务合约（60 个月），但是在 2013 年之前，只有借款额度超过 16000 美元才能申请长期合约。2013 年 3 月，LC 将申请长期债务合约的门槛降低至 12000 美元；2013 年 7 月，LC 再次将申请长期债务合约的门槛降低至 10000 美元。关键一点在于 LC 在这两次政策施行过程中并没有对申请者的其他申请条件进行修改。

该文利用这两次政策变化作为自然实验，采取双重差分模型 Difference 研究方法，对比两组情况下借款者的违约情况：（1）仅可申请 36 个月的短期合约；（2）可以申请 36 个月或者 60 个月的合约。两种情况下的 36 个月短期合约是完全相同的。该文发现，在第二种情况下，只有少数借款人选择短期合约，但是这些借款人的违约概率要显著低于第一种情况下的借款人违约水平。以上结果说明借款人根据自身信用水平选择不同期限的合约，未来违约率更高的借款人会主动选择期限更长的债务合约，证明债务期限是借款人信用水平的一种筛选手段。

2.3.5 利用算法促进公平

算法能促进借贷公平吗？在金融科技时代，消费信贷的审批过程中越来越多地使用算法进行决策。与传统的人工审批方式相比，算法的优势在于更加稳定，决策结果不会受到信贷人员的主观情绪的影响。而主观情绪可能使得审批过程中存在一定的歧视，即对于不同的群体给出不同的决策结果和定价策略。根据美国公平借贷法（Truth In Lending Act）的规定，借贷利率的公平定价必须基于风险因素，差异化定价反映的必须是借款人信用风险的差异。反之，如果不同个体借贷利率的定价不能完全由信用风险来解释，则被称为利率"歧视"。显然，使用算法进行借贷决策能够规避人的主观情绪导致的有意识或无意识的歧视行为，但算法是否真的完全公平，能够按照公平借贷法的要求完全消除歧视呢？加州大学伯克利分校的 Rober Bartlett，Adair Morse，Richard Stanton 和 Nancy Wallace 四位学者在最新的工作论文中对此进行了研究。

研究利率歧视的一大难点在于如何准确识别歧视的存在。尤其对于大数据算法决策的结果，通常很难准确解读每个变量背后的经济意义。那么，如何判断算法给出的差异化利率定价确实是真实地反映了难以直接观察的借款人信用风险，还是定价中仍然包含信用风险以外的因素呢？该文以美国房贷市场为研究背景，利用证券化过程对信用风险的转移，巧妙地识别了贷款机构承担的信用风险和利率定价之间的关系，解决了以往研究中可能存在的遗漏变量的问题。

该文章整合了多个美国房地产市场相关的数据来源，包括官方披露的房屋抵押贷款申请信息 Home Mortgage Disclosure Act（HMDA）Data，来自商业公司的还款信息 ATTOM Data 和 McDash Data，征信机构 Equifax Data，以及房地美和房利美（"两房"）的相关房贷数据。不同的数据集之间并没有统一的标识来识别同一笔贷款，该文使用机器学习算法，根据不同数据之间重叠的信息进行匹配，将各个数据集的信息连接起来，获得较为完整的房主个人特征、贷款申请、还款情况等房贷信息。

该文章使用的研究样本是在 2009—2015 年由"两房"进行资产证券化的住宅抵押贷款，申请成功的贷款约 660 万笔，其中，30 年期固定利率贷款约 350 万笔，另有被拒绝的贷款约 650 万笔。由于样本中的房贷都由"两房"进行资产证券化，因此，放贷机构将收到固定的现金流而不承担信用风险。当放贷机构面临的信用风险完全可观察时，识别放贷过程中是否存在歧视就变得简单可行了，即控制贷款人的信用风险时，观察放贷机构是否会对某些特定群体给出更高的利率。

该文章重点关注拉丁裔和非洲裔的贷款申请人，这两类群体是最可能发生歧视的少数群体。该文首先关注传统放贷机构对这两类群体的歧视现象。虽然资产证券化使得传统放贷机构已经完全把信用风险转移，但相对于其他群体，拉丁裔和非洲裔的借款者支付的利率仍然显著更高。平均而言，他们在购房贷款（Mortgage）中需要多支付8基点（Basis Points，BP），而在再融资贷款（Refinance Mortgage）中要多支付4BP。按照统计数据估算，在整个美国房贷市场中，由这种利率歧视带来的额外利息每年贡献的利润高达7.6亿美元。

接着，该文发现相比传统放贷机构，使用算法进行放贷决策的FinTech放贷机构对拉丁裔和非洲裔的利率歧视程度相对较低，这体现在，在FinTech放贷机构的样本中，两类群体获得购房贷款，需要多支付5BP；获得再融资贷款，需要多支付2BP。这两个数字都比在传统放贷机构中的小。这表明，使用算法进行贷款决策能够有效地降低对少数群体的定价歧视，虽然不能完全消除。也就是说，算法虽然极大地规避了放贷者主观情绪的作用，但在利率定价时仍不能实现完全的公平。

除了利率定价，作者还观察了放贷机构不同族裔申请贷款的审批结果。结果发现，在以传统放贷机构为主的全样本中，控制信用风险后，拉丁裔和非洲裔群体被拒绝的概率显著更高，而在FinTech放贷机构中则没有显著差异。因此，算法决策在贷款审批这一环节较为公平。

总结起来，文章利用大量数据及巧妙的实证策略，清晰地识别了放贷机构是否对拉丁裔和非洲裔借款人存在歧视。研究结果表明，FinTech 放贷机构使用算法决策在消除歧视方面起到了重要作用，但仍然无法实现完全的公平。这些发现为 FinTech 对于金融市场发展的积极意义提供了证据。

2.3.6 催收策略

如何有效地进行债务催收，即督促借款人及时还款，既具有学术价值，也有很大的现实意义。Du et al.（2019）利用自然田野实验方法，在国内一家从事校园贷业务的 P2P 平台研究心理约束机制对于合约设计的影响，聚焦于发送何种催款信息可以提高借款人的还款率。

作者在 2016 年与一家中等规模的 P2P 平台合作，主要是针对大学生的消费贷业务。总共有 2012 个借款人参与该文的实验，作者将所有参与实验的借款人随机分为六组（2×3）：（1）是否在催款短信中披露出借人信息；（2）在催款短信中提供中性的还款日期提醒，或者在中性提醒信息的基础上强调出借人对按时按量还款的正向期待，或者在中性提醒信息基础上强调了一旦借款人违约，借款人将会承担的后果。

该文研究结果表明，与中性提醒信息相比，"正向期待"信息对还款促进作用显著，而且持续长久。"负面后果"信息只在短期内对还款有促进作用，其长期效果不明显。是否披露出借人信息对于借款人的还款率没有影响。

预防债务违约和债务催收是经济学领域的重要研究问题，不少学者已经从信用筛选、监管、债务人名誉等角度对该问题进行了深入研究，然而从债务人道德激励的角度进行分析的研究较少。Bursztyn et al.（2019）在印度尼西亚的一家大型伊斯兰银行①进行田野实验，以短信形式催收债务，研究道德激励对于信用卡用户偿还债务行为的影响。

Bursztyn et al.（2019）在 2015 年 2 月—2016 年 4 月总共进行六轮实验，样本总量为 23650 次，其中该文实验组和控制组样本总量为 13428，包括 12104 个用户。所有样本中的用户在逾期 1 天后都会收到相同的一条提醒信息，即："×××信用卡已经到还款日期，请您方便的时候进行还款。如果已还款，请忽略本信息。"控制组仅收到本条信息。

以下是各实验组在截止日期前两天收到的额外短信：

（1）先知："有能力还债却违约的行为是不讲道义的。"② 还款及日期提醒。

（2）有能力还债却违约的行为是不讲道义的（阿拉伯文字）。还款及日期提醒。

（3）有能力还债却违约的行为是不讲道义的（印度尼西亚本地语言）。还款及日期提醒。

（4）本期按时还款用户可获得下期最低还款额 50% 的折扣。还款及日期提醒。

（5）违约行为将会上报于所有银行的征信报告。还款及日期提醒。

---

① 伊斯兰银行遍布印度尼西亚和全球，印度尼西亚是伊斯兰国家，并且是世界上穆斯林人口最多的国家。
② 注意：本信息引用自逊尼派伊斯兰教（Sunni Islam）教义。原教义的文字是阿拉伯文字。

(6)还款及日期提醒。

(7)先知:与还款无关的某条教义原文。还款及日期提醒。

在上述实验中,(1)检验宗教性道德激励的影响;(2)检验隐性道德激励的影响;(3)检验非宗教性道德激励的影响;(4)检验现金激励的影响;(5)检验信用名誉的影响;(6)安慰剂检验;(7)安慰剂检验,检验与道德激励无关的宗教性因素的影响。

该文实验结果发现,道德激励可以显著提升信用卡用户的还款率;道德激励比现金激励及信用名誉激励更为有效;该文道德激励信息提醒的结果不受宗教的影响;该文道德激励信息提醒的结果不受银行尽责的影响。总体而言,该文发现违反道德准则的行为会影响个体的效用,因此利用道德准则预防债务违约和债务催收是一条有效的渠道。此外,该文的田野实验研究具有极大的借鉴意义,尤其是不同的实验组、安慰剂检验等设计方法。

2.3.7 媒体作用

在过去 10 年中,媒体发生了巨大的改变。以博客、在线论坛和在线社区为主的社交媒体(SMO)极大地补充了以报纸、杂志、电视为主的传统媒体(TMO)。目前,社交媒体已经被认为是主流的媒体,覆盖了广泛的受众。从公司进行媒体活动的角度划分,媒体又可以被分为付费媒体(Paid Media)、自营媒体(Owned Media)和赢得媒体(Earned Media)。付费媒体是公司为了宣传目的主动进行媒体活动(例如公司在报纸、电视等传统媒体上投放广告),自营媒体是指公司通过自有的或者能够控制的媒体进行媒体活动(例如公司在自己的官方网站上进行宣传），赢得媒体则是指不由公司主动进行的媒体活动（例如公司被报纸报道、被消费者在社交媒体上讨论）。

Stephen 和 Galak（2012）重点介绍了赢得媒体（Earned Media）背景下传统媒体活动（Traditional Media）和社交媒体活动（Social Media）对于小贷网站 Kiva 的销售业绩的影响。文章所需要解决的核心问题包括两个：（1）传统赢得媒体和社交性赢得媒体对于 Kiva 销售的相对影响各自有多大；（2）上述两种赢得媒体是如何相互影响的。Kiva 网站的借款人主要来自发展中国家，其投资者主要来自美国。该文关心的问题是，Kiva 并没有在美国社会中进行付费媒体活动，那么在这种背景下，当 Kiva 被传统媒体和社交媒体报道讨论时，这种赢得媒体活动是否会对其销售收入产生影响，以及这种影响如何通过一定的机制相互影响。

该文的研究对象为 Kiva 小贷网站，被解释变量为 Kiva 网站投资人的投资标的数量，时间范围为 2007 年 1 月 1 日—2008 年 3 月 2 日（共计 427 天）。解释变量为赢得媒体活动，包括传统型赢得媒体和社交性赢得媒体。对于传统型赢得媒体而言，Kiva 提供了其被传统媒体报道的次数和内容。该文将上述 Kiva 所提供的数据和 Dow Jones Factiva 数据相结合，统计了被报纸、杂志、电视、电台这些传统媒体所报道的次数。对于社交性媒体而言，该文统计了博客、社交平台两方面。对于博客而言，该文采用 Google Blog Search 统计了博客主动讨论 Kiva 的次数。对于社交平台而言，该文统计了 Kiva friends 社交平台提及 Kiva 的次数，同时通过 Omgili 和 Google Groups 论坛搜索引擎统计了 Kiva 被其他社交平台提及的次数。

此外，该文还对社交平台规模（注册用户数量）、Kiva自营媒体提及Kiva次数、Kiva主动发布的新闻次数、Kiva的Google搜索趋势指数和小微金融的Google搜索趋势指数进行了控制。

该文在Heinen & Rengifo（2007）模型的基础上构建了Zero-Inflated Multivariate Autoregressvie Double Poisson Model。此模型包括四个部分：（1）Double Possion分布（DP分布）：假设内生时序数据的计数变量的边缘分布为DP分布；（2）自回归模型：采用自回归模型捕捉变量对自己和其他变量的滞后影响；（3）多变量Normal Copula：采用多变量Copula连接边缘分布；（4）Zero-Inlated设定：采用Zero-Inlated设定调整对于非经常发生的变量。

通过上述模型，该文得到了如下结论：（1）传统型赢得媒体活动和社交性赢得媒体活动均可以增加Kiva的销售；（2）传统赢得型媒体活动的单事件影响更大；（3）在考虑频率因素后，由于社交性赢得媒体活动比传统型赢得媒体活动更加频繁，因此，在经过时间频率调整后，社交型赢得媒体活动的销售收入弹性更大；（4）社交性赢得媒体活动对传统型赢得媒体活动具有驱动作用。

2.4　网络借贷对于借款人的影响

网络借贷缓解还是加剧了消费者的财务困境尚没有得到学者的一致结论。一方面网络借贷为消费者提供了短期融资工具，以缓解短期资金压力和平滑消费，因此，提高了消费者的效用。另一方面网络借贷的高利率和当期消费的高增长使得消费者未来还款压力增大，尤其是针对过分高估自己未来还款能力的消费者，导致消费者未来面临的财务困境更严重。研究网络借贷对借款人行为影响的论文，尤其是研究美国现金贷数据的论文，已经十分丰富，但是结果并不完全一致，既有研究发现现金贷导致借款者陷入更严重的金融困境，也有研究发现现金贷具有正面效应。本节对目前研究中网络借贷对借款人的积极作用和消极作用分别进行总结。

2.4.1 积极作用

Karlan & Zinman（2010）主要研究向借款人提供利率较高的消费信贷是否能够提升借款人的福利。作者认为，由于存在内生性和样本选择偏误，已有的文献并不能很好地识别向借款人提供消费信贷是否能够提升借款人的福利，该文在南非一家微贷公司开展一项随机实验，试图对此问题进行回答。

作者开展田野实验的公司是一家位于南非的已经成熟运营超过20年的头部微贷公司，主营现金贷业务。该文的实验对象客户为低薪阶层群体，公司对首次申请的客户提供四个月标准贷款，年化息费率约200%，平均借款额127美元（中位数），约为借款人月收入的40%。该文的实验对象为2004年9—11月的约3000个首次申请的客户，其中，在走常规贷款审批流程中贷款经理批准了1405个客户的贷款申请，拒绝了1492个客户的贷款申请。在实验开展过程中，要求贷款经理根据客户的信用状况将被拒绝的客户分为边际借款人（Marginal Borrower）和极糟借款人（Egregious Borrower），其中，边际借款人是该文主要的实验对象，极糟借款人无法获得贷款，极糟借款人往往是因为借款人有极差的信用历史、超额共债行为、欺诈嫌疑或者陷入法律纠纷问题等。本实验中总共有787个边际借款人，然后实验随机地将这些边际借款人分为两组，325个进入实验组，462个进入控制组，根据实验设计，随机分配后的实验组的贷款申请可获得批准，控制组贷款申请不放贷。最后，贷款经理根据随机处理的结果作出最终决定，可以和随机处理的结果不一致。由于贷款经理最终的决策与随机处理不一定相同，为得到无偏估计以随机处理的样本为准。在实验过程中，借款人对于这个实验流程、贷款经理的初始审批结果、随机分配过程不知情。

在实验结果中，对比边际借款人中实验组（贷款申请被批准）和控制组（贷款申请被拒绝）的福利，发现以下结论：第一，借款人的信贷约束是紧的，被拒绝的借款人无法通过别的途径借贷，被批准的借款人借贷数量显著增加，借贷渠道从非正规（民间渠道等）转向正规金融渠道。第二，在借款后的6～12个月内（借款期限是4个月，已经过了还款时间），得到贷款的借款人的消费水平、家庭经济状况等都有提升，但来自还款的压力也显著上升，综合福利指数表明得到贷款的净效用是正的。第三，在借款后1～2年内，借款人获得信用评分的比例显著上升，但信用分数没有变动。第四，从贷款人的角度来看，这些随机批准的贷款仍然是有利可图的，能给平台带来显著为正的净现值。

整体而言，该文通过随机实验研究增加信贷供给对借款人和贷款人福利的影响，发现随机被批准的贷款为借款人带来了正的净效用，对贷款人而言这些贷款有正的利润。实验中存在一些偏误，但至少可以得出的结论是，提供高利率的小额借贷不会造成负面影响。

类似地，为了研究债权融资渠道在个人金融领域是否能增加个人福利,Morse(2011)利用美国市场的发薪日贷款业务研究高息的发薪日贷款会加重还是减轻个人福利的财务困境,其中财务困境通过"取消抵押品赎回权率"(Foreclosure)和"小额财务犯罪率"度量。该文的关键是借助自然灾害作为外生冲击,利用倾向评分匹配(Propensity Score Matching,PSM)和三次差分法来研究借款渠道与个人福利之间的因果关系。

该文首先提出,从个人角度研究借款渠道对个人福利的影响存在很大问题,一方面是个人层面的福利水平和财务困境变量均不可得,另一方面发薪日贷款的出借方的地址有可能是内生的,导致个人层面的最小二乘回归产生有偏差的估计结果,此外个人的福利水平和财务困境可能同时受到社区经济条件的影响,对个人层面的最小二乘回归也会造成有偏估计。

然后,作者根据邮政编码对地区进行划分,并在地区层面进行研究。地区财务困境指标通过该地区陷入财务困境的人数除以该地区人口数的比例来构建,自然灾害变量可以处理为地区层面的面板数据。为了进行因果性分析,作者根据地区是否发生过自然灾害将各地区分为实验组和对照组,其中实验组为发生了或即将发生自然灾害的地区,控制组为在样本区间内没有发生过自然灾害的地区。同时,作者将所有地区根据是否存在发薪日贷款业务分为两类,分别为L和N、L代表有发薪日贷款业务,N代表没有发薪日贷款业务。作者选取加利福尼亚州58个城市中的47个(排除掉数据不够准确的城市),时间段为1996—2002年。自然灾害的数据取自 the University of South Carolina's SHELDUS(Spatial Hazard & Loss Database for the United States)。其中,自然灾害指造成5

万美元财产损失的灾害，选取其中数据全且能够和其他数据库匹配上的 1568 个数据（1997—2002 年）。

为了对地区进行匹配，作者利用倾向评分匹配方法，使得在发生自然灾害之前实验组地区和控制组地区的人群发生财务困境的概率相似。具体而言，作者从 SCF 及 US census 中取得数据，用于表示陷入财务困境的因变量为：信用卡借款是否在 1000 美元之内、信用卡借款是否占年收入 10% 以下、个人关于是否有拖欠借款记录的回答，自变量为有关收入、教育等相关因素的一系列变量，以其占邮政编码的比例为权重，对系数加权平均后分别计算出 3 个指数，取其均值作为 PSM 分数。

最后，作者采用三重差分方式，先对各地区在自然灾害前后的财务困境指标进行差分，接着在控制组内对 L 和 N 类地区进行差分、在实验组内对 L 和 N 类地区进行差分，然后对实验组和控制组进行差分。

该文实证结果表明，现金贷的存在对于社会福利有增进作用。在自然灾害后，加利福尼亚州取消抵押品赎回权的比率增加 0.45%，而发薪日贷款业务的存在缓解了该地区取消抵押品赎回权比率的增长，缓解范围在 0.1% ~ 0.13%。同时发薪日贷款业务的存在也缓解了这些地区在面临自然灾害时发生的盗窃事件。

2.4.2 消极作用

在经济学理论中，如果家庭可以获取信贷，那么他们可以更好地平滑收入与消费的冲击。但是，如果家庭由于自我控制问题，出现了过度借贷，那么获取信贷有可能会使得借款人的效用变得更低，因此，获取信贷的真实影响一直被学者所关注。

2 网络借贷

尽管 Karlan、Zinman（2010）和 Morse（2011）的研究发现增加借款人的债权融资渠道有利于增加借款人的效用和社会福利，仍有其他学者对这一观点表示质疑，并在实证研究中发现与之不一致的结论。本节内容总结目前关于网络借贷对借款人产生消极作用的部分实证研究（Melzer，2011；Karlan 和 Zinman，2011；Carrell 和 Zinman，2014；Melzer，2018；Gathergood、Guttman-Kenney 和 Hunt，2019）。

Melzer（2011）通过分析发薪日贷款业务（简称发薪贷）的影响，发现对于一些低收入家庭而言，发薪贷所带来的偿债负担抑制了他们支付重要账单的能力，因此，现金贷降低了借款人群的生活效用。具体而言，Melzer（2011）使用来自全美家庭调查数据库（National Survey of America's Families）的数据，数据收集时间为 1997 年、1999 年、2002 年，每年大约收集 42000 个家庭，地区跨越 13 个州。问卷的问题包括家庭的收入、资产、就业、保险等情况，家庭成员受教育程度、年龄、性别、种族、出生地是否在国外等，以及家庭财务情况与个人医疗健康情况。

美国不同州地区对于准许或禁止发薪贷业务的法律规定不同，也就是说，在禁止发薪贷业务的州居民还可以跨州进行借贷。例如，1997 年宾夕法尼亚州可以使用现金贷，1998 年德拉瓦州可以使用现金贷。所以，自 1998 年起，纽约州和新泽西州的居民可以通过毗邻的宾夕法尼亚州和德拉瓦州借现金贷。该文回归所涉数据主要包括马萨诸塞州、新泽西州和纽约州 3 个禁止现金贷的州。由于数据中含有每位被调查家庭住址的邮政编码，因此，作者可以准确识别位置。作者将 25 英里内的家庭标记为可以借现金贷的人群，作为自变量，其余家庭为不可以借现金贷的人群。

作者选取了一些因变量衡量家庭财务状况,包括在过去12个月内是否曾经有困难偿付重要账单(包括房贷、房租和物业费)、由于重要账单支付问题导致搬家、出现过由于没有足够的钱买食物而缩减家庭的餐饭、出现过至少1个月没有使用电话服务等。最后,因变量还包括个人健康,例如,在过去12个月内是否出现过牙医、手术的延迟治疗等。

Melzer(2011)的实证结果如下:第一,近距离居民会跨州借款;第二,距离准许进行现金贷业务较近的居民的生活状况与健康状况更差;第三,进行证伪测试,首先测试发薪日贷款不会影响的人群,即收入在1.5万美元以下和5万美元以上的人群,其次可贷地边界在允许发薪贷前是否困难程度与众不同;第四,利用双重差分法,检验是否在发薪贷业务获得允许后居民的财务与医疗状况会更差,最后对不同收入群体、地区工作流交互项进行测试。整体而言,该文发现获取发薪贷导致借款人偿还房贷、租金和水电费账单的难度增加,发薪贷业务使得借款人延迟了医药治疗、牙医治疗和处方药的购买。

与上文相似,Melzer(2018)利用美国人口调查局提供的收入调查数据进行研究,对距离可进行发薪贷业务的州比较近的家庭和比较远的家庭进行对比。距离可进行现金贷的州很近的家庭可以随时跨境进行现金贷,而距离较远的家庭就存在距离上的限制。该文的主要研究变量是儿童抚养费(Child Support Payment),发现距离可进行现金贷的州很近的低收入家庭,即较大可能进行现金贷的低收入家庭,相比于距离可进行现金贷的州很远的低收入家庭,其更可能存在无法按期支付儿童抚养费的不良状况。Melzer(2018)的研究结果表明现金贷加剧了消费者的财务困境,并造成了负外部性。负外部性来自消费者选择转移支付计划优先对消费贷还款,使得其他债务难以支付,导致非寄宿家庭成员无法获得儿童抚养费及其他状况。

美国的高息消费贷的福利问题,一直是监管机构的关注话题。新古典模型(Neoclassical Model)认为,平均来看,借贷行为能够改善消费者福利——因为消费者显示性地表现了其对借贷的偏好;但行为模型(Behavioral Model)认为,当消费者存在行为偏差时,那么他的行动并不必然反映其偏好。高息贷款究竟是否真的损害了消费者福利?过往的研究在回答这一问题时的答案并不一致。

Carrell & Zinman(2014)利用来自美国空军的数据,研究发薪日贷款对美国军队服役人员工作表现的影响。发薪日贷款是小额、短期、高息、快速的贷款,年化借款利率可以达到400%。在美国,有15%～25%的军人家庭借过发薪日贷款。一方面,从贷款需求看,军人家庭一般较为年轻,且常常搬家,工资随工种波动,因此,有通过借贷来平滑消费的需求;另一方面,从贷款供给来看,军人收入相对稳定,同时出于身份压力还款意愿较高,因此也成为发薪日放贷人的重点放贷对象。美国国防部(U.S. Department of Defense)认为,发薪日贷款有害军队发展,包括增加军人焦虑的心情、工作中更容易分心,以及为了还清高额利息从事副业等。在美国国防部的游说下,美国众议院通过法案,从2007年10月起,发放给军人家庭的贷款利率上限不得超过年化36%。

Carrell & Zinman(2014)发现,当军人能够获得发薪日贷款时,他们有更多的不良记录、工作表现更差、继续服役的意愿更低。这种负向因果关系在失业率较高的地区更加显著,这排除了以下解释:发薪日贷款使得服役人员有更好的外部就业机会。同时,这种负向因果关系在金融素养更低的人群中更加显著。Carrell 和 Zinman(2014)的贡献在于,首次尝试研究发薪日贷款对军队人力的影响,也为发薪日贷款与劳动力工作效率之间的负向因果关系提供了证据。

Gathergood、Guttman-Kenney 和 Hunt(2019)利用独有的英国现金贷交易数据研究个人现金贷对于借款人行为的影响。主要优势在于其数据十分全面,数据来自英国金融行为监管局(Financial Conduct Authority)和征信局,覆盖英国 37 个发薪日贷款发放机构(Lenders),这些机构大多数通过线上放贷,且占据市场份额达到 99%。第一个数据包含英国 2012 年和 2013 年每一笔现金贷的申请数据,包括首次申请和再申请,包括申请成功和申请失败,包括申请者的信用分数,以及现金贷公司的打分、评级、分类机制(申请者无法获得)。第二个数据包括六年内每个消费者的所有借款和信用记录,由英国征信局提供,可以和第一个数据库合并。

由于放贷人根据对借款人的打分分数进行放贷,低于临界分数不放贷,高于临界分数放贷,但实际上在临界分数两侧附近的借款人的质量几乎是一样的,因此,可以利用临界分数这个"断点"进行断点回归分析。作者根据覆盖面广的数据对现金贷借款人进行断点回归分析,主要对比刚刚高于现金贷申请标准的申请者和刚刚低于标准的申请者,研究中排除了重复申请状况,以及申请人在某一家公司申请失败再转去另一家公司申请的状况。

本论文主要有以下发现:(1)申请现金贷成功的借款人在短期内也

会申请更多的非现金贷借款,包括信用卡、个人贷款等;(2)现金贷在短期内降低了借款人的金融不良行为,但是在之后的违约行为迅速增加,并长期持续。总体而言,现金贷导致借款人的信誉度下降,体现在借款人的现金贷和非现金贷违约情况均有所上升。

除了以上对发薪贷业务的研究,Karlan 和 Zinman(2011)也对小额信贷业务的真实影响进行了深入的研究。小额信贷是应对贫困和促进经济增长的重要金融工具,尽管监管方声称影响非常正面,如 2006 年,诺贝尔和平奖颁给孟加拉乡村银行,但是学术界还没有非常严格的证明。部分学者认为小额信贷有促进经济增长、女性的地位提升、主观的福利提升等好处,也有学者认为这种借贷会干扰更为有效的非正式借贷、产生过度借贷等问题。

Karlan 和 Zinman(2011)通过实验的方法来研究小额信贷的真实影响,使用的数据来源于菲律宾某营利性小额信贷公司。该公司提供 3 个月年化 60% 利率贷款,平均金额为 225 美元,每周等额还本付息,1/3 的贷款出现过逾期行为,大约 7.4% 的借款最终违约。该文使用电脑评分软件产生的分数,分数范围为 0 ~ 100 分,31 分以下直接拒绝,59 分以上直接发放贷款。该文使用 2006 年 2 月—2007 年 11 月申请过该公司贷款的人,对首次在本机构借款且评分为"可拒绝可不拒绝"的用户(31 ~ 59 分的用户)进行随机划分,其中实验组获得贷款,对照组不获得贷款,实验人数为 1601。然后,在实验后 11 ~ 22 个月进行调研,调研内容包括借款人在金融机构获得借款的数量、从家人、朋友获得借款的数量、雇员数量、主观幸福、保险购买、是否信任邻居、家人等,以此作为研究中的被解释变量。

该文研究结果发现小额信贷使得家庭净借贷的数量变多，运营公司和雇员数量变少，主观的幸福感也有轻微的降低，并且小额信贷对女性有更重要的作用。此外，小额信贷使得借款人增加了应对风险的能力、加强了社区的联系并且增加了非正式借款的渠道。

整体而言，Karlan 和 Zinman（2011）通过实验的方法证明了小额信贷的真实影响，发现小额信贷使得企业变得更差。在研究过程中该文通过田野实验的方法，有效解决了内生性问题。

2.5 网络借贷与传统银行借贷

金融科技的发展对于传统银行借贷业务而言既是机遇，也是挑战。一方面，金融科技的技术创新减少了贷款市场的交易摩擦，增强了对贷款的审批和处理能力，使贷款的审批和发放实现了自动化，理论上可以优化传统银行借贷业务，从而提供更廉价、更优质的信贷产品和更高效地筛选借款人。以住房抵押贷款市场为例，Fuster et al.（2019）研究了金融科技对美国住房抵押贷款市场的影响，发现金融科技机构处理贷款更快，但是更快的处理速度并没有导致更高的贷款风险，并且金融科技机构对抵押贷款需求变化的反应更加灵活，因此，金融科技创新提高了美国住房抵押贷款市场的效率。

另一方面，金融科技进步可以促进影子银行的发展。自 2008 年金融危机之后，影子银行迅速发展，在借贷市场扮演越来越重要的角色。根据 Buchak et al.（2018）的研究，影子银行在金融危机后的迅速崛起过程中有大约 60% 归因于监管政策变动，而大约 30% 是由金融科技进步造成。这是因为金融科技类影子银行利用独特的信用建模方式和更少的传统信用信息对信贷利率进行定价,并提供更便捷的信贷服务来满足借款人的需求。

作为一种特殊的影子银行,网络借贷不同于传统银行借贷,借贷双方往往都是个体投资者,借款人也不需要提供抵押品、担保等增信方式。网络借贷为个人和企业提供了新型融资渠道,并且相比于银行信贷,网贷产品的期限更加灵活;另外,与银行存款及理财产品相比,网贷投资产品往往能够提供更高的收益率,为广大家庭提供了一个高收益的新型投资渠道。此外,网络借贷由于交易成本低、门槛低、交易快捷等因素迅速发展。

在网络借贷发展过程中,网络借贷与传统银行借贷之间的关系是一个重要的问题,网络借贷是为那些无法在传统银行获得融资的借款人提供了融资渠道,从而起到了互补性作用?还是吸引了传统银行的现有客户,从而起到了竞争性作用?这是学者需要研究的重要问题,对于监管和行业发展方向具有重要意义。

2.5.1 竞争性与互补性

网络借贷业务的迅速发展为借贷者提供了很大便利,对于借贷者而言,P2P 网贷平台和传统银行承担的职能是替代性还是互补性是涉及网贷业务继续发展和影响相关监管政策的重要问题。

为了研究上述问题,Tang(2019)利用针对银行信用供给的一项外生冲击设计了一个双重差分检验。2010 年,美国财务会计准则委员会(FASB)颁发一项监管规定,要求银行利用"可变利益实体",即 VIE,

持有的资产需要合并进入资产负债表，尤其是计算负债率和资本充足率。这项新规对于那些持有表外资产的银行造成负面冲击，直接导致其缩减信贷供给，总共有 59 家银行受到影响，这些银行的资产占美国银行业总资产的一半。当一个地区的银行信贷供给受到影响后，那些原来达到银行借贷门槛但是信用水平相对较低的借贷者将会受到影响，这些受影响的借贷者有可能转向 P2P 网贷平台申请借款。

如果网贷平台承担的是互补性职能，那么平台原来的借款人应该是以无法获得传统银行信贷服务的群体为主，新增借款人的信用水平平均而言要比原来的借款人更高，因此，网贷平台的平均信用水平应该在监管新规之后上升。如果网贷平台承担的是替代性职能，那么平台原来的借款人应该是有资格获得传统银行信贷服务的群体，新增借款人是由于受到银行缩减信贷供给影响而转向 P2P 网贷借款，所以这些新增借款人的信用水平平均而言要比原来的借款人更低，因此，网贷平台的平均信用水平应该在监管新规之后下降。

在该文中，本地有一家或以上受到影响的银行的县被视作实验组，本地没有银行受到影响的县被视作控制组。作者从 LendingClub 网站下载了 2009—2012 年所有的贷款申请数据，包括 880346 份申请，其中 93159 份被审批通过。作者利用双重差分检验研究 P2P 借款人的分布变化，主要结果发现：（1）相比于控制组而言，实验组在受到监管冲击之后，P2P 借款人的信贷质量水平下降，说明网贷平台相对于传统银行而言承担了替代性职能；（2）相比于控制组而言，实验组在受到监管冲击之后，P2P 借款申请额度上升，说明网贷平台相对于传统银行而言在小额贷款业务领域承担了互补性职能。

2.5.2 信用卡之谜

信用卡之谜（Credit Card Puzzle）是指消费者同时持有高息贷款和低息资金的行为。Agarwal、Skiba 和 Tobacman（2009）发现借款人在持有发薪贷的同时往往还持有大型信用卡发放机构的信用卡，并且拥有大量额度，这对于借款人而言是一种高成本行为，因为在该文样本区间内发薪贷利率远高于信用卡利率。

为了研究信用卡之谜，Fulford（2015）建立理论模型并结合数据进行了验证。在美国，3/4 的居民持有信用卡，在短期内，信用卡额度比收入和储蓄对个人消费的影响更大。而数据表明，信用额度的波动频繁而且幅度很大，这对家庭的金融决策会造成怎样的影响是该文研究的方向。

该文主要数据来源于 Equifax 的个人信用报告，1‰的抽样用户在 1999—2013 年信用额度和借贷记录的面板数据，以及 *Consumer Finance Monthly* 的调查数据，包括个人特征和借贷历史的截面数据。首先，根据数据可以发现个人信用额度的变动情况。数据表明，在一个季度之内，1/3 的信用卡账户额度会发生变化，20% 账户额度上升，平均上升幅度 29%，12% 账户额度下降，平均下降幅度 36%。2008 年爆发金融危机时，1/5 的信用卡持有者中至少有一张卡被销户，额度平均减少了 1/4。此外，年轻人的信用额度波动更大。

作者建立跨期消费模型，与标准的跨期消费模型有两点不同，一是将消费分为现金消费和借贷消费两部分，二是引入信用额度的随机性，由于借贷具有不确定性，经典模型中消费来自收入或资产的预算约束不再成立。

  模型推导和数据模拟的结果表明，在信用额度随机波动的模型中，消费者的最佳选择是同时持有现金和负债。直观的理解是，将借贷能力看作家庭资产的一部分用于平滑消费，这类资产的真实价值取决于家庭需要平滑消费的时候是否能够发挥作用。现金和储蓄可以随时用于应急，而借贷能力具有更大的不确定性，因此，同时持有现金和负债是一种预防性储蓄的表现。从家庭财务管理的角度来看，家庭在面临外生变动的信用额度时，首要目标是持有现金，然后才是还清负债。只有当家庭有足够的现金应对临时急用时，还清负债才是家庭的最优决策，而当现金很少时，家庭应该积累现金并通过借贷平滑消费。SCF数据的估计结果显示，有24%～59%的美国家庭同时持有信用卡负债和现金资产，模型模拟结果和实际数据比较接近，因此，较好地解释了"信用卡之谜"。

  总体来看，该文的模型和数据都表明，更加厌恶风险，对未来更加不确定的家庭会更多地储蓄而较少地使用借贷。而在遭受冲击需要借贷的家庭中，风险厌恶的家庭更倾向于借贷而不是使用现金消费。当信用额度的不确定性上升时，例如，金融危机期间，消费者面临信用卡额度下调甚至销户的冲击，借贷能力作为家庭资产的价值下降，家庭更多地持有价值更高的现金，并通过借贷来平滑消费，因此，家庭的储蓄和负债会同时上升，而消费几乎不受影响。

3 众筹

3.1 产品众筹

3.1.1 产品众筹发起人或团队信息的识别

在众筹市场中,众筹发起人的信息或者团队的信息是影响投资者是否进行投资的重要因素,本节从众筹发起人或团队的人口统计学信息、非认证信息,以及社会关系等方面对现有研究进行总结。

3.1.1.1 人口统计学信息

与网络借贷市场相似,产品众筹市场的发起人在进行众筹过程中也可能因为种族、性别等因素受到投资者的歧视,这种歧视既有可能来自于统计性歧视,也可能来自于偏好性歧视。众筹市场的统计性歧视是指在信息不完备的市场中,投资人基于已有的信息,将一个群体的典型特征作为是否投资该群体每个个体的众筹项目的指标,根据这些指标对众筹发起人作出歧视性决策。偏好性歧视是指投资者由于存在个人偏好,不愿与某些类型的众筹发起人产生交易，因此，对特定的众筹发起人作出歧视性决策。

关于种族特征，Younkin 和 Kuppuswamy（2018）研究了众筹项目发起人的种族和众筹项目筹款结果之间的关系。该文通过对 Kickstarter 平台的 7617 个项目进行实证分析，并结合一系列实验室实验，试图回答黑色人种是否在众筹项目中受到歧视，以及歧视是如何发生的。

作者搜集了 Kickstarter 平台上 2012—2014 年筹款的 7617 个项目的信息，并通过匹配的方法找出分别由黑色人种与白色人种发起的，在各个可观测的维度上没有明显差异的项目。作者在控制项目的质量（通过视频和文字描述对项目质量进行判断）后，发现黑色人种发起的项目众筹的金额更少，支持人数和人均支持金额都更低。然而，从该平台的统计数据看，黑色人种按时交付项目成果的表现与其他人群类似。因此，作者提出黑色人种发起人在众筹平台上受到了歧视。

以上实证分析对黑色人种是否受到歧视的判断是建立在统计层面上的，无法回答投资者是否能感知项目发起人的个人能力而作出理性的决策，即无法区分统计性歧视还是偏好性歧视。为了探究歧视是如何发生的，是投资者有意识的还是无意识的，是出于对黑色人种能力的统计性歧视还是对黑色人种群体本身的偏好性歧视，作者设计了一系列实验室实验进行研究。

第一步，为了更好地控制项目发起人照片传达出种族以外的信息，作者在亚马逊机器人平台上招募了 400 个人对 16 张照片进行打分，8 张黑色人种照片和 8 张白色人种照片，年龄均在 20～25 岁之间，照片的光线、背景、像素等特征都相同。每位回答者对其中随机 4 张照片打分，打分的维度包括估计的年龄、吸引力、可信度、自信程度、喜欢程度，作者根据打分的结果找出在以上 5 个维度都最接近的一张黑色人种和一张白色人种照片，用于下面的实验。

第二步，2015 年 7 月，作者在亚马逊机器人平台上招募了 1300 个人参与实验，让他们观察一个虚拟的众筹项目页面，并对项目质量进行评价。实验设置了三个实验组和一个对照组，三个实验组分别命名为强偏见组、中等偏见组和弱偏见组。各组的投资者看到的是相同的项目，但是发起人有所不同。控制组展示的发起人是名为 Joe 的白色人种，强偏见组仅将照片更换为黑色人种，中等偏见组展示黑色人种照片并使用黑色人种更常用的名字 Jordan，弱偏见组除了展示黑色人种照片和把发起人的名字设为 Jordan，在文字表述中也强调了该发起人黑色人种的身份。考虑到强偏见组和控制组的区别仅仅是发起人照片，因此，如果投资者受到影响说明该投资者对黑色人种有很强的偏见。

实验要求投资者阅读该项目 30 秒后，分别对项目质量和发起人的能力做出评价。实验结果表明，投资人对黑色人种发起的项目质量评价更低，尤其在年轻而且有经验的众筹投资者中更为显著。然而，投资者对发起人能力的评价在黑色人种与白色人种之间并没有显著区别。在回归分析中，当控制住投资者对发起人的能力评价后，投资者对黑色人种发起的项目质量评价仍然显著更低。同时，考虑到投资者对黑色人种项目质量的评价可能受到趋同性的影响，例如，黑色人种可能更愿意支持黑色人种，作者对比了实验中不同种族投资者的回答，没有发现明显的差异，即没有证据表明黑色人种投资者更加认可黑色人种发起的项目。

第三步，为了检验投资者对黑色人种发起人项目质量给予低评价是因为有意识地对黑色人种的偏见，还是无意识的未审先判的决策，作者提供项目质量的信号并继续进行实验。在上个实验结束的一个星期后，作者在亚马逊机器人平台上再次招募了1200个人参与这一轮实验，随机分为控制组和弱偏见组，观察相应的众筹项目页面，通过回答与上一个实验中相同的问题对项目作出评价。实验被试者又被随机分为三个组，给出不同的项目质量信号，分别是：（1）在筹款时间的前10%完成了项目筹款目标的10%；（2）在筹款时间的前75%完成了项目筹款目标的75%；（3）平台给出认证，即"平台推荐"。该轮实验结果表明，三种信号都显著提升了投资者对项目质量的评价，并且在上轮实验中发现的投资者对黑色人种的众筹项目质量评价更低的情况不再存在。这个结果表明，投资者对黑色人种项目的低评价是无意识的，当有明确的质量信号时，黑色人种身份并不会成为对项目判断的干扰因素。

第四步，作者继续开展实验，试图利用人工干预的方法消除投资者对发起人的黑色人种身份产生的无意识偏见。2016年8月，作者在亚马逊机器人平台上再次招募了1375个人参与这一轮实验。在实验组和弱偏见组的基础上，作者另外设置了2个去偏见组（Debias）、4个团队成功组（Group Success）及一个洗白组（Whitewashing）。在去偏见组中，实验分别强调了黑色人种和白色人种发起人的能力。在团队成功组中，实验展示10张各种族发起人的照片，每组观察的照片中黑色人种的占比不同，传达多样化的信息。在洗白组中，与弱偏见组相比，实验不展示黑色人种发起人的照片，并且其名字只展示首字母。实验过程中各组投资者观察相应的项目描述后对项目质量和发起人能力作出评价，结果显示，在团队成功组和洗白组中投资者对黑色人种发起人的偏见不再存在，说明发起人的多样化信息或者隐藏照片能够有效地消除对黑色人种的偏见，这一结果对众筹平台有重要的实践意义。

总结而言，Younkin 和 Kuppuswamy（2018）利用 Kickstarter 平台的数据发现众筹过程中投资者对黑色人种发起人存在偏见，后续的实验室实验研究发现这是由于投资者对黑色人种存在无意识的偏见，即认为黑色人种的项目质量较低。一旦加入第三方对黑色人种发起人的背书，或者提供一些支撑这类发起人项目质量的信号，例如，已筹款信息，以及下线黑色人种发起人的照片并隐藏具有明显引导性的全名后，投资者对黑色人种发起人的偏见不再存在。

3.1.1.2　非认证信息

除了人口统计学信息外，众筹项目的一些非认证信息在众筹融资过程中对融资结果也会造成影响，例如，语言风格、语言描述等。本节内容先从众筹项目使用的文本语言出发，总结语言风格、语言描述等非认证信息对于众筹结果影响的相关研究，其中，Anglin et al.（2018a，2018b）分别从众筹项目中使用自恋的描述语言、语言描述中反映的积极心理资本对众筹结果的影响进行了研究。

Anglin et al.（2018a）主要研究众筹项目使用自恋的描述语言会如何影响项目的筹款结果，以及这种影响在不同的人群中有怎样的差别。该文试图用社会角色理论来回答这些问题。

社会角色理论是指每个人的社会角色（例如，性别角色、工作角色等）都对应着一些固有的刻板印象和社会期望。例如，一个成功的企业家如果表现出适度的自恋，传达出的信息是很自信、有掌控力，但如果表现出过高的自恋程度，传达出的信息则可能是不靠谱，而这一般不符合成功企业家的特质。社会角色理论认为个人的性格特征会因为扮演不同的社会角色而得到不同的评价,当个人特征违背社会角色的固有印象时,可能会带来负面影响。在已有文献的基础上,作者提出了如下四个假设:

H1:语言描述的自恋程度与众筹结果存在倒 U 型的关系;

H2:人们普遍对男性自恋的接受程度更高(自恋是一种更男性化的特质),根据社会角色理论,男性企业家在众筹项目中使用自恋的表达方式时,众筹结果更好;

H3:LGBTQ[①] 群体往往具有更高的自恋程度,因此当众筹发起人是 LGBTQ 群体时,使用自恋的表达方式会有更好的众筹结果;

H4:白色人种相对于少数族裔具有更高的自恋程度,因此,当众筹发起人不是白色人种时,自恋的表达方式给众筹带来的正面影响可能较小。

该文的研究数据是 Kickstarter 平台的项目数据,分 2013 年和 2016 年两次收集,共 1863 个有效项目,2013 年和 2016 年分别占 47% 和 53%。在研究过程中,该文采用文本识别方法对众筹项目的描述语言进行分析,构造"自恋"的词库并建立反映自恋程度的指标。众筹的结果用筹款额、支持人数、是否成功筹款三个指标来衡量。项目详情中会披露发起人的性别和种族,有时会自动披露是否属于 LGBTQ 群体。控制变量包括是否有视频、是否描述发起人过去的经历、过去发起的项目数、Facebook 好友数等项目和发起人的特征。

---

① LGBTQ 是指性少数群体,包括女同性恋(Lesbian)、男同性恋(Gay)、双性恋(Bisexual)、跨性别(Transgender)及同性恋者(Queer)。

该文研究结果表明,回归结果支持假设 H1、H3、H4,但是不支持假设 H2。作者还通过亚马逊土耳其机器人平台(Amazon's Mechanical Turk)发布调查问卷进行实验,即设定项目的发起人角色和语言描述方式,询问受访人是否愿意支持这个项目,发现自恋的表达方式和支持意愿确实存在倒 U 型关系,但没有发现关于性别、性向和种族的异质性。

与 Anglin et al.(2018a)对自恋的描述语言如何影响众筹结果的研究相似,Anglin et al.(2018b)主要研究积极的心理资本对于众筹绩效的影响,其中,积极的心理资本是指个人或组织的心理状态,例如,希望、乐观、韧性及自信等。

虽然根据传统的信号理论,只有高成本信号才会对投资者决策产生影响,但该文检验发现积极的心理资本可以提高众筹表现。除此之外,该文还检验社会资本和人力资本这两类高成本信号对于上述影响的作用,发现人力资本可以加强积极的心理资本对众筹绩效的提升作用,而社会资本的影响并不显著,说明高成本信号有时可以增强无成本信号的影响。最后,该文将上述结论进行扩展检验,发现该结论在不同的众筹类型下成立,但是不适用于 IPO 环境。

Anglin et al.(2018b)主要有三个方面的贡献:首先,该文证明众筹投资者不同于传统投资者,他们重视无成本信号,并乐于利用该信号进行投资决策;其次,该文利用社会资本与人力资本作为调节变量,通过检验二者对心理资本与众筹绩效关系的影响,补充了不同信号之间交互作用的文献,虽然以往有文献研究高成本信号之间的交互作用,但是该文首次研究了高成本信号和无成本信号之间的交互作用;最后,该文通过检验与人相关的几类资本如何共同促进企业筹资,从而补充了与人相关的资本如何影响企业绩效的文献。

该文的理论假设是，虽然传统的信号理论认为投资者偏好高成本信号，因为，此类信号难以模仿，可以区分高质量和低质量企业。但是该文提出在特定条件下，一些成本较低的信号也可以产生影响，例如，当客观信息非常缺乏、特定背景下缺乏明确的行为规范、受众比较不成熟时，这些条件刚好与众筹的环境相契合。因此，该文提出的第一个假设是使用积极心理资本的语言与众筹绩效正相关。

此外该文认为社会资本更大程度上可以对企业或者企业家起到背书作用，而由于无成本信号难以证实，社会资本也会对积极的心理资本起到一定的证实作用；该文的人力资本更多指的是通过过往经历获得一些技能和知识，从而人力资本可以提供过往成功的证据，证明积极的心理资本是更可靠的信号。因此，该文的假设 H2 和假设 H3 认为社会资本和人力资本可以增强积极的心理资本与众筹绩效之间的关系。

在实证研究设计中，该文从 Kickstarter 上随机选择了两组样本，一组从 2012 年 6 月 2 日之前创建的 45815 个众筹活动中选取 900 个（删除两个暂停的和三个取消的，最终为 895 个），以提高与近期同类研究的可比性；此外，由于 2012 年年底平台改变了众筹活动在平台上呈现的一些规则，还需要一个更新的样本来反映该变化，因此，另一组从 2016 年的众筹活动中选取 1000 个。由于数据缺失的影响，最后样本量为 1726 个，48% 来自 2012 年 6 月 2 日之前。

该文的因变量有两个，分别是众筹是否成功与众筹金额，前者为哑变量，后者进行对数化处理。该文的自变量采用文本分析的方法构建，该文先通过词典内与"希望""乐观""韧性""自信"四个维度相关的关键词出现频次计算出四类积极心理资本的分数，例如，"韧性"相关的关键词有"坚定不移""顽强""果断"，然后加总得到积极心理资本的总分作为自变量。关于交乘变量，该文参照以往文献，针对社会资本和人力资本分别构造了两个代理变量，社会资本的第一个变量为企业家所支持的项目数量，第二个变量为企业描述中是否有重要关系的哑变量；人力资本的第一个变量为企业家之前是否有与现企业相关经验的哑变量，第二个变量为企业家之前发起的众筹活动数量。该文还添加了融资目标、是否有视频等控制变量。

该文通过实证检验发现，在控制变量模型中加入积极的心理资本变量后，积极的心理资本变量与众筹成功率和众筹金额均显著正相关，验证了假设H1。之后该文继续加入积极心理资本与社会资本、人力资本的交乘项来验证假设H2和假设H3，该文发现两类社会资本代理变量所构造的交乘项均不显著，而两类人力资本代理变量所构造的交乘项均显著，从而拒绝了假设H2、验证了假设H3。

该文将结论扩展至其他的环境中进行检验。首先，在债务型众筹的环境中，积极的心理资本仍然对众筹结果具有促进作用，具体表现为可以增加筹集资金和加快筹集速度，但是对筹集成功率的影响并不显著。其次，在IPO环境中，该文研究的因变量为IPO折价这一重要的衡量IPO绩效的指标，发现积极的心理资本对IPO折价没有显著影响。此外，该文还在有视频的子样本中检验视频中积极的心理资本是否有同样的影响，意外地发现没有显著影响。最后，该文还发现积极的心理资本对于众筹绩效的重要性随着时间增加的结论。

此外，在非认证信息中，众筹项目发起人的"用户型创业者"的身份也会对众筹结果造成影响。在部分众筹项目中，创始人充当了"用户型创业者"的角色，这些创业者在创业初期发现了行业中出现的问题和需求，尤其是自己的需求，因此，开发出相应产品来解决问题并推向市场，从而形成创业机会并进行商业化。例如，Dropbox 的创始人号称自己因为在保存、分享文件过程中屡遭不便，因此，开发出 Dropbox 产品并成立公司开始创业。

用户型创业者在一般情况下被认为更容易成功，因为其发现了行业痛点，并且具备执行力强和自我驱动水平高等特征，然而关于用户型创业者和非用户型创业者的融资表现的研究较少。Oo et al.（2019）研究了用户型创业者的各项特征对众筹结果的影响，包括产品创新能力、创业激情和需求相似性。

Oo et al.（2019）首先建立理论模型，声称作为用户型创业者与其他的人力资本属性相似，可以传递出一个质量更高的信号。例如，创业者作为用户说明产品在商业化推出前已经接受了实际用户的测试，减少了不确定性；另外，创业者对市场情况和用户需求的了解程度更高，也可能有更多的机会获得有价值的信息和资源。因此，该文提出了基础假设：用户型创业者可以提高众筹表现。

随后，该文引入三个社会学领域的理论，分别是领先用户理论（Lead User Theory）、角色认同理论（Role Identity Theory）和社会认同理论（Social Identity Theory）。同时，基于上述三个理论，该文对应提出了三个调节用户型创业者与众筹表现关系的渠道，分别为产品创新性、创业者热情和需求相似性。首先领先用户理论支持用户为解决自身需求进行产品或服务创新，即具有更高的产品创新性；随后如果针对该创新进行创业，身份认同理论认为创业者同时作为一个用户的身份认同会使其拥有更强烈的创新愿望，即拥有更高的创业者热情；而社会认同理论认为创业者与其他用户作为用户群体具有共同的群体特征，从而有助于该类创业者获得支持者，即具有更强的需求相似性。因此，该文针对性地提出了多个假设：用户型创业者与产品创新性、创业者热情、需求相似性正相关；产品创新性、创业者热情、需求相似性与企业众筹表现正相关；产品创新性、创业者热情、需求相似性可以调节用户型创业者与众筹表现的关系。

该文数据来源于Kickstarter众筹平台，样本区间为2014年1月1日—12月31日，样本均来自美国，聚焦的创业项目为新公司或者已经存在公司的新产品，所有项目均包含一个视频介绍，且所有的创业项目均向投资者提供产品或服务作为回报。

是否为用户型创业者不是平台已有的信息，因此，该文通过两个独立个体进行评估，在进行评估前该文建立了统一的界定体系并对评估者进行培训，且在两人分别评估20个项目之后对结果进行对比和讨论，之后分别将其余的项目评估完成，该文通过统计量指标说明了两个评估者间的结果高度相关。随后该文还在平台上对24个创业者完成调查，证明了该文评估结果与调查者反馈的自身信息具有高度相关性，进一步证明指标的可靠性。

该文进一步构造产品创新性、创业者热情和需求相似性三个中介变量。产品创新性由两个评估者对四个维度的指标进行1～5分的评分并取平均数；创业者热情则由两个评估者对六个维度的指标进行1～5分的评分并取平均数；需求相似性则由投资者接受产品作为回报的比例来衡量（投资者可以不要），因为该文认为投资者若接受产品则可认为需求相似，也证明了二者之间的高度相关性。

该文的因变量即为众筹成功与否的哑变量，还添加了性别、种族等一系列控制变量。该文采用层级回归分析的方法，先预测用户型创业者对产品创新性、创业者热情和需求相似性的影响，其中，第一步先加入控制变量，第二步再加入用户型创业者变量，观察其系数及显著性；然后检验产品创新性、创业者热情和需求相似性对众筹表现的影响，也同样是先加入控制变量，再逐步加入关注的这三个变量，观察其系数和显著性；最后通过"PROCESS"检验产品创新性、创业者热情、需求相似性是否可以调节用户型创业者与众筹表现的关系。

总结而言，Oo et al.（2019）通过理论分析并通过实证检验证明了以下结论：从直接影响来看，用户型创业者的身份本身可以传递出高质量的信号，从而提高众筹表现。从间接影响来看，该文认为用户型创业者意味着多重特性，如更高的创业者热情、更高的产品创新性，以及与潜在支持者间更强的需求相似性，而用户型创业者可以通过这些渠道提高众筹表现。该文创新性地搭建了用户型创业者相关的多重理论框架，也首次为用户型创业者具有更好的众筹表现提供了理论解释。Oo et al.（2019）的研究表明，用户型创业者在众筹平台进行融资更具有优势。

3.1.1.3 社会关系

研究发现，众筹项目发起人或团队的社会关系也可以为项目融资提供价值，例如，Mollick（2014）发现众筹项目发起人的社会关系能显著提高融资成功率。

具体而言，Mollick（2014）聚焦于众筹在企业融资尤其是在企业初始创立阶段中的作用,主要对影响项目融资成功的因素及众筹的地域特征进行了研究。为使该文的结论更具普遍性,该文采用目前最具影响力之一的众筹平台 Kickstarter 的数据,整体上数据选取的时间范围从 2009 年平台成立到 2012 年 7 月,共包括 48500 个项目,融资总规模达 2.37 亿美元。该文的主要发现是项目发起人的社会关系能显著提高融资成功率,此外,项目潜在质量与项目成功率也高度相关,并且众筹项目种类及其成功率的地域分布展现出较明显的特征。

为研究相关问题,作者具体构造的解释变量与控制变量包括项目预期的融资金额、项目实际融资占预期金额的比例、项目的支持人数、人均支持金额,以及用来表示社会关系的发起人在 Facebook 上的朋友数量。此外还包括项目种类、发起人随着项目进展更新的信息、投资者或者潜在投资者关于项目的正面或负面评价,以及募集资金的持续天数。

Mollick(2014)的研究结果表明,众筹项目发起人的社会关系指标(Facebook 上的朋友数量)对项目成功率具有显著的预测作用。同时,在融资过程中,预期金额较大的项目容易失败,小金额项目的融资成功率则相对较高。失败项目的预期金额通常较高,其实际募集金额平均来讲一般是预期金额的 10.3%,其中,只有 10% 的项目达到了预期金额的 30%,3% 达到了预期金额的 50%。失败项目的实际平均募集金额是 900 美元,成功项目的平均金额则达到 7825 美元。该文提出的观点是,如果降低募集金额,则融资成功率会有较显著的提升。

Mollick(2014)对造成这种现象的原因进行了分析。因为众筹市场上存在的羊群效应及旁观者效应,投资者的决策会在较大程度上受到其他投资者行为的影响。目前 Kickstarter 规定的募集期上限是 60 天,并且鼓励 30 天内的融资期，一旦最后实际募集金额未达到预期，按 Kickstarter 实行的制度，项目就会被认定为失败，因此，投资者会更加谨慎地挑选可行性较强的项目。并且个人投资金额也有 10000 美元的上限，因此，对投资者来讲，投资预期金额较小的项目成功的可能性更大。

Mollick（2014）发现项目本身的质量也会对融资成功率产生影响。该文用项目所更新的信息、拼写错误、视频验证来表示项目质量，发现项目质量能显著提高融资成功率。众筹投资者也会像风投机构一样对项目质量与团队水平进行评估，分析其成功的可能性。最后，大多数项目履行了对投资者的义务，但是仍然有 75% 的项目存在延期问题，并且延期程度与项目所募集的实际金额有关。

该文为众筹特征的研究提供了新的视角，总的来讲，发起人的行为会对他们的融资能力产生重要影响。众筹的范围不仅包括商业模式，也可以为公益与文化事业筹集资金，Kickstarter 的运营模式就包括投资回报和赞助两种形式。由于目标多元化、投资者众多，因此与其他风险投资不同，众筹已经成为越来越受欢迎的种子资本。同时其也是众筹合法化的重要推动力，众筹的许多特征都被写入了 JOBS 法案。因此，Kickstarter 作为众筹平台的典型代表，其特征还可被进一步研究。

学术界已经发现传统的风险投资会受到地域分布的影响，该文也对众筹的地域特征也进行了研究，发现 Kickstarter 所有项目及其成功项目的分布存在较明显的地域差异。此外，众筹项目与当地城市文化之间存在较密切的联系，例如，洛杉矶的众筹项目大多集中在电影业，旧金山有更多的高科技、游戏及设计类项目，纳什维尔则是音乐众筹项目的聚集地。

网络众筹的结果在很大程度上依赖于社交媒体的传播，不同结构的社交网络产生的传播效果不同，众筹项目的不同性质也会带来不同的筹款结果，Hong、Hu 和 Burtch（2018）研究的是社交网络结构和众筹项目的亲社会性如何影响社交媒体传播在众筹中的作用。

该文的研究与两类文献相关。一类是社交网络结构与社会影响力之间的关系，已有研究表明嵌入度（Embeddedness，是指网络中各节点之间的共同好友的多少）高的网络结构能产生更大的影响力，原因在于共同好友的存在使人们更加注重社会形象，增强了同伴效应，更容易建立合作与信任。另一类在公共品的相关研究中，社会形象、合作信任等也是个人提供公共品的重要原因。结合这两类研究，该文提出了以下假设：

H1：社交媒体上关于一个众筹项目的讨论活跃程度与众筹结果正相关；

H2：社交网络的嵌入度增强了上述正相关关系；

H3：与提供私有物品的众筹项目相比，社交网络嵌入度对社交媒体讨论与众筹结果的正相关关系的增强作用在具有更多公益性质的众筹项目中更大。

Hong、Hu 和 Burtch（2018）的研究数据包括来源于 Kickstarter 平台的众筹项目数据、来源于 Twitter 和 Facebook 的社交媒体数据。作者根据 2016 年 3—9 月完成筹款的 1129 个项目，构建两个指标衡量项目的公益性，首先用对项目描述进行文本分析，通过机器学习得出项目的亲社会性指标 Public Orientation；另外一个指标 Public Category 是根据 Kickstarter 上的项目类别将游戏和科技类项目定义为私人性质，其他为公共性质。

社交媒体数据主要使用的是 Twitter 上关于项目的推文，抓取 Twitter

与 Kickstarter 有关的推文，并根据推文中的链接识别项目，用每个项目在 Twitter 上的转发情况识别 Twitter 好友的网络结构关系，构建社交网络的嵌入性指标 Transitivity 和 Overlap。两个变量越大表明节点之间的共同关系越多，嵌入性越高。

每个项目每天有相应的嵌入性指标值，作者使用项目——日维度的面板数据进行双重差分和三重差分回归，研究网络结构嵌入性、项目公益性、社交媒体讨论度在影响众筹结果上的交互作用，控制了项目和时间上的固定效应。

研究结果表明，社交媒体讨论量越多，筹款结果越好。当社交网络中没有任何共同好友时，Twitter 讨论量增加 10%，第二天该项目的筹款金额会增加 1.51%。而当网络结构具有完全的嵌入性时，讨论量对筹款金额的影响会增加。私人物品众筹项目的筹款金额会增加 1.25%，而公益性物品众筹项目的筹款金额会增加 2.44%。因此，基于 Twitter 数据的回归结果支持了上述三个假设。作者用正交工具变量法处理社交媒体讨论和众筹结果之间的内生关系，工具变量回归仍有稳健的结果。

该文的研究对众筹项目的推广传播具有重要的实践意义。各个社交平台由于自身定位不同，用户之间的社交结构存在差异，Facebook 与 Twitter 相比，发布个人信息的内容更多，网络结构更偏向实际的朋友圈，可能具有更高的嵌入性。但由于 Facebook 上的转发细节不可获得，无法对 Facebook 网络结构进行度量。作者比较了 Facebook 和 Twitter 的转发量对公益性产品众筹结果的影响差异，发现 Facebook 转发量的影响更大，间接验证了嵌入性对媒体影响力的作用。

3.1.2 产品众筹项目信息的识别

上节内容对产品众筹项目发起人或团队的信息识别研究进行了系统的总结,为了提高众筹融资的成功率,如何发布项目信息、哪类项目信息更吸引投资者进行投资既是项目团队需要掌握的重要技能,也是学者研究的热点。本节对众筹项目信息识别的相关研究进行总结。

3.1.2.1 众筹激励模式

在众筹平台中,企业一般有两种关于众筹激励模式的选择,分别是股权型众筹和预售型众筹。股权型众筹是指投资者提供资金获得一定比例的股权,产品发行后获得股权收益、分享股权利润。预售型众筹是指消费者以预先购买的形式出资,在产品发行后直接获得该产品,达到消费目的。那么对于企业而言,选择股权型众筹还是预售型众筹对该企业更有利呢? Belleflamme、Lambert 和 Schwienbacher(2014)进行理论建模,研究在不同情形下企业的最优决策。

在模型中,融资企业的目标是利润最大化,而投资者或消费者的目标是个人效用最大化。相比于其他类型的消费者,众筹平台的投资者或消费者会获得额外效用,即社会福利(Community Benefits),根据已有研究,社会福利是个体参与众筹项目的一个重要动机。预售型众筹消费者的社会福利来源于其最终对该产品的消费体验,这取决于该消费者的消费偏好。股权型众筹投资者的社会福利来源于最终对该产品的投资回报,这对于所有投资者而言是相同的。此假设是产生该文结论的核心假设,然而,在该文研究时暂未发现已有的理论或实证依据。

模型分为两阶段,第一阶段是企业决定众筹形式,消费者选择是否参与众筹；第二阶段是如果众筹成功，企业设定商品价格，消费者选择是否购买。作者理论模型推导结论表明，当项目融资需求较少时，企业倾向于选择预售型众筹；当融资需求超过一定阈值时，企业倾向于选择股权型众筹。

针对该结论，该文提出了背后的解释逻辑。预售型众筹的主要优势在于，在众筹阶段和商品销售阶段，企业可以分别针对偏好不同的消费者进行歧视定价。当融资需求增加时，需要更多的众筹参与者，歧视定价获得的消费者剩余将减少。因此，融资需求对预售型众筹不利。当消费者和企业关于产品质量的信息不对称程度增加时，企业更倾向于使用股权型众筹。主要原因在于，产品质量信息不对称程度强意味着企业更难吸引偏好较高的消费者，不利于歧视定价。

Belleflamme、Lambert 和 Schwienbacher（2014）的主要贡献在于利用理论建模的方式研究了适合项目融资的最佳众筹模式。该文是第一篇分析众筹以及企业如何选择众筹形式的理论文章，对于企业管理层在企业发展早期作出融资决策具有重要的实践意义。

3.1.2.2 众筹目标

在前文 Mollick（2014）的研究结果中，众筹项目预期金额较大的项目容易失败，小金额项目的融资成功率则相对较高。因此，如何设立众筹目标可能会对众筹结果造成重要影响。Roma、Gal-or 和 Chen（2018）也对众筹项目中的预期融资目标进行了系统研究。

众筹是为新项目筹集资金的一种方式，在基于奖励的众筹中，企业家一般向投资者承诺以产品的形式作为奖励，在基于股权的众筹中，企业家则以初创企业的股权作为交换。近年来，利用基于奖励的众筹开发消费技术产品已成为一种趋势,但一般此类众筹活动筹集的资金较少,还需要专业投资者的后续融资,例如,引入 VC。然而,众筹成功并不保证一定获得风投,因此,除了产品开发中存在的固有风险之外,还面临着缺乏 VC 等风险。

基于奖励的众筹中参与的投资者通常是对产品感兴趣的消费者,因为他们为尚未生产的产品投入资金,投资者的数量和筹集的资金总额可以反映出产品需求的早期迹象,而该信息是有价值的。虽然该众筹活动可以提供有关产品市场潜力的信息,但也会带来一些风险,例如,VC 通常将众筹失败视为不良信号,从而难以获得 VC,因此,企业家有动力将众筹目标设定在较低水平。然而由于 VC 通常在决策之前自身也会进行市场研究,因此,设定低目标会提高成功概率,但也不意味一定获得 VC。如果企业家目标较低且没有获得 VC,则可能由于资金不足终止项目,则众筹投资者回报很低,低目标会增加投资者面临的风险,进而阻碍其进行投资,因此,企业家如何在项目筹资目标和对获得 VC 的影响等因素中进行权衡值得研究。具体来说,企业家应如何选择众筹活动目标和每人筹资额;在接近 VC 之前,企业家是否总是倾向于开展众筹活动;对于企业家的众筹选择,VC 的偏好又是什么。

Roma、Gal-or 和 Chen(2018)通过理论模型来解决上述问题,模型由三个阶段组成。在第一阶段,企业家设定众筹活动目标和每人筹资额,这两个指标相除可以得到众筹成功所需的最少投资者数量。按照 Kickstarter 的规则,如果总筹资额低于目标,则众筹失败,企业家得不到任何资金,但仍可能接触 VC,此时 VC 考虑投资的可能性很小。如果总筹资额超过目标,则众筹成功,企业家利用众筹资金开发产品,同时向 VC 寻求额外资金，此时 VC 会考虑投资。如果 VC 考虑投资，模型进入第二阶段，VC 将进行独立的市场调查来评估项目前景，并利用市场调查的结果结合对众筹活动的观察，决定是否为该项目提供资金。如果 VC 拒绝提供资金，企业家将终止项目并向每个投资者提供不成熟的产品或部分退款。如果 VC 决定投资，则模型进入第三阶段，双方就产品成功商业化后的利润分配进行协商。

关于第一个问题"企业家应如何选择众筹活动目标"，Roma、Gal-or 和 Chen（2018）给出的结论如下：众筹活动的信息丰富程度（取决于众筹投资者是否能代表产品的潜在消费者，例如，消费型科技产品信息性较高，而医疗设备信息性较低）和获取 VC 的相关因素在制定众筹目标上都发挥着重要作用；当众筹活动不能提供未来需求信息，以致 VC 在投资决策中忽略这一点时（仅关注成功与否，无法关注需求信息），应将目标设定在较低水平，以确保众筹成功；当众筹变得更具信息性时，企业家会提高目标，因为一旦达到更高目标，则预示更好的产品前景，而该信息对企业有重要意义；然而，当众筹包含的信息性水平很高时，VC 决策又主要取决于众筹结果，企业家可能会选择降低目标以提高成功概率。

关于第二个问题"企业家是否总是倾向于开展众筹活动"，Roma、Gal-or 和 Chen（2018）给出的结论如下：当众筹信息和 VC 市场调研关于未来需求的信号独立时，对于相对较小的项目，在接近 VC 之前开展众筹是企业家的正确选择，而对于需要大量开发成本的项目，企业家是否开展众筹取决于众筹活动和 VC 市场研究的相对信息程度；企业家不仅会在众筹活动信息性很高的情况下开展，也会在活动信息性很低的情况下开展；在信息性很低的情况下，偏好完全来源于与获取信息无关的其他收益；在信息性相对较低但不至于太低的情况下，VC 决策可能会忽略众筹信息，因此，企业家可能会放弃通过众筹获取信息的机会，因为众筹的好处可能不足以抵消众筹失败的风险；该文还表明，当众筹信息与 VC 市场研究结果正相关时，尽管降低了众筹信息的价值，但上述结果基本保持不变。

关于其他问题该文也发现了一些结论，例如，该文发现企业家对众筹的偏好强于 VC，但由于众筹相对于 VC 的好处主要是提供信息，因此在参数值一个较小区域内，VC 比企业家更偏好众筹。

3.1.2.3 产品创造力

在众筹平台进行筹款的项目往往是早期项目，即产品有可能尚未开发完全，但是可以向投资者展示其产品概念与前景。由于财务信息的缺乏，影响投资者投资决策的一个重要因素就是产品的创造力。

Davis et al.（2017）利用管理学研究中的情感事件理论对众筹产品进行研究，重点研究投资者对产品创造力的关注如何影响其投资决策。在研究过程中，作者对 102 个项目参与者进行了实验，每个参与者评估了由 10 个不同的企业家制作的 10 种不同的产品推销，这些产品都在 Kickstarter 平台发布了众筹活动。其中，产品创造力指标按照 Andrews 和 Smith's（1996）十等级制，并且参与评估人员提供了针对每个项目的情感反映，例如"十分兴奋""充满热情""感兴趣"等，打分按照七等级制，从 1（毫无反应）至 7（非常强烈）。同时，参与评估人员对于发布产品的创业者的创业激情也进行了评估，打分按照七等级制，从 1（极度反对）至 7（极度同意）。值得注意的是，在实证研究中，作者采取的因变量不是 Kickstarter 平台上项目的真实融资数据，而是来自实验过程中的参与评估人员的反馈结果，一个指标是当参与者拥有 1000 美元时愿意在各项目上进行投资的金额，另一个指标是参与者认为项目的预期成功率，即回答"你认为该项目在市场中有多大概率会成功"，结果打分分别从 1（一定会失败）至 7（一定会成功）。

根据以上测量指标，作者回归分析的结果表明，当投资者对项目产品的创造力反应激烈时，即认为产品具有创造力时，投资者更有可能对该项目进行投资；当投资者认为项目团队的创业热情强烈时，上述结果更为显著。

3.1.2.4 语言风格与修辞手法

在关于众筹项目发起人或团队的非认证信息模块中，研究发现众筹项目中使用的描述语言可以反映项目发起人或团队的一些心理特征，例如，自恋特征、积极的心理资本等，从而影响众筹结果。此外，众筹项目中的语言风格、修辞手法等也会反映项目信息，从而对众筹效率造成影响（Parhankangas 和 Renko，2017；Steigenberger 和 Wilhelm，2018）。

众筹项目在描述项目详情时的语言风格会如何影响项目的筹款结果？这种影响在社会化项目（Social Campaigns）和商业化项目（Commercial Campaigns）中是否不同？Parhankangas 和 Renko（2017）试图利用 Kickstarter 平台数据来研究这一问题。

商业化项目和社会化项目的区别在于，商业化项目通常推出新产品或新服务以满足消费者的某种需求，以盈利为目的，有清晰的商业模式。而社会化项目一般是为了提升社会福利而筹款（如改善生态环境等），但也会有一定的盈利目的，不属于常见的商业类型，涉及的产品类别又非常广泛，在众筹平台上往往被归为一个新的类别，目前对社会化项目还没有一个确切的定义。相对于商业化项目而言，社会化项目解决的市场痛点更具有社会意义，但它本身是一个较新的事物，公众对此不太了解，而这个类别的项目又包罗万象，所以让公众理解项目内容、认同项目理念是提高筹款结果的重要方法。相对于非常成熟和清晰的商业化项目，社会化项目需要在描述项目、传达项目理念上作出更多的努力，以拉近和投资人的距离。因此，Parhankangas 和 Renko（2017）提出了以下假设：

H1：使用具体（Concrete）的描述语言会提高筹款结果，与商业化项目相比，这一影响在社会化项目中更明显；

H2：使用精确（Precise）的描述语言会提高筹款结果，与商业化项目相比，这一影响在社会化项目中更明显；

H3：在描述语言中使用疑问句建立与投资人的互动会提高筹款结果，与商业化项目相比，这一影响在社会化项目中更明显；

H4：在描述语言中拉近与投资人的心理距离（Psychological Distance）会提高筹款结果，与商业化项目相比，这一影响在社会化项目中更明显。

Parhankangas 和 Renko（2017）使用 Kickstarter 平台在 2013—2014 年的 411 个商业化项目和 245 个社会化项目。其中，作者通过搜索"人权""经济发展""健康""教育"等关键词筛选出符合条件的社会化项目。作者采用文本识别方法对众筹项目的描述语言进行分析，参考语言学和心理学中的常用方法，分别构造上述四个关于语言描述的指标。例如，用冠词（a/an/the）、介词（to/with/above）、量词（many/few/a lot）的数量来衡量语言是否具体，数量越多表明语言越具体。

该文研究结果表明，回归分析结果支持上述 4 个假设。作者发现语言描述的方式的确对社会化项目的筹款结果有影响，这种影响比对商业化项目的影响更加显著。具体而言，描述语言越具体、越精确、心理距离越近、互动性越好，则越能显著提升众筹项目成功筹款的概率，而商业性项目的描述语言只在互动性上对筹款结果有正面影响。

除了众筹项目文本描述中的语言风格，语言修辞手法也会影响项目的宣传效果和投资者的偏好，因此，对众筹结果造成影响。Steigenberger 和 Wilhelm（2018）从信号理论出发，研究项目文本的修辞信号对众筹结果的影响。

一般而言，公司为了吸引外部财务资源对公司进行投资从而维持和发展公司的业务，会公开发布各种实质性和修辞性的信号，例如，发布新闻稿、展示新产品的原型、聘请知名管理人员等。实质性的信号往往是指和企业团队相关的信号或者和企业产品相关的信号。修辞性的信号往往是指公司在发布文本、视频、图片等材料中所展示的修辞类信息，包括"情感证明"（Pathos Appeals）、"逻辑证明"（Logos Appeals）和"信誉证明"（Ethos Appeals）[①]。

传统的信号理论解释了公司如何向潜在的外部贡献者传达相关信息以获取财务资源，信号理论在经济理论中得到了很好的建立，但它淡化了修辞的重要性。尽管实质性和修辞性的信号具有相关性，但已有文献仍然对它们如何相互作用知之甚少。Steigenberger 和 Wilhelm（2018）试图通过众筹项目数据来对两种信号之间的相互作用进行解释。作者提出以下 3 个假设：

---

① 情感证明，是指通过对观众心理的了解来用言辞打动观众；逻辑证明，是指利用词语本身包含的内容论据和逻辑论证来打动观众；信誉证明，是指利用修辞者（项目发起人）的道德品质、信誉证明来打动观众。

H1:"情感证明"信号可以促进实质性信号和众筹结果之间的相关性;

H2:"逻辑证明"信号可以促进基于企业产品的实质性信号和众筹结果之间的相关性,"信誉证明"信号可以促进基于企业团队的实质性信号和众筹结果之间的相关性;

H3:"逻辑证明"信号可以促进基于企业团队的补充性的实质信号和众筹结果之间的相关性,"信誉证明"信号可以促进基于企业产品的补充性的实质性信号和众筹结果之间的相关性。

上述3个假设关系如图3.1所示。

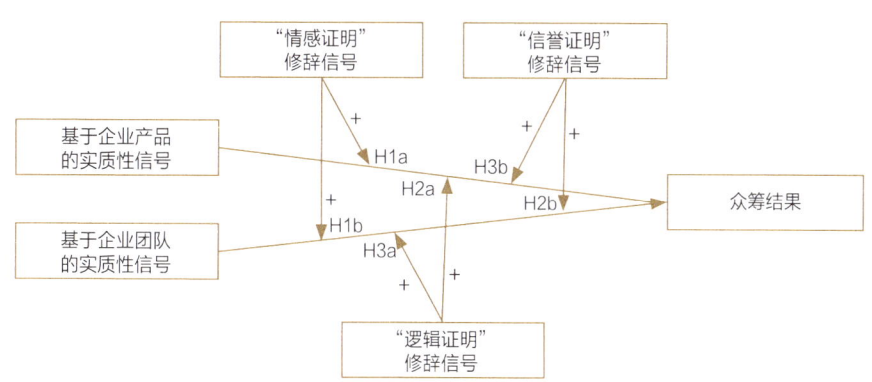

图 3.1 众筹项目描述修辞信用作用机制

该文利用 Kickstarter 平台上的视频游戏类众筹项目进行研究,搜集了 2013 年 9 月—2014 年 2 月的 200 个视频游戏类项目,每个项目众筹目标资金不低于 25000 美元,最终保留了 197 个项目和 2702 个项目展示记录。在实证研究过程中,作者的核心被解释变量是项目众筹金额占众筹目标的比例。关于实质性信号的测量,分为两部分,分别是基于产品的实质性信号和基于企业团队的实质性信号。基于产品的实质性信号，是根据项目是否提供技术演示或者游戏演示来定义。基于企业团队的实质性信号反映了团队开发游戏的实力，作者通过招聘两个独立的研究生进行打分，其中，一个是年轻的拥有计算机或软件类高级学位的研究生，另一个是中等年纪的没有计算机和软件类背景的毕业生。两个人浏览了所有项目展示记录后分别对团队进行打分，打分规则是1～7分的Likert分制，最后取两个人打分平均值。关于修辞性信号的测量，作者要求上述两人分别对项目描述中的"情感证明""逻辑证明""信誉证明"进行打分，打分规则是1～7分的Likert分制，最后取两个人打分平均值。

在分别对项目众筹比例、实质性信号、修辞性信号进行测量后，作者通过广义矩估计法[①]来研究其相关性并检验上述3个假设，结果发现修辞性信号在某些情况下对实质性信号起到了补充作用，从而提升了众筹的成功率、加强了项目进行外部融资的能力。此外，该文发现在特定条件下，修辞信号也可能削弱实质性信号的影响。

总结而言，Parhankangas、Renko（2017）和Steigenberger、Wilhelm（2018）的研究说明，众筹项目在语言描述过程中的语言风格和修辞手法对于投资者而言也是反映项目信息的信号，这种信号既有可能会影响投资者对项目的偏好，也有可能被投资者当作其他信号的补充，从而对众筹结果造成影响。

---

① 广义矩估计法，英文名称为GMM（Generalized Method of Moments），是基于模型实际参数满足一定矩条件而形成的一种参数估计方法，是矩估计方法的一般化。

3.1.3 投资人的行为

在线众筹平台的投资者往往是个体投资者,在信息不对称的前提下,这类投资者如何进行决策是学者需要研究的重要问题。

3.1.3.1 专家决策的影响

传统金融市场不仅提供资源和资金,还可以为创业者提供监控和管理风险的专业知识。在线众筹市场使初创企业的企业家能够绕过这些金融中介直接向大众寻求资金。与传统市场中能够与企业家建立情感关系联系以降低风险的专业投资者不同,在线众筹市场的投资者主要依赖企业家提供的信息,并且大部分投资者是个人投资者,缺乏对相关信息的挖掘和分析能力,因此,在线众筹市场中信息不对称的问题比较严重。

然而,关于众筹市场投资者的投资决策的影响因素的研究比较有限,已经有研究发现众筹投资者中存在羊群效应,但是专家参与对普通投资者投资决策的影响还有待发现。Kim 和 Viswanathan（2019）试图对该问题进行研究,即在众筹市场中专家的投资决策是否会对其他投资者造成影响。

Kim 和 Viswanathan（2019）的数据来源是 Appbackr 平台,这是移动应用程序最早的在线众筹市场之一。自 2010 年 10 月开始,Appbackr 成为 APP 创业者募集资金的众筹市场,其服务对象主要包括寻求"概念应用"（处于概念发展阶段的应用）以及"实时应用"（已经推出,但是需要额外的资金用于营销和发布）。该平台上的 APP 开发人员将未公开发行的 APP 以相对较低价格如 0.45 美元卖给普通投资者,发行后在 Apple Store 以 1 美元进行售卖,售卖后进行收入分成。该文收集 Appbackr 平台在2010年8月—2013年6月发布的396个应用程序开发人员列出的532个应用程序，由超过3500个特定投资者资助，总资助额约100万美元。

在实证过程中，作者对于专家的定义与以往不同，这样的专家并非公认的知名专家，而是具有应用程序开发经验的投资者或者具有应用程序投资经验的投资者。该文主要因变量为项目是否融资成功、当天募集总金额的对数、发布后的实际下载次数等。主要自变量为该项目是否是有开发经验投资者、是否是有投资经验的投资者等。

实证结果表明，富有经验的投资者会更早地进行投资，而且富有经验的投资者的投资行为会被其他投资者所识别，具有应用程序开发经验的投资者和具有应用程序投资经验的投资者对后来的投资者会产生不同的影响。具体而言，具有应用程序开发经验且对该产品最了解的投资者对"概念应用"（预发布阶段的应用程序）更有影响力，而具有应用程序投资经验且对市场绩效最了解的投资者对"实时应用"（即将在市场上销售的应用程序）更有影响力。更重要的是，该文发现这些有经验的投资者确实有能力选择更好的应用程序，他们投资过的应用程序在发行后销售额更大，这使得他们的投资选择成为众筹项目比较可靠的质量信号。

3.1.3.2　群众的智慧

在Kim和Viswanathan（2019）的研究中，专家决策对于普通投资者而言是一种重要的投资参考信号。学者也对专家观点的重要性做了长期研究，与传统的风险投资理论一致，专业的风险投资者具备更强的识别项目质量的能力。然而，普通投资者的观点与专家投资者的观点是否真的差距较大？目前普遍观点认为普通投资者挖掘和分析信息的能力有限，其甄别项目风险的能力要比专家更差，然而Mollick和Nanda（2016）的实证研究发现了与之不一致的现象。

Mollick 和 Nanda（2016）主要利用 Kickstarter 平台的众筹项目进行研究。为了对比专家决策和普通群众决策的区别，作者聚焦于戏剧项目的众筹项目，因为根据现有研究，专家和普通群众对这种项目的认知差别较大。同时，作者要求项目筹资目标金额不低于 10000 美元。作者在 Kickstarter 平台随机筛选出 120 个戏剧项目，让美国国家艺术基金会（National Endowment of the Arts，NEA）的专家对项目进行打分，打分方式按照 Likert 分值制。

然后，作者将专家对这些项目的打分结果与项目真实的众筹结果进行对比，发现专家的评价与普通投资者对众筹项目的投资偏好保持高度相似。并且，如果将同时被专家和普通投资者选中的项目和仅被普通投资者选中的项目进行对比，可以发现两类项目的事后表现没有数量上或者质量上的显著区别。该文的研究结果表明，众筹平台模式可以作为传统专家估值模式的一种补充方式，尤其是当普通个体作为产品终端用户的行业，此时普通个体用户的反馈是产品价值的重要信号。

3.1.3.3 隐私保护的影响

自互联网快速发展近 20 年以来，在线社交市场也快速扩大，个人在在线社交环境中的行为也变得公开并且可以追踪。随着用户对个人隐私的重视程度变大，很多在线平台在开发产品的时候为用户预留了一个功能，即用户可以选择是否公开其身份信息和线上行为。

由于在线众筹市场的项目发起人往往存在无抵押物、不确定性强、信息不对称程度高等特征，个体投资者仅依赖企业提供的信息难以进行合理的投资决策，因此，众筹市场上投资者之间的社交属性就可以发挥较大作用，因为观察其他投资者的投资行为，尤其是专家的投资行为，可以作为个体投资者是否进行投资及投资金额的一个参考。然而，如果给投资者增加保护隐私的选项，会不会影响该投资者在平台上的社交行为和投资行为？如果投资者为了保护隐私，在众筹平台隐藏其个人信息和投资信息，是否会影响其他投资者的投资行为？Burtch、Ghose和Wattal（2015，2016）试图研究这些问题。

Burtch、Ghose和Wattal（2015，2016）的研究都基于一个独特的私有数据集，这个数据集来自一家世界上最大的在线众筹平台。该平台拥有数百万注册用户，遍布200多个国家并吸引了超过世界各地每个月的900万访客，并且迄今为止已经托管了200000次众筹活动。投资者可以选择是否隐藏他们的用户名信息，或者是否隐藏每笔交易的金额信息，或者不隐藏信息。重要的是，投资者的信息对于众筹项目发起人而言是可见的，其隐藏的信息仅对其他投资者不可见。投资者进行决策之后，可以选择是否在项目下进行评论并通过社交媒体转发其他好友。

Burtch、Ghose和Wattal（2015）主要通过在该平台开展随机田野实验的方法来研究给投资者增加保护隐私的选项会不会影响该投资者在平台上的社交行为和投资行为。作者在平台上开展了2周时间的随机田野实验，总共128701位投资者被加入进该实验，其中68332位投资者被随机划分到实验组，其他投资者被划分到对照组。实验组的投资者在付款前没有选择是否隐藏个人信息的权利，但是在付款后会出现提醒页面，提醒该投资者可以选择隐藏个人用户信息，或者隐藏个人投资信息，或者不隐藏信息。对照组的投资者在付款前就会出现提醒页面，提醒该投资者可以选择隐藏个人用户信息，或者隐藏个人投资信息，或者不隐藏信息。然后,作者对比实验组和对照组在分享率和投资金额上的差异。

该文的田野实验结果发现,相比于对照组,实验组的投资者分享率更高,但是平均投资金额更低,这可能是因为当个人信息和投资信息会公开时,投资者会选择不进行大额投资。该文主要的贡献是利用田野实验证明了投资者隐藏信息对其投资行为的因果性影响。

Burtch、Ghose 和 Wattal(2016)利用该平台的数据集研究投资者隐藏信息是否会影响其他投资者的投资行为。数据集从 2013 年年初开始,样本区间为 9 周,包括该平台上所有项目的所有访问和投资记录。在该文的研究样本中,大概 27% 的投资记录中投资者选择隐藏其用户名信息或者隐藏交易金额信息。

在实证设计中,作者首先研究投资者隐藏信息的选择是否会影响其他投资者,使得这些投资者也选择隐藏信息。其次,作者研究投资者隐藏信息的行为是否会影响后续访客对该众筹项目的投资金额。通过最小二乘回归分析,作者发现当投资者隐藏其用户名信息或者隐藏其投资金额信息时,既会导致其他投资者也选择隐藏其信息,也会降低后续访客的投资金额。因此,平台给投资者提供了隐藏信息的选项,虽然保护了投资者的隐私,然而由于降低了社交属性,导致对众筹活动产生负面影响。

Burtch、Ghose 和 Wattal(2016)的研究结果对于行业实践、政策和网站设计都具有重要意义。一方面,平台在设计过程中需要考虑投资者保护隐私的必要性。同时,平台也要兼顾社交属性对于众筹活动的积极作用。对于投资者而言,其隐藏信息的行为虽然避免了隐私泄露,但是会导致其他投资者选择隐藏信息、降低投资动机和投资金额甚至不再进行投资，这会降低众筹的成功率从而与该投资者的投资目标背道而驰。

3.1.3.4 亲社会行为

在众多关于众筹项目的研究中，学者往往重点关注项目发起人或者团队的信息识别效应，而在关于众筹投资者行为的研究过程中，往往假定投资者对特定项目的偏好是保持不变的。然而，投资者对众筹项目的偏好也有可能呈现出动态的特征，即随着众筹项目筹款过程的进行而发生改变。Kuppuswamy 和 Bayus（2017）利用众筹投资者的亲社会行为（Prosocial Impact）对投资者的动态偏好进行了研究。亲社会行为是指个体由于相信自己的行为会对他人产生积极影响而采取的行动。

Kuppuswamy 和 Bayus（2017）认为，当人们相信他们的投资会发挥作用时，他们会更可能支持众筹项目。由于当众筹项目筹款总额越接近于筹款目标时，投资者的额外投资更有可能发挥边际效用，因此，如果投资者存在亲社会行为特征，随着众筹项目筹款额接近其筹款目标，投资者对众筹项目的支持将会增加。由于在达到筹款目标后投资者此时的投资边际效益很低，会造成其投资动机下降，因此，项目在达到目标后，投资者对该众筹项目的投资将显著减少。

Kuppuswamy 和 Bayus（2017）利用 Kickstarter 对 2012 年 3 月—2014 年 4 月的 1 万个项目数据进行研究，其数据为每个项目每天筹资情况的面板数据。作者首先发现了"Kickstarter"效应，即当众筹项目的募资资金超过目标金额的 30% 后，项目最后融资成功的概率为 90%。

作者实证回归分析的主要因变量为每天新增投资者个数。主要自变量为目标接近程度，由前一天的已筹款比例作为主要衡量指标，为了检验非线性效应，作者构建了 6 个指示变量，分别为是否已经募集到 0%～20%、20%～40%、40%～60%、60%～80%、80%～100%、100% 以上。然而作者利用 Possion 回归进行分析，发现当已筹款比例在 60%～80% 和 80%～100% 这两个区间时，新增投资者数量最多，而当已筹款比例达到 100% 以上，新增投资者数量下降。另外，作者发现，越接近项目结束的最后一天、目标金额越少、第一周筹款金额小于 30% 的，此效应越明显。

总结而言，Kuppuswamy 和 Bayus（2017）验证了众筹平台投资者的亲社会行为特征，从而投资者对众筹项目的偏好是动态的。具体而言，投资者在投资项目过程中存在目标梯度效应，当目标快要到达时，实现目标的动机会随之增加。该文还研究了可能会加强或减弱目标梯度效应的其他因素，如即将到达最后期限、目标金额的大小、是否有大量的早期支持者等。

与 Kuppuswamy 和 Bayus（2017）相似，Dai 和 Zhang（2019）也利用 Kickstarter 平台的众筹项目融资数据来研究投资者的亲社会行为。具体而言，Dai 和 Zhang（2019）的数据是 30 分钟频率的相对高频率数据，总共包含 2016 年 9 月—2017 年 4 月的 28591 个众筹项目信息，主要研究众筹项目筹资在快达到众筹目标金额前（例如筹资金额占目标金额的比例为 95%～100%）和刚刚达到目标后（例如筹资金额占目标金额的比例为 100%～105%）这两个区间内投资者的行为特征。该文发现，平均而言，例如筹资比例从 100%～105% 需要的时间是筹资比例从 95%～100% 需要时间的 2.4 倍。当控制其他因素后，作者总结当众筹项目筹资金额接近筹资目标时，相比于刚刚达到筹资目标后，投资者的投资速度更快、投资金额更大，这一结果比较稳健。当众筹项目特征更容易激发投资者的亲社会行为时，或者当众筹项目是由发起人单独申请时，以上效应更加显著。这进一步为众筹项目投资者具有亲社会行为这一发现提供了严谨的证据。

3.1.4　产品众筹对发起人的影响

在传统风险投资市场中，风险投资者不仅提供资源和资金，还可以为创业者提升创业团队的管理水平和风控水平，并且知名风险投资家或机构的参与对于初创企业而言是一个重要背书。在产品众筹融资市场，普通投资者的参与是否也会对发起人造成一定影响，例如，具有信息反馈的作用等？本节总结关于众筹结果对发起人影响的相关研究。

3.1.4.1　信息反馈机制

对于初创企业的创业者而言，既需要外部资金的投资来继续开展其业务和拓展企业规模，也需要市场对其产品的有效反馈来帮助其对产品前景进行判断。产品众筹市场的投资者往往可以充当这两种角色，既可以选择进行投资为企业提供发展资金，而且其投资行为也反映了投资者对该产品的偏好，尤其是针对广大普通用户设计的产品。Da Cruz（2018）针对产品众筹过程中投资者的信息反馈机制进行了探讨。

Da Cruz（2018）通过使用基于互联网来源的公开数据（Kickstarter、Amazon 和 iTunes）构建的独特数据集，从 Kickstarter 平台获取项目众筹信息，然后匹配 Amazon 和 iTunes 的数据来获取众筹活动之后项目的后续信息，包括产品是否发行、发行后的销量等。具体而言，该文使用来自 Kickstarter 平台的数据，实证研究重点关注未能成功融资的项目。该文挑选了 2014 年 8 月—2015 年 5 月、目标金额在 3000 美元以上和 20 万美元以下的音乐专辑 707 个项目，其中，未能成功融资的有 185 个。

主要因变量为该项目2015年11月前是否在Amazon和iTunes上发布专辑，主要自变量为众筹活动中投资者数量、平均募集的金额、总募集金额和募集金额占目标金额的比例。

通过回归分析，作者发现在众筹平台未能成功融资的项目中，其获得群众的支持越多，项目最终成功发布专辑的概率越大。这意味着众筹项目虽然在众筹平台没有成功获得资金，但如果项目可以得到大量投资者的支持，那么项目发起人更有可能会决定在市场上发布产品。该结果说明众筹活动除了为初创企业提供资金支持，也可以作为一种信息反馈机制，反映潜在消费者对项目的兴趣，从而有助于在新产品发布之前降低企业家的不确定性。此外，作者还对17名项目负责人进行访谈，访谈结果进一步证明Kickstarter提供了信息反馈渠道。

在产品众筹过程中，当投资者是用户型投资者时，投资者的信息反馈机制更为有效。Cornelius和Gokpinar（2019）利用Kickstarter平台在2012年10月—2013年5月的21491个项目数据进行研究，发现当众筹项目投资者中的用户型投资者比例越高，则众筹项目筹资成功率越高；用户型投资者对众筹项目融资的积极作用在独立创始人项目中更为显著；如果项目发起人根据投资者的反馈对其项目说明进行修改，那么上述效应会更显著；来自经验丰富的用户型投资者的意见对项目筹资成功率的提升作用更为明显。Cornelius和Gokpinar（2019）的研究再次证实了众筹项目投资者对于项目发起人而言具备有效的信息反馈机制。

3.1.4.2 道德风险

众筹模式的快速发展，尤其是奖励型众筹的出现，在经济学领域研究中是一个重要创新。在奖励型众筹项目中，创业者计划在众筹平台上筹资以继续开发产品和拓展业务，待筹资成功并开发出产品后可以向用户型投资者交付产品。在这个过程中，创业者在投资之前就获得了产品的市场需求信息，而市场需求往往是消费者的私有信息而难以获取。如果市场需求不足，那么用户型投资者投资的资金无法达到众筹目标从而项目无法成功融资，如果市场需求旺盛，那么用户型投资者的资金可以帮助创业者继续开发产品，因此，这种"预售"型的众筹过程有效地筛选出有价值的项目，排除了没有市场需求的项目，避免了过度投资，提升了社会福利。

然而，根据传统的经济学理论，众筹模式的一个重大的风险在于创业者的道德风险（Strausz，2017）。根据经济学理论，创业者在获取外部资金后可能出现道德风险问题，传统的有效解决方案是通过专业的金融中介对创业者进行筛选和监督，因此，可以避免"搭便车"等问题。然而，在众筹模式中，并不存在相关的金融中介来控制道德风险问题。为了从理论上解释众筹模式的快速发展和提供控制道德风险的解决方法，Strausz（2017）进行了理论研究。

该文首先假设，市场的参与者包括企业家、大众和平台。其中，企业家的目标是融得固定的资本且以边际成本进行生产。大众分为总数量已知的两类人群，一类认为该产品价值为1，另一类认为该产品价值为0。企业家的目标是利润最大化，平台可以通过机制设计来最优化分配资源并达到效率最大化，效率的定义为总净剩余的最大化。

同时作者也假设了市场的情况，既包括是否知道总需求，也包括是否有道德风险。在总需求确定的情况下，企业家能够清楚地计算总需求量；如果总需求不确定，可能会带来过度投资的问题或者投资不足的问题；在没有道德风险的情况下，消费者能够得到最后的产品，如果有道德风险，那么消费者有可能得不到产品。

另外，作者进行了其他假设，首先是投资者可以通过延期付款的方式来约束企业家，在企业家获得目标金额后，多余的部分在交付产品后才能得到；其次，作者进一步假设了"事后市场"的存在，众筹的投资者还可以在事后再购买到该产品；另外，创业者拥有非公开的成本的信息，投资者不知道边际成本的高低。

根据 Strausz（2017）的研究结果，众筹的"事后市场"使消费者能够实施延期付款，从而能够管理道德风险。只有当预期收益超过与企业激励问题相关的代理成本时，效率才是可持续的。通过减少需求的不确定性，众筹增加了社会的总剩余并对关注控制道德风险的传统创业融资方式进行了补充。

3.1.4.3　个人破产率

在美国，疾病或者伤害所引起的医疗成本是申请个人破产的重要原因，而且这个问题日益严峻。同时，医疗众筹在美国发展迅猛，预期未来也将持续增长。从表面上来看，医疗众筹可以弥补保险缺口，减轻医疗债务负担；但也有文献指出医疗众筹资源分配的不平等问题，可能真正受益的群体并不是最需要的群体。因此，Burtch 和 Chan（2019）研究了医疗众筹对于个人破产率的影响，另外针对可能存在的不平等问题也进行了异质性检验。Burtch 和 Chan（2019）的数据来自美国一家大型医疗众筹平台的专有数据，与个人破产申请的县级记录相匹配，以县级和季度为单位，发现医疗众筹可以降低个人破产率。同时该文也证明了不平等问题的存在，即劣势群体更可能发起众筹，但筹集的资金更少。

该文主要有三个方面的贡献：第一，该文补充了众筹及其社会影响相关的文献，甚至是线上技术的社会影响的文献；第二，该文补充了数字鸿沟（Digital Divide）相关的文献，提出了数字不平等的新来源；第三，从实践上来说，该文提醒利益相关者关注医疗众筹对于解决医疗成本及保险缺口的重要意义，同时也提醒相关方面应强化这一渠道的积极作用。

在实证研究中，该文的因变量为每个县每季度的个人破产申请总量（破产申报人能够通过破产状态完全抵消债务，破产则为申报人制定了还款计划，仍需将其未来收益用于偿还债务）。但上述破产申请中包含了医疗原因和非医疗原因的破产，因为根据申请原因分类的国家破产数据库难以获得。该文的核心自变量为每个县每季度总共筹集到的资金总数，该医疗众筹平台不同于Kickstarter，不论是否达到目标金额，投资者筹集的资金将如数给予发起人。该文添加了一个关键控制变量为每个县每季度的医疗筹资数量。此外，该文还添加了人口、社会经济、健康相关的三类控制变量，如年龄分布、人口规模、房贷规模等。在主要的回归模型中，医疗众筹相关的两个变量均滞后一期处理。

回归结果表明，在不同的回归方法之下，第7章[①]破产数量均不显著，而第13章[②]破产数量均随医疗众筹金额的增加而显著降低。这主要是由于第7章破产仅适用于缺乏偿还手段的个人，能够通过破产状态完

---

① 第7章是指（美）联邦破产法第7章（Chapter 7 Bankruptcy），在该标准下，破产申请者的所有资产和财产都将被清算以偿还债务。

② 第13章是指（美）联邦破产法第13章（Chapter 13 Bankruptcy），在该标准下，破产申请者的财产可以保留，但是需要制定还款计划。

全抵销债务；而不符合这些条件的个人，即具有还款收入来源的个人，将需要根据第 13 章申请破产，第 13 章破产为申报人制定了还款计划，申报人仍需将其未来收益用于偿还债务，此外还会受到信用评级等方面的影响。因此，第 7 章[①]申报人没有动机寻求额外的财务资源，相反那些无法通过申请第 7 章破产的个人则会被激励去寻找资金来源，如众筹，以避免申请第 13 章[②]破产。

之后，该文进行了比较详尽的稳健性检验和排除内生性检验，如通过增加控制变量的二次项、通过增加区域相关控制变量与医疗众筹数量的交叉项等增加变量的变法进行稳健性检验；通过构造筹资比例（筹集到的金额与目标筹集金额之比）作为自变量进行稳健性检验，筹资比例同时也被作为工具变量解决内生性问题；还通过将个性化指导服务中设定的筹资目标作为工具变量解决内生性问题；等等。以上方法均证明了该文主要结论的有效性。

关于医疗众筹资源的异质性检验，该文根据收入、教育和种族情况，研究不同群体在使用众筹和众筹结果方面的异质性。该文发现非裔美国人、亚裔人和原住民人口比例较大的地方，医疗众筹活动量显著增加，但是众筹金额却显著减少。此外，家庭收入、学历与众筹活动数量负相关，与众筹活动金额正相关。说明社会弱势群体更有可能使用医疗众筹，但是在筹集资金方面存在着一定的不平等。

---

① 第 7 章是指（美）联邦破产法第 7 章（Chapter 7 Bankruptcy），在该标准下，破产申请者的所有资产和财产都将被清算以偿还债务。

② 第 13 章是指（美）联邦破产法第 13 章（Chapter 13 Bankruptcy），在该标准下，破产申请者的财产可以保留，但是需要制定还款计划。

3.2 股权众筹

3.2.1 股权众筹发起人或团队信息的识别

在股权众筹市场中，众筹发起人的信息或者团队的信息也有可能对投资者的决策产生影响。本节从股权众筹发起人的性别和认证信息两个方面对现有研究进行总结。

3.2.1.1 性别

当投资者面对不同性别的初创企业的创业人员，是否会有性别歧视？在传统的研究中，这个问题并不容易回答：大多数 VC 数据库都是记载事后而非事前投资者与创业人员的互动，这就导致大家看到的都是成功拿到融资的企业，但看不到事前投资者对潜在企业的意愿。不仅如此，因为女性所擅长和主导的企业可能比较而言不容易受到投资者的青睐，所以仅以事后的数据不容易看出投资者是纯粹的性别偏见，还是考虑到性别背后的其他因素而有所偏好。以往数据的局限性给这种问题的识别增加了难度。

作为突破，Ewens 和 Townsend（2019）采用了于 2010 年成立的 AngelList 众筹平台的数据。这一平台提供了投资者和项目发起人在融资前的各种互动机会。发起人可以在网站上发布自己的企业与发起人的信息，并标明自己的融资目标。投资人可以直接看到各个项目的信息，并且他们可触及的信息不依赖于个人的社交网络。在 AngelList 平台，有三种行为可以表达投资者对项目的兴趣：第一，投资人可以与其投资人朋友们分享感兴趣项目的信息；第二，投资者可以向潜在初创企业的设立人索要更详细的信息，一旦这一请求得到应允，投资者有机会看到创业企业的机密文件;第三,投资人可以直接投资自己青睐的目标企业。以上分享行为,索取企业介绍的行为和直接投资行为都是事前投资人与创业者之间的互动,在这篇文章中也构建了相应的三个哑变量作为主要的研究对象,看它们与代表创业者性别的哑变量之间的相关关系。

作者首先观察(在事前意义上)投资者面对不同性别的创业者是否会有性别歧视。以分享行为作为研究对象,作者发现,当控制住其他表示创业人员与企业特征的因素后,相较于面对男性创业者,男性投资人分享一个女性创业者的项目的概率更低,而女性投资人分享一个女性创业者项目的概率更高。同样的,分别以索取企业介绍的行为和直接投资行为作为研究对象,也得到了相似的结果。因此,作者提出投资者在面对创业企业时,会对性别有所歧视。

接下来,文章试图分析性别歧视的机制——是纯粹的性别歧视还是考虑了性别所代表的其他因素。首先,文章考虑了投资人与创业人同性别时可能存在甄选与监视的优势(例如都处在某性别主导的行业,或者同性间较低的交流成本)。然而,即使将第一部分中处在某些性别主导行业的企业剔除出去,第一部分分析的结果仍然显著成立;同时,文章发现男性投资者虽然会与女性投资者分享项目,但是当他们面对女性创业者的项目时,分享的概率仍然较低。之后,文章又验证歧视是否是由于相同性别人群的风险偏好一致(或者,异性人群的风险偏好是有显著差异的)所导致。然而,文章发现对于女性投资者已经表示青睐的项目,男性投资者也会表达出更多的兴趣。因此,文章排除了歧视现象是由同性别的甄选优势或者一致的风险偏好所引致。

最后，该文还研究了企业未来的发展状况。具体而言，以企业未来是否有 IPO/收购、后续的融资，以及是否会中途失败的哑变量作为发展状况指标进行研究。作者发现，总体而言，在同类投资者群体已经进行投资的项目中，女性创业者经营的企业比男性的更成功。更进一步的，作者发现男性投资者群体中存在着非常显著的性别歧视，而女性投资者群体中这一现象并不显著。作者指出这可能是因为市场中女性投资人的比例实在太少，所以并不能说明女性投资者不存在性别歧视。

该文的贡献在于突破传统事后意义的数据库，通过使用事前投资人和创业人互动平台的数据来分析投资人的意愿，更好地分离出投资人对创业者性别的态度，在金融学和管理学领域为相关的研究提供了宝贵的结论和实验方法。

3.2.1.2 认证信息

众筹平台往往为初创企业提供类似于天使融资的早期融资，这类企业由于缺乏抵押物、信息不对称问题严重、风险高等特征，在传统股权融资渠道中面临融资困难问题。此时，众筹项目发起人或发起团队的信息就具有比较重要的作用，尤其是认证信息。

Bernstein、Korteweg 和 Laws（2017）利用 AngelList 平台开展田野实验[1]，研究众筹项目发起团队的背景信息对吸引早期投资者进行投资决策的作用，并将团队背景信息与已有投资者认证信息、初创企业的营业特征进行对比。团队背景信息包括创始团队的教育背景，例如是否在顶级大学有过教育经历，或者工作背景，例如是否曾在 Google、PayPal 等顶

---

[1] 在该文研究期间，该文作者之一 Kevin Laws 时任 AngelList 公司 COO 职位。

级企业就职,等等。项目已有投资者认证信息包括已经对该项目进行的投资者信息、数量、金额等,例如 Elon Musk 投资了该项目。初创企业的营业特征包括收入和用户数量等。

Bernstein、Korteweg 和 Laws(2017)在 2013 年夏天用 8 周的时间在 AngeList 上通过发邮件的方式开展田野实验,该实验共涉及 21 个初创企业项目,对接近 4500 投资者发送了接近 17000 封电子邮件,在邮件中对初创企业项目团队和产品进行推荐和介绍。在实验组中,投资者收到的邮件随机展示团队背景信息、企业营业特征和已有投资者认证信息这三类信息的其中一项或两项,投资者收到邮件后可以自行决定是否点击"查看"功能继续浏览项目细节信息。

在实验过程中,有 2925 个投资者收到了邮件并且打开浏览了至少一封邮件,因此作者以这些投资者是否点击"查看"功能继续浏览项目细节信息作为投资者投资兴趣的代理变量,并将该变量作为主要的被解释变量,分别以在邮件中是否展示团队背景信息、是否展示企业营业特征、是否展示已有投资者认证信息作为解释变量,进行 OLS 回归分析和 Logitmo 回归分析,研究投资者投资决策的影响因素。研究结果表明,投资者对创始团队的背景信息反应强烈,对已有投资者的认证信息和公司的营业特征反应较少。

该文后续研究发现,创始团队的背景信息对投资者投资决策具有重要作用不仅仅是因为团队背景信息可以作为项目本身质量的一种信号,团队的运营和技术能力等人力资本因素是影响投资者决策的主要因素。同时,在众筹项目中投资者基于团队背景信息进行投资也是一种理性的投资策略。整体而言,该文重要的贡献在于验证了创始团队背景信息对众筹项目融资成功的因果性影响，说明了人力资本在初创企业融资过程中的重要性。

此外，众筹项目发起人或发起团队的信息对众筹结果的影响和投资者类型也比较相关。例如，Allison et al.（2017）发现当投资者更有能力和动机对项目进行详细评估时，项目发行相关的信息如项目创始人教育程度等，对于众筹结果有显著的影响。相反地，当投资者缺乏投资经验、第一次投资及项目融资额较低时，边缘信号对众筹结果才会产生较大影响。

3.2.2 股权众筹项目信息的识别

在产品众筹项目中，众筹目标、产品创造力和产品发布语言风格与修辞手法都会对众筹结果造成影响。而在股权众筹项目中，不同的项目信息也会影响投资者的偏好。本节分别从融资方式偏好、项目视觉信号及互补信号等方面对股权众筹项目信息识别的相关研究进行总结。

3.2.2.1 啄食顺序理论（The Pecking Order Theory）

股权众筹是在年轻创业公司中越来越受欢迎的外部融资来源，现有的众筹研究主要研究了导致众筹平台资金成功的因素。虽然所有这些研究都使用了在股权众筹平台上列出的公司样本，但市场上的公司并非随机地出现在这些平台上。相反，企业家首先需要决定他们是否想要寻求股权众筹。因此，Walthoff-Borm、Schwienbacher 和 Vanacker（2018）提出以下研究问题：哪些因素会影响企业寻找股权众筹，从而列入股权众筹平台？由于存在不同形式的众筹，并且大多数众筹研究都集中在基于奖励的众筹上，企业的潜在资助者可能主要受类似于传统金融家创业的金融动机驱动。因此，股权众筹背景允许该文扩展和约束通过股权发行筹集资金的已知信息。实际上，股权众筹是众筹市场增长最快的组成部分之一，政策和监管行动已经实施或正在制定，以支持进一步的市场增长。啄食顺序理论表明，由于信息不对称，企业家更愿意尽可能使用内部融资；然后，企业家将筹集外债；最后，当企业家的债务能力耗尽时，他们将筹集外部股权融资，但这只是最后的手段。因此，根据啄食顺序理论，Walthoff-Borm、Schwienbacher 和 Vanacker（2018）认为当企业缺乏内部资金和额外的债务能力时，企业更有可能寻找股权众筹，这是外部股权融资的来源。

之前关于众筹的研究主要集中在影响股权众筹平台融资成功的因素，缺乏对驱动企业寻找股权众筹的动因的详细了解。Walthoff-Borm、Schwienbacher 和 Vanacker（2018）试图通过啄食顺序理论视角，研究推动企业在股权众筹平台上市的因素。

该文的数据来源较广，首先使用 Crowdcube 的网站来识别和收集在 2012—2015 年搜索股权众筹的公司的数据，无论最终是否融资成功。然后，该文使用了多个在线资源，包括互联网档案 Wayback Machine 和 TechCrunch，来重建 Crowdcube 上未成功申请股权众筹的公司样本。同时，该文从 Bureau Van Dijk 和 Companies House 管理的 Orbis Europe（以前称为 Amadeus）数据库中获取了会计数据。该文使用 Orbis Europe 来识别那些没有搜索股权众筹的匹配公司，但与那些搜索（无论其成功与否）股权众筹的公司的基本特征相似。最后，该文排除了从未提交过财务报表或没有提供研究变量信息的公司。该文的最终样本包括 277 家公司，其中，134 家成功募集股权众筹，另外 143 家试图筹集股权众筹但未获成功。

该文实证结果表明，在股权众筹平台上榜的公司利润较低，债务水平过高，并且拥有的无形资产多于未在这些平台上列出的匹配公司。因此作者提出，当公司的内部资金和债务能力用尽时，公司才在股权众筹平台上进行融资，即股权众筹平台是公司融资的"最后手段"，与传统的啄食顺序理论保持一致。这些发现也可能解释了那些未能成功搜索股权众筹的公司的相对较高的失败率。该文希望这项研究能够进一步激发学者们继续调查企业家对股权众筹的需求及其对后续公司业绩和增长的影响。

该文的主要贡献在于通过股权众筹融资模式的出现来检验和扩展啄食顺序理论的界限。此外，研究很难解决信息不对称问题（啄食顺序理论中融资行为的真正驱动因素）和企业家保留控制的意愿，这两者都可能导致观察到的啄食顺序。股权众筹背景允许学者在严重信息不对称问题的背景下审查可能的啄食顺序考虑因素，但控制问题有限，因为企业家通常从大量小投资者那里寻找股权众筹，因此与其他形式的股权融资相比，保留了对公司的控制权。

最后，该研究的发现具有重要的实际意义。了解寻求股权众筹的公司的特征有助于政策设计。调查结果还为人群投资者提供了新的见解，他们明显投资于一组风险较高的公司。对于那些考虑寻找股权众筹的企业家而言，调查结果显示，他们最终会涌入一群试图筹集资金作为最后手段的公司。与此观点一致，该文还表明，大约40%未能成功搜索股权众筹的公司已经失败，这个百分比是筹集股权众筹的公司的2.9倍，比筹集债务的公司高7.2倍。因此，在股权众筹活动中未能实现资金目标往往会威胁到公司的生存。

3.2.2.2　项目视觉信号

以往关于股权众筹的研究多集中在研究经济相关信号的影响,如专利情况、股权出让比例等,这些信号与企业存活状况及利润情况具有较强的相关性,也被称为高有效性信号。而与企业存活状况及利润情况相关性较低甚至不相关的信号,即低有效性信号,对于众筹投资者的影响则鲜有研究。Mahmood、Luffarelli 和 Mukesh(2019)则主要研究了低有效性视觉信号对于股权众筹的影响,聚焦于企业 Logo 及其复杂程度。该文基本逻辑是复杂的 Logo 由于熟悉程度更低、独特性更强等特点,使得投资者处理该视觉信号更不流畅,从而影响到投资者对该企业创新能力的判断,而企业创新能力是投资者十分关注的企业能力,从而影响到投资者的投资决策。该文实证分为调查研究、田野研究和实验研究三个部分,证明了作者的框架及假设。

该文提出如下假设:

H1a：企业 Logo 复杂程度与投资者对企业创新能力的感知正相关;

H1b：上述影响的中介变量为 Logo 信号处理不流畅程度;

H2a：企业 Logo 复杂程度与投资者投资决策正相关;

H2b：上述影响的中介变量为投资者对企业创新能力的感知。

实证第一部分主要用来检验 H1a,作者从亚马逊机器人平台上雇用了 2630 个受试者,受试者对两个众筹平台上的 174 个真正的众筹企业评分,每个人随机评价两个即可。另外受试者分为两组,一组评价 Logo 复杂程度,共有三个问题,每个问题为 9 分量表,最后为一个 Logo 得到一个分数;另一组评价企业创新能力,共有两个问题,每个问题同样为 9

分量表，最后也为一个企业得到分数。在得到研究所需的自变量和因变量之后，该文还评估得到15个控制变量，最后得到Logo复杂性与感知到的企业创新能力显著正相关的结论。

实证第二部分主要用来检验H2a，作者从一家股权众筹平台上拿到了2015年4月—2016年1月的5427个投资者关于62个众筹项目的10611个实际投资行为的相关数据，回归模型如下。

$$Amount\ inverted_{ijt}=\alpha+\beta Logo\ Complexity_j+\Theta_1 Campaign\ Controls_{jt}+\Theta_2 Venture\ Controls_j+\Theta_3 Backer\ Controls_{it}+\Theta_4 Entrepreneur\ Controls_j+\Theta_5 Logo\ Controls_j+\mu_{oj}+\varepsilon_{ijt}$$

其中，i表示投资者，j表示众筹项目，t表示投资时间，因变量为投资数量的自然对数，自变量为Logo复杂性指标（因为第二部分的62个项目是第一部分中174个项目的一部分，因此使用了第一部分数据），控制变量分为项目层面、企业层面、投资者层面、创业者层面和Logo层面等多个层面。该文发现不论是否控制Logo层面控制变量，Logo复杂性均与投资者投资行为显著正相关。

实证第三部分在进一步验证H1a与H2a的基础上，进一步检验H1b与H2b。该文选取了一家生产智能行李箱的企业和一家从事玩具租赁的企业，对于前者通过增加Logo颜色来设置简单和复杂对照组，对于后者通过增加Logo元素来设置简单和复杂对照组。两家企业及两种Logo处理方法也可以证明结论的稳健性。该实验的受试者为200个，同样通过9分量表法对各个变量进行评估。该文通过检验发现（图3.2），复杂组的Logo不流畅程度、感知到的企业创新能力及投资者投资意愿均显著高于简单组，进一步验证了H1a与H2a。

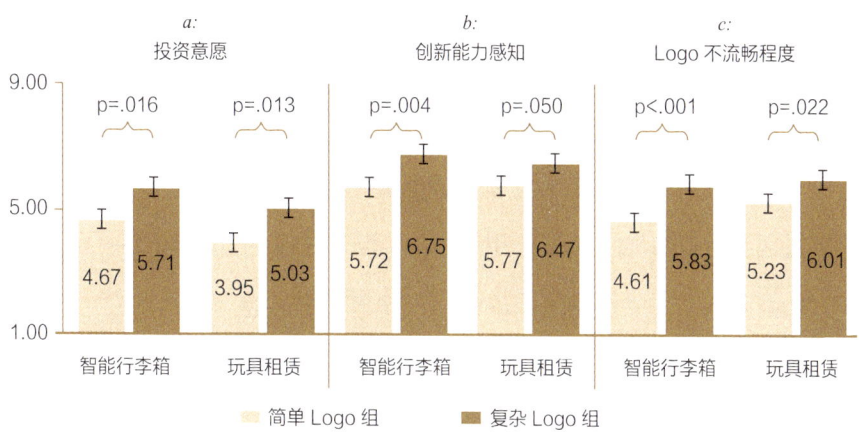

图 3.2 复杂组与简单组的 Logo 在投资意愿、创新能力感知、不流畅程度的比较

随后该文用 PROCESS 方法[①] 检验 Logo 处理不流畅程度与感知的企业创新能力分别是两个中介变量。根据图 3.3 所示，实证发现 Logo 复杂程度与 Logo 处理不流畅程度显著正相关，从而与感知到的企业创新能力显著正相关，从而与投资者投资意愿显著正相关，证明了 H1b 与 H2b。

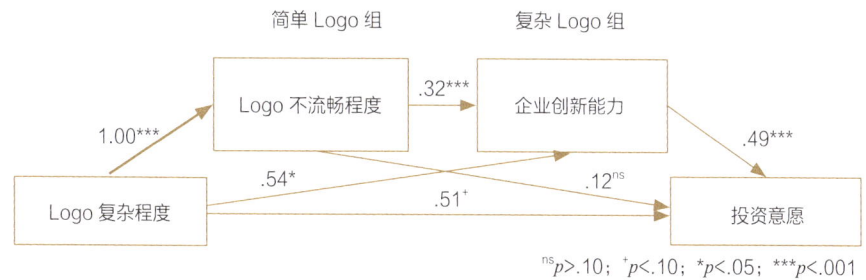

$^{ns}p>.10$; $^+p<.10$; $^*p<.05$; $^{***}p<.001$

n=200；Logo 复杂程度的间接效应的 95% 置信空间为：0.08–0.31

图 3.3 Logo 复杂程度与不流畅程度、企业创新能力、投资意愿的关系

---

① PROCESS 方法：是指基于回归的路径分析模型，常用于营销和创业领域的实证研究。

该文主要有三个方面的贡献：第一，该文拓展了众筹相关文献，证明了低有效性视觉信号，尤其是企业 Logo，可以影响投资者众筹行为；第二，该文也为投资者决策的认知基础提供了一些证据，补充了现有研究提出的投资者会使用启发法加速及促进他们进行企业评估；第三，目前研究证明企业事实上偏好使用简单的 Logo，并未充分利用复杂 Logo 带来的收益，该文也为企业实践提供了一些指导意义。

3.2.2.3 互补信号

在股权投资决策过程中，投资者面临的不确定性风险往往来源于四个主要方面：产品、市场、投资和团队。在决策过程中，企业提供的相关信号可以在一定程度上减少不确定性风险，不同类型信号之间可以起到互相验证或者互相补充的作用。

Bapna（2019）研究对技术性融资企业而言，哪种类型的信号是另一种信号的补充。该研究考察了知名客户、产品认证（由专业中介机构认证）和社会证明（即其他人对投资的兴趣）对投资兴趣的影响。这三个信号主要分别是市场、产品和投资特征的信号。

该文使用某股权众筹平台，仅研究有经验的活跃投资者。该股权平台对公司进行筛选，筛选后通过邮件将信息发送给潜在投资者。该文选取了一家科技公司，向 519 个客户发送邮件，邮件显示不同的信息组合。在实证研究过程中，关键因变量为对该投资是否感兴趣（点击浏览详情）、是否实际进行投资等。关键自变量为知名客户、产品认证和社会证明三类信息之间的组合。其中，知名客户关系指的是"该公司的项目已经被著名的公司如 BBC 等所采用"，产品认证是指"该公司已被某权威机构所认证"，社会证明是指"有超过 300 人要求尽早投资该平台"。

Bapna（2019）研究发现，产品认证和知名客户、产品认证和社会证明都是相互补充的。与没有收到任何信号的投资者相比，能够查看产品认证和知名客户信号的投资者有兴趣进行投资的可能性要高出72%，而能够查看组合产品认证和社会认证信号的投资者投资兴趣的可能性高出65%。其他信号的组合则无显著差异。因此，在技术企业的背景下，关于产品特征的信号是释放市场信号或投资特征信号价值的关键。

值得说明的是，针对众筹项目信息，不同投资者关注的信息重点不同。在众筹项目团队公布的所有信息中，不同类别的信息会吸引不同的投资者，因此，产生了不同的信号弹性（Signal Flexibility）。信号弹性的产生是因为在某种程度上，一种信号在释放潜在的质量信息、减少信息不对称过程中，对于不同类型的接受者，接受者的需求或者要求在不同的交流环境中有所不同。例如，Scheaf et al.（2018）利用Kickstarter平台项目进行研究，发现信号弹性在奖励性众筹和股权型众筹项目中有明显不同，项目的媒体报道信号对众筹结果有显著影响，但是专利的拥有对于众筹表现有副作用或者没有效果。

3.2.3 投资者的自我效能

在心理学领域，个体的自我效能（Self-Efficacy）定义为"对自己现在的行为和努力会影响未来的信念"。个体在进行决策的过程中可能会受到自我效能的影响，那么股权众筹投资者的自我效能如何影响投资结果？Stevenson et al.（2019）的研究发现，与以往的研究结果不同，自我效能对投资结果有负面影响，原因在于，自我效能高的投资者在做决策时更不会积极地去搜索信息，也更容易有群体性偏差，即尽管项目质量有负面信息，投资者还是会有从众倾向。

Stevenson et al.（2019）认为，从自我控制的角度，自我效能较高的投资者相信自己有更好的掌控能力，对自己的投资结果更有信心。作者结合已有文献提出以下假设：

H1a：投资者的自我效能与搜集信息的努力程度负相关；

H1b：投资者搜集信息的努力程度与投资结果正相关；

H1c：自我效能和投资结果的负相关关系因投资者的努力程度存在差异；

H1d：投资知识和投资结果的正相关关系因投资者的努力程度存在差异；

H2：投资者的自我效能通过搜寻信息的努力程度影响投资结果，群体效应（其他非合格投资者的投资决策）会放大这一影响。

作者利用两个实验室实验对上述假设进行检验，实验被试者是招募的大学生，只有82人，该文采用Bootstrap的方法扩大样本量。

在第一个实验中，作为投资者的被试被随机分到高/低自我效能组、高投资知识组和对照组，实验内容是向被试展示一组股权众筹的项目，询问被试"假设有1000美元，是否会投资该项目"，被试可以要求展示更多的项目信息直至作出投资决策。操纵实验被试者的自我效能的方法是在展示项目之前让被试者预测类似的众筹项目是否成功，给一部分被试者反馈"预测正确"的反馈结果。操纵实验被试者的投资知识的方法是对一部分被试者进行更专业细致的投资知识培训。实验结果支持上面提出的假设H1a～H1d，证实自我效能和投资结果的负相关关系来自搜集信息的努力程度这一渠道。

在第二个实验中，作者研究了群体效应对股权众筹投资者的影响。在上一个实验的处理组和对照组的基础上，加入了群体效应的实验组。展示给被试者的是一组低质量的众筹项目，群体效应实验组的被试者能看到其他投资者（投资经验未知）对该项目的正面评价，以及投资该项目的投资者在所有浏览人数中的比例，对照组则看不到这些信息。实验结果表明高自我效能的投资者更容易受到其他投资者行为的影响，投资低质量的众筹项目导致更差的投资收益，假设 H2 得到支持。

作者进一步比较高自我效能组和高投资知识组的投资表现，发现高自我效能组投资的高质量项目显著更少，更容易表现出群体性偏差。因此，Stevenson et al.（2019）为自我效能对投资行为的负面作用提供了证据。

3.3 捐赠众筹

众筹市场的崛起，为创业创新和风险投资提供了一个新的融资渠道。它从新兴市场逐渐成长为主流市场，逐渐成为《美国就业法案》和美国证券交易委员会的关注焦点。众筹市场是群体评价和大众集资的结合，其中的个人行为在众筹过程中的表现得到研究者的关注。

前两个章节分别对产品众筹和股权众筹的相关研究文献进行了总结，本节对捐赠众筹市场的研究进行总结。Burtch、Ghose 和 Wattal（2013）对该市场投资模式的前因后果进行了研究。

Burtch、Ghose 和 Wattal（2013）关注参与者在众筹之前的行为特征对参与者众筹决策的影响，以及和之后众筹项目的表现之间的关系，称前者为"前因模型"，后者为"后果模型"。该研究旨在分析其他参与者之前的捐赠决策对参与者捐赠决策的影响，以及这些影响在筹资阶段和项目表现的关系。

该研究数据来源于一个记者项目的众筹平台，在这个平台中，新记者或者著名记者可以在平台发布众筹项目，最初可以只是一个初步的提议，平台的其他人可以出资支持该项目，发起记者完成项目，将文章发表出来，则项目成功。因此，这里就有两个阶段，从项目发起到网上发表完成，是筹资阶段。文章发表之后，这是后续阶段。这个数据集允许作者检查捐赠过程的前因后果。这里的数字新闻是一种公益形式。

作者评估了两类相互竞争的经济模型的适用性，这两类模型解释了在社会信息存在的情况下私人对公益的贡献：替代模型和强化模型。作者还提出了一种新的衡量方法，它可以同时反映出其他人的贡献行为的数量和时间：捐赠频率（单位时间的美元数）。另外，作者发现了支持替代模型的证据，该模型表明了部分挤出效应的存在，当贡献对接受者变得不那么重要时，贡献者的边际效用可能会因贡献而降低。

该研究数据来源于该众筹平台提供了项目信息，并通过开发的一个软件追踪了 2009 年 8 月—2011 年 1 月项目的所有记录，包括网页流量信息等。作者分别构建了"前因模型"和"后果模型"来研究筹资阶段和后续阶段的捐赠决策影响。

该研究表明该众筹市场的初入者主要属于利他主义者。此外，研究发现，在融资过程中，一个投稿获得的曝光度，与故事发表后的读者人数正相关。这似乎证实了一个普遍的观点，即众筹模式的一个关键好处在于它提升了群体认知、吸引了群体注意力。

4 另类数据

另类数据的快速发展为学术研究提供了新的机会和有利条件,另类数据既可以作为传统数据的补充来更深入地研究原来的问题,完善现有的研究,更可以用来研究以前由于数据限制而无法研究的问题。同时,我们也可以使用另类数据和新的研究方法如机器学习来研究新的问题。近年来,基于另类数据的学术文章迅速普及,涉及以个体、企业、宏观为研究对象的各个领域。本书将针对个体消费者行为、企业决策与信息含量问题、宏观经济研究等问题对现有研究中的研究结论进行总结。

4.1 大数据与社会科学研究

在数据时代,人们的一切行为几乎都会留下数字化痕迹,对这些痕迹的汇总和分析可能改变我们对生活、组织和社会的认识。收集和分析海量数据的能力给自然科学领域带来了很大变革,但在社会科学领域,数据驱动的学科发展要慢得多。由于数据可获得性的限制，计算社会科学（Computational Social Science）可能只能在一些私有公司和政府部门的小范围内发展，也存在研究结果无法被复制的问题。在开放的学术环境下，计算社会科学在增进对个人和社群的理解方面有哪些价值？哪些因素阻碍了计算社会科学的发展？Lazer et al.（2009）讨论了计算社会科学（Computational Social Science）的发展前景及发展过程中存在的障碍。

当前关于人际交往的研究主要依赖于自我报告的主观数据，新技术使得对互动关系实施评估成为可能。例如，通过电子邮件的往来观察群体之间的互动情况，能够判断群组关系是否发生明显的变化，哪种互动关系能够提升群组的工作效率，个体接收的新闻和内容的多样性能否影响个人能力和表现等。还可以使用可穿戴设备捕捉人际交往中的个体行为和集体互动方面的变量，用于研究社交模式与工作效率之间的关系。

这些数据也提供了从宏观层面上了解社会网络的基础。例如，通信公司积累了客户的通话记录，诸如 Google 和 Yahoo 之类的电子商务门户网站则有世界范围内的即时通信数据。这些数据是否能全面描绘社会层面的交流模式？这些互动以什么方式影响经济生产力？关于这些问题的研究，互联网提供了与之前的小范围调查完全不同的研究渠道。其中，社交网站提供了一个独特的场景来了解个体在网络中的角色对个人偏好、情绪、健康等各种现象的影响，而自然语言处理技术则提供了组织和分析大量信息的能力。简而言之，计算社会科学正在以前所未有的广度、深度和规模来利用收集和分析数据的能力形成社会科学领域新的研究范式。

然而计算社会科学的发展还存在巨大的制度障碍。计算社会科学与自然科学最大的不同在于，其在使用个体数据时存在隐私方面的问题。在物理学和生物学的研究中，夸克和细胞既不介意我们什么时候揭露它们的秘密，也不抗议我们是否在发现过程中改变其环境。在基础设施方面，从社会科学到计算社会科学的飞跃要比从生物学到计算生物学的飞跃更大，这很大程度上是由于数据的使用需要寻求许可和加密的要求。很多社会科学的数据都涉及个人信息（例如，手机和金融交易信息），需要特别关注共享个人数据方面的潜在风险。正确管理隐私数据至关重要，需要行业和学术界之间共同协作，在涉及隐私权的问题上处理不当可能会扼杀计算社会科学这一新生领域。

最后，Lazer et al.（2009）提出，计算社会科学的出现与其他新兴的跨学科领域一样，都需要建立一种培养新型研究人员的范式。最初，计算社会科学需要成为社会学家和计算机科学家共同的工作。从长远来看，有待探讨该学科的研究人员应是专业的计算社会科学家，还是由具有计算机技术的社会科学家和具有社会学素养的计算机科学家组成的团队。认知科学的出现和发展为计算社会科学的发展路径提供了有价值的参考。认知科学涉及的领域从神经生物学到哲学再到计算机科学，以交叉学科的方式在研究上取得了巨大进步。

与 Lazer et al.（2009）相似，King（2011）也发表了关于"数据丰富"时代社会科学研究的未来的观点。King（2011）提出，科学家总是会低估科技的发展速度。目前，社会科学领域可以获取的数据已经极大地超出了几十年前社会科学家对于信息丰富度的预测。其原因之一在于计算机技术的发展。随着计算机技术的革命，更多的数据可以被记录下来。其次，人们获取数据的来源也更为丰富，既包括政府部门，也包括商业部门。此外，生物科学与计算机科学的技术也被大量引入到社会科学的研究中。

值得注意的是，数据的丰富为诸多研究带来了全新的机遇。以调研市民的观点为例，以往要使用调查问卷的方法随机挑选1000个或者更多的市民，而现在的社交媒体一天就能更新超过一亿条信息，并且研究者可以通过文本分析的方法对相关文字进行识别。

然而，这样的机遇也带来了诸多问题。其中，最值得注意的问题有两方面。

一方面，以学术造假为代表的学术伦理问题需要引起重视。商业部门收集的数据往往具有敏感性，几乎没有外部研究人员可以获取这些数据。即使研究人员获取了这些敏感数据，商业部门也会要求研究人员在完成研究后销毁数据，因此，科学复制几乎是不可能的，这极大地降低了学术造假的概率。

另一方面，被调研者的隐私权也是值得注意的问题。数据的丰富来源于多个渠道。首先，数据的获取方法已经很丰富。例如，研究人员可以通过手机获取被研究者的地理位置，通过选民登记获得政治偏好，通过信用卡信息获取消费信息、通过电子医疗记录获取健康信息等。其次，部分社会科学文章的数据与代码已经初步开始对所有学者进行共享。实际上，对于美国而言，研究者只要结合出生日期、性别和邮政编码就足以识别87%的美国人口。因此，数据匿名化的传统策略并非足够有效。数据丰富度可能会进一步加重隐私问题的顾虑。

如果隐私可以得到适当的保护，那么，数据共享也会带来更多的发展机遇。针对在促进数据共享并同时保护隐私的同时，研究人员该如何利用新数据，King提出了以下建议：

第一，应该建立学术信誉机制，提倡所有学者将数据上传，并赋予作者权力一次性决定对满足何种学术信誉水平的学者进行共享，而非现在的临时决定模式。第二，应该鼓励学术复制行为，期刊也应该鼓励数据共享与复制行为，学校要对学生进行教育，建立起数据共享与复制以往研究意义的认知。第三，需要继续研究增强隐私的数据共享协议并更好地与政府官员沟通，因此，社会科学研究人员可以更频繁地使用隐私数据，并取得更多有意义的结果。第四，学术界应该开发出所有学科通用的数据共享方案，社会科学的研究更加依赖于跨学科之间的合作，数据共享所涉及的不仅仅是将数据放在网站上，更要让各个学科的学者可以方便地使用。第五，法律部门应该利用现有的知识产权法律体系制定出针对数据的保护法，这样会极大降低数据分享的成本。

数据的丰富为社会科学的研究带来了全新的机遇，同时也带来了诸多问题。学科的健康发展绝不是单纯地呼吁学者对数据进行共享，只有建设好足够的基础设施，数据丰富的社会科学才会拥有更好的未来。如果能够解决关键的挑战，人类行为与社会的新数据会带来新的机遇。

4.2 消费者行为

4.2.1 消费者平滑消费了吗？

经济学中的经典理论认为，为了最大化个人效用，个人应当综合利用现金管理、储蓄、借贷等多种手段来平滑消费，因此，个人消费与获取收入的时间应该是不相关的。但是过往的实证研究却发现与这一理论预测不符，即个人的支出仍然受到可预计的收入到账的影响，不少实证研究发现个人消费与获取收入的时间是高度相关的，即 Hand-to-Mouth Behavior（随到随用）。这一问题对政策制定者来说是一个重要的问题，因为制定经济政策时需要知道消费者的边际消费倾向如何，即个人会如何对自己收入的变化作出反应。

以往的研究的数据质量都并不十分高，因为大部分是调研数据，存在精准度差、范围小、频率低等问题。Gelman et al.（2014）试图利用消费者真实交易数据来研究消费者预期的收入的实际到账时点是否对其消费支出有所影响。

Gelman et al.（2014）在研究中利用了一个新数据，即个人的实际交易数据，包括高频的收入和支出数据，来自一个金融服务终端应用"Check"①。这一终端应用的美国用户在2012年有150万，用户可以把自己几乎所有的银行账户、信用卡、水电费账单等连接到这个终端应用上。这个终端应用可以连接到这些账户，获取账户里的信息，并以日频率更新。

Gelman et al.（2014）使用的样本是 75000 个 Check 的用户，这些用户至少有 300 天连续使用的记录，有至少 1 个银行账户或信用卡账户。其中，只有 23000 个用户以固定频率获得收入，因此，该文的分析集中在这些用户。相比于以往的研究，Gelman et al.（2014）的研究数据精准度更高、频率更高，克服了以往使用调研数据的缺点。

根据实证检验，Gelman et al.（2014）发现在工资到账当日，个人总消费在平均日消费的基础上大幅度增加 70%（作者称为过度敏感性，即"Excess Sensitivity"），且在接下来的 4 天内都保持在较高水平。对这个

---

① https://check.me.

在收入到账日消费者高额消费的现象，作者认为这种效应大部分是由于常规收入和常规支出的时间碰巧是重叠的这一因素导致的。例如，消费者可能会把非一次性支出的付账日设定在发薪日，这些非一次性支出包括房租、学费等。通过分析，Gelman et al.（2014）发现这类因素可以解释上述现象的 40%。此外，作者使用消费者在快餐店和咖啡店的消费来衡量可以很容易平滑的消费。发现这类消费在收入到账日的增长并不明显，即消费对收入的过度敏感性非常有限，这说明传统理论仍然可能是对消费者行为的一个好的解释。

为了研究该现象的影响机制是否来自消费者的流动性约束，该文作者进一步根据消费者受到流动性约束的大小进行分类，然后对各类人群进行分析。发现对于受到流动性约束大的消费者，其消费在收入到账日的超额增长更为显著，即消费对收入的过度敏感性更高。而对于流动性充足的消费者，消费在收入到账日的增长并不明显，即消费对收入的过度敏感性有限。以上结果说明消费者的流动性约束可能是影响消费者是否平滑消费，尤其是在收入到账日超额消费的重要原因。

相比于这类将消费者未完全平滑消费归因于个人或家庭的流动性约束的研究，Olafsson & Pagel（2019）利用来自一家财富管理软件（Meniga App）的个人收入、消费等数据，发现流动性约束并不能完全解释消费者是否平滑消费的问题。

Meniga App 是一款欧洲的金融管理服务提供商龙头产品，可以汇总客户在欧洲的银行和金融机构的所有信息，也允许客户在该终端应用上直接操作各个银行账户。在冰岛的常住人口中，有大概 20% 的人通过使用 Meniga App 进行个人财富管理，该终端应用可以提供个人的收入和消费流水信息及个人年龄、家庭等背景信息。

Olafsson & Pagel（2019）利用该终端应用的全体冰岛用户在2011—2015年的数据进行研究，利用OLS回归模型发现：（1）无论是低收入群体还是高收入群体，个人消费水平对获取收入的时间十分敏感，即获得收入当天的消费水平远高于其他时间的消费水平，这个结果既适用于常规收入，也适用于非常规收入；（2）流动性约束无法解释上述结果，因为遭受流动性约束的人群在样本中所占比例太低；（3）通过研究个人持有现金与收入的相关性，该文再次发现当期和未来的流动性约束均无法解释上述结果。

总结而言，Gelman et al.（2014）和Olafsson和Pagel（2019）的实证研究结果表明，个人消费水平与获取收入的时间是高度相关的，具有Hand-to-Mouth Behavior（随到随用），说明消费者没有平滑消费，这对传统标准的消费和储蓄跨期模型的推论再次提出了质疑。Gelman et al.（2014）发现消费者在不同消费商品类型上的平滑消费行为有所不同，而且流动性约束越强的消费者在收入到账日当天的超额消费更为显著。而Olafsson和Pagel（2019）的发现表明消费者是否平滑消费无法完全由流动性约束所解释。

4.2.2 线上搜索预测消费行为

消费者搜索是互联网市场分析研究的前沿领域，目前已积累了较为丰富的研究成果。随着互联网和大数据的蓬勃发展，消费者的消费行为与其在线上的搜索行为的联系越来越紧密，消费者今天在网络上搜索的内容，可能就是其未来的真实消费。因此，网络的搜索数据可以在一定程度上预测消费者的行为，Goel et al.（2010）利用消费者线上搜索数据试图研究该问题。

Goel et al.（2010）的研究基于三类数据，即电影搜索数据、视频游戏搜索数据、音乐搜索数据。电影搜索数据和视频游戏搜索数据是通过提取搜索引擎的 url 中的唯一电影标志符或特定游戏标志符，将此搜索行为映射到一个电影或一款游戏中；音乐搜索数据是基于雅虎音乐上的数据，因为音乐的名字较短且特征较难对应。

电影排名相关的数据（包含收入、预算、放映数量）是从互联网电影资料库（Internet Movie Database，IMDb）获得的。视频游戏的销售和评分是从领先的视频游戏销售网站 VGChartz（Vgchartz.com）获取的。音乐是基于 Billboard 发布的 100 首热曲，通过 Billboard Developer API（developer.billboard.com）并包括艺术家、歌曲标题、排名和 100 首热曲的发布日期。

通过构建回归模型进行实证分析，Goel et al.（2010）发现网页检索数据能提前预测用户在未来的集体行为，但搜索数据的预测对于不同的数据集有着不同的效果。对于电影热度的预测，搜索数据的预测模型显著高于基准模型；对于视频游戏的预测，搜索数据预测模型对于非续集的游戏效果较好而续集游戏效果较差；对于音乐热度的预测，搜索数据预测模型的表现低于基准模型。

不同的预测效果可能有以下几个原因：第一，不同领域关注的人群数量有巨大差别，即不同对象整体的市场规模不同，电影市场规模明显大于音乐市场。第二，不同领域与搜索行为关联的紧密程度不同，如消费者搜索电影是基于购买电影票、选座位的需求。第三，一些领域较难将搜索映射到具体的对象，如音乐的搜索，消费者在搜索一首歌时有可能是使用歌手的名字进行查找的，因此，会导致搜索难以映射到歌曲上。

基于搜索的预测模型具有潜在的价值，即使是性能上的一点点提升，对于一些应用如财务分析来说也有巨大的价值。搜索数据相比其他类型的数据而言，简单、易获取，不需要繁琐的采集和审批流程。且搜索数据可以同时进行多个领域的收集，并进行多个维度的分析，在速度、便利性和灵活性上都具有很大优势。

消费者的搜索不仅可以预测其未来真实消费行为，也可能与线上商品的价格相关。目前，全球范围内的网购市场发展迅速，电商平台之间的竞争日益激烈，这可能会促使网上交易市场中的价格离散程度降低，但随意观察各大电商平台上的同类商品价格会发现，价格差异仍然存在。那么，价格离散的潜在原因是什么？针对这一问题，Jolivet 和 Turon（2018）基于一种新的结构性评估方法，提供了消费者偏好和搜索成本重要性的实证证据。

Jolivet 和 Turon（2018）的实证数据来源于法国最大的电商平台 PriceMinister。PriceMinister 网站类似于淘宝，主要为卖家和买家提供在平台上进行新产品和二手商品的在线交易服务。该平台在 2010 年的注册用户有 1100 万，销售产品超过 1.2 亿件，商品涵盖书籍、数码电子产品、衣服鞋类、家居家具、食品、美妆洗护等种类。该文主要关注 CD 产品，选取 2007 年第三季度该产品的所有交易数据，共产生 77753 笔交易，涉及 23538 个卖家，25818 种产品和 145823 个广告。其中，广告中的非价格因素包括产品和卖家的特征如产品状况（新的或用过的）、卖方的地位（专业与否）、卖家声誉及卖家规模（卖方完成的交易数量），这些特征可以反映出消费者偏好的异质性。通过数据分析，作者发现，51.5%的交易中，出售的广告商品并不是最便宜的。此外，当消费者不买最便宜的广告商品时，他们会选择比最便宜的广告商品平均贵56%的产品。

基于序列搜寻模型，Jolivet 和 Turon（2018）针对互联网上的消费者偏好和搜索成本进行了结构性分析，发现消费者在偏好和搜索成本方面的异质性可以解释价格离散，同时这也决定了消费者搜索的内生顺序。Jolivet 和 Turon（2018）证明了最优搜索——购买策略可以用一组不等式来表征，这些不等式可以通过交易和广告数据来进行验证。该文表示，他们的模型能够用消费者偏好（MWP值）和搜索成本捕捉到消费者76%的搜索和购买行为。

Jolivet 和 Turon（2018）的贡献在于：首先，该文不需要依靠搜索行为的数据来识别搜索成本和消费者偏好，因此，可以在只有交易和广告数据的应用程序中广泛应用。其次，创新性的采用了一种经验方法，这种方法允许考虑消费者偏好和搜索成本的异质性以建立一个非常灵活的模型，来捕捉广泛的搜索行为。最后，丰富了消费者搜索文献。考虑到这些不同的搜索成本和消费者的偏好，Jolivet 和 Turon（2018）认为他们的研究自然会引发与卖家定价行为相关的问题研究。

4.2.3 支付方式

智能手机的普及快速地扩展了移动终端市场，巨量的移动终端交易也促进了新型支付方式的进步。Wang 和 Wolman（2016）利用2亿笔零售店交易数据对比了支付方式与现金使用的情况，Jack 和 Suri（2014）则针对移动支付方式对用户风险分担的影响机制进行了探讨。

美国的支付体系在过去几十年发生了巨大变化，支付方式从现金、支票等纸质工具逐步转移为借记卡、贷记卡等信用卡形式。大量文献研究了消费者的支付选择。通过这些研究，学者们了解到消费者支付习惯的变化、支付系统的运作和支付对货币的需求。然而，这些研究的不足之处在于：普遍使用问卷调查数据，而问卷调查数据的样本量较小，也缺乏对交易地点和交易时间的记录。

Wang 和 Wolman（2016）弥补了以往文献在数据上的不足，利用零售商实际交易的数据，研究了三个问题：（1）交易金额和所在地区对消费者支付方式选择的影响；（2）支付方式选择在一周内和一个月内的变化情况，即在每周的 7 天中和每个月的 30 天中，每天不同支付方式的占比是否有差异；（3）支付方式选择在一年内的变化趋势，即从 1—12 月，每个月不同支付方式的占比的变化趋势。

Wang 和 Wolman（2016）的数据来源于一家大型折扣零售商的交易数据，拥有数千家商店，覆盖美国大部分州。这些商店出售各种价格范围的各种商品，家庭消费品如食品和健康美容用品占销售额的大部分。每一条数据代表每一笔交易，而不是个人。时间段为 2010 年 4 月 1 日—2013 年 3 月 30 日。对于每笔交易，数据字段包括付款方式、时间、地点和金额。

在实证过程中，Wang 和 Wolman（2016）的基准回归包括两组回归。第一组回归的因变量是每个地区每天的交易中，每种支付类型的金额占该地区当日交易总金额的比重。自变量是每个地区每天所有交易金额的中值。第二组回归将数据根据交易金额分成不同的组,对每组分别做回归。基准回归的结果是:(1)金额越大,使用现金支付的比例越低,非现金支付的比例越高;(2)从跨地区的角度看,交易金额越大的地区,现金支付占比越低,非现金支付的比重越高。

在基准结果的基础上,该文作者继续对用户选择支付方式的机制进行研究。首先,为什么交易金额会影响支付选择?作者假定每个消费者都有一个关于交易金额的心理阈值。如果交易金额低于阈值,就使用现金支付;如果交易金额高于阈值,则使用非现金支付。所以,作者通过以往文献中关于阈值的理论模型,估计了该文数据中消费者的阈值分布。估计的阈值分布显示:当交易金额是1美元时,该金额是低于90%消费者的阈值;随着交易金额的增加,交易金额逐渐超过消费者的阈值;当交易金额是50美元时,已超过58%消费者的阈值。因此,作者通过估计的阈值分布和交易金额的关系,解释了为什么交易金额会影响消费者的支付选择。

其次,为什么在不同地区交易选择会有差异?作者假定不同地区使用现金支付的成本不同,这影响了不同地区消费者的现金阈值分布。作者假设,影响现金支付的成本包括两项,一项是固定的成本,一项是随地区变化的成本。作者认为,随着交易金额的增加,固定的成本变得不再重要,而随地区变化的成本越来越重要。而地区间的成本差异是与地区间非现金支付的便利程度相关的。因此,作者通过这种设定并估计固定成本和随地区变化的成本的方法,解释了为什么在不同地区交易选择会有差异。

再次,作者研究支付方式在一周之内和在一个月内的变化趋势。作者通过画出一周 7 天和一月 30 天，每天现金支付和非现金支付所占比重的趋势图，分析在一周内和一个月之内交易方式的变化趋势。作者发现，每一个月内现金支付所占的比重均从月初开始下降，并且其每周的变化趋势相同；现金支付在一个月内和一周内的这种变化趋势随交易金额的增加而变得更加明显；消费者受到财务约束和消费者资金池的变化是解释一和二中现象的两个重要因素。

最后，作者研究支付方式在长时期内的变化趋势。通过画出现金、支票、借记卡、信用卡四种支付工具在 12 个月中每月交易总额中的占比，描绘支付选择的长期变化趋势。作者发现，12 月和节假日现金使用量上升，借记卡使用量减少，而节日后信用卡使用量下降；长期来看，现金和支票的使用量下降，借记卡和信用卡的使用量上升；随交易量的增加，除现金和支票外，所有支付工具的使用量均有所上升。

总体而言，Wang 和 Wolman（2016）发现使用现金的成本越高的地区，现金支付所占的比重越小。在同一个地区，随着支付金额的增加，现金支付所占的比重降低。从跨地区角度看，支付金额（以所有交易金额的中值衡量）越高的地区，支付方式中用现金支付的比重越小。此外，作者通过在每周的 7 天中和每月的 30 天中，研究每天的支付选择是否有差异，发现不同支付方式所占的比重在一周之内和一个月之内是有波动的，消费者受到的随时间变化的财务约束是造成这种支付选择差异的重要原因。最后，从长期看，消费者使用现金支付的比重逐步下降，技术的进步和消费者对现金支付成本的感知的变化可能是解释现金支付占比长期下降的因素。

Wang 和 Wolman（2016）利用零售数据研究了支付方式和现金支付，

以及长期发展趋势。Jack 和 Suri（2014）则试图从风险分担的角度研究移动支付对用户的影响。

近年来，移动支付在我国经历了迅速发展，移动支付方便了支付行为，大大降低了支付成本，成为我国人民群众在日常小额交易中经常使用的支付工具。那么，移动支付的广泛应用会对每个普通家庭的财务状况如何造成影响就成了一个重要问题。

根据传统经济学理论，对于容易获得亲友资金支持的家庭，当其遭受负面事件（如家庭成员失业、生病等）冲击时，其消费水平受到影响（降低）的程度较小。与之相反，如果家庭难以通过亲友获得资金支持，则其消费受到负面事件的影响幅度较大。Jack 和 Suri（2014）提出这样一个研究问题：使用移动支付对亲友间的"风险共担能力"（Risk Sharing Ability）会有什么影响呢？所谓亲友间的风险共担能力，指的是当面临资金短缺时，家庭从亲友处获得资金支持的能力。在发展中国家，亲友之间的资金互助，是家庭应对负面冲击的主要方法。

该文作者对非洲的肯尼亚进行了研究。肯尼亚的移动支付平台 M-PESA 由该国最大的移动运营商 Safaricom 于 2007 年创立，是全球较早的移动支付平台之一。M-PESA 的用户可以通过短信服务进行支付。成立短短三年间，肯尼亚已经有超过 70% 的成年人使用 M-PESA。

Jack 和 Suri（2014）猜想，M-PESA 的使用能降低亲友之间资金转移的成本，进而提高亲友间的风险共担能力。在肯尼亚，由于就业等原因，居民和亲友的居住地通常距离比较远。在 M-PESA 出现前，亲友之间的资金转移通常以人工携带的方式进行。人工携带将带来较高的交通成本，同时还有被盗等其他风险。M-PESA 使得通过移动端进行资金转移成为现实，极大降低了交易成本。当遭受负面事件时，家庭能更方便地从亲友处获得资金支持。

为了验证上述猜想，Jack 和 Suri（2014）通过随机抽样，在肯尼亚选择了 3000 个家庭进行了先后两轮调研。调研内容包括：家庭是否使用 M-PESA、消费、财产，在过去 6 个月内是否经历了未预期到的负面事件，以及其他个人信息等。

Jack 和 Suri（2014）实证研究显示，当遭受负面冲击之后，使用 M-PESA 的家庭的消费下降程度较低，而未使用 M-PESA 家庭的消费下降程度较高。这与 M-PESA 能提高亲友间风险共担能力的猜想是一致的。进一步利用调研数据，Jack 和 Suri（2014）还发现，当遭受负面冲击之后，使用 M-PESA 的家庭确实从亲友那里获得了更多资金收入。这表明，M-PESA 通过降低亲友间资金转移成本，提高了亲友间的风险共担能力。

4.2.4　线上团购

团购是一种通过集合一群对同一商品感兴趣的买家，以保证他们能够以相对便宜的价格购买该商品的计划。同时由于团购的提供方通常是一个第三方服务机构而不是商品的产出方。为了保证其自身的营业收益，每一次团购都必须保证有一定数量的买家愿意一同购买。Hu、Shi 和 Wu（2013）主要研究了团购提供方的经营策略及该策略对团购成功率的影响。通过理论分析，作者发现采取顺序团购机制[①]和优先开放小团体或不紧急的团购在大部分情况下能够更有效地提升交易的成功率。

同时，Hu、Shi 和 Wu（2013）也为团购公司提供了三项能够提升团购成功率的方案：第一，随时更新已加入团购的人数；第二，多采用顺序团购机制，因为它不仅能够提升团购成功率还能够刺激更多的顾客加入团购以达到更高的门槛值；第三，当团购商品数量较少时，不要使用顺序机制，因为它会导致愿意参与团购的人数减少。

与 Hu、Shi 和 Wu（2013）研究团购交易过程中企业的经营策略不同，Wu、Shi 和 Hu（2015）研究了线上团购的门槛效应的影响。

2008 年高朋网（Groupon.com）在美国成立，从事线上一日一标的优惠团购服务。自其成立以来线上团购行业呈现出快速增长的态势。每标团购优惠是否最终能实行，取决于在规定的时间内购买团购的人数是否超过预先设定的门槛。那么，应当如何设定团购的门槛，团购的门槛是否会影响消费行为，如何通过合理地设定门槛来吸引更多的消费加入团购，研究清楚团购门槛的影响机制具有非常重要的意义。这不仅为团购平台和类似团购平台的商业模式提供有益的指导，也能够为门槛效应和消费者行为的研究提供新的经验证据。Wu、Shi 和 Hu（2015）对线上团购的门槛效应进行了深入分析，主要研究团购平台为每个团购设定的最低开团门槛是如何影响消费者购买行为的。

Wu、Shi 和 Hu（2015）的研究数据来自高朋网。目前，世界上主要

[①] 顺序团购机制指团购平台向第二期进入平台的客户披露第一期购买团购的人数。同时团购机制指团购平台不向第二期进入平台的客户披露第一期购买团购的人数，因此第一期和第二期的客户都面临对方人数的不确定性。

的团购平台都实行一日多标的模式。高朋网成立早期，采用的是一日一标的团购模式。之后，随着团购行业竞争加剧和用户需求增加，高朋网才逐渐引入一日多标的运营模式。为了避免一日多标模式下混杂因素的干扰，该文的作者巧妙地利用了高朋网早期一日一标时期的团购数据。高朋网的每个团购都披露商品特征、最低开团门槛、实时购买人数等信息，这些信息的披露为研究门槛效应提供了有利条件。Wu、Shi 和 Hu（2015）通过爬虫程序[①]，爬取了 2010 年 9 月 28 日—12 月 7 日，高朋网在全美及加拿大的 86 个城市和地区内完成的 4208 项交易的数据。这套数据的具体字段包括：标的描述、成交价格、折扣力度和购买人数底线（即门槛）。其中，周一至周四的交易时间为 24 小时，周五至周日的交易时间根据其交易地点的不同，分为 24～72 小时不等。之后，作者将所有 4208 个团购数据，根据商品类别分为娱乐、运动、食品、健康、服饰等 17 个类别。最后，又根据团购商品所在地和美国统计局的数据补全了当地的人口信息和地理位置信息。

由于作者的主要目的是研究团购的最低门槛对消费者行为的影响，而最能直观地反应消费者购买行为变化的方式是画图。因此，作者首先通过作图的方式为读者直观地呈现团购购买人数和团购门槛的关系。

---

① 爬虫程序是指通过网页的链接地址来寻找网页，从网站某一个页面开始，读取网页的内容，找到在网页中的其他链接地址，然后通过这些链接地址寻找下一个网页，一直循环下去，直到按照某种策略把互联网上所有的网页都抓取完为止的技术。

因为每天团购发布的时间不同，为了读者理解和后期模型的构建考虑，作者重设了所有的交易时间，即将 0 点设置为达到开团人数要求的最低门槛的时刻。图 4.1 呈现了在最低门槛即将达到时的两个有趣的现象。左图显示了达到最低门槛前后，消费者购买的数量出现激增，即在横轴 0 点处的突起。而右图显示了第 t 个 5 分钟内新增加的购买人数和前 t−1 个 5 分钟内累积购买人数的比率关系。可以看到，在达到最低门槛前，新增购买人数和累积购买人数的比例保持稳定，即累积购买人数越多，新增购买人数也越多。而在达到最低门槛后，该比率逐渐下降。

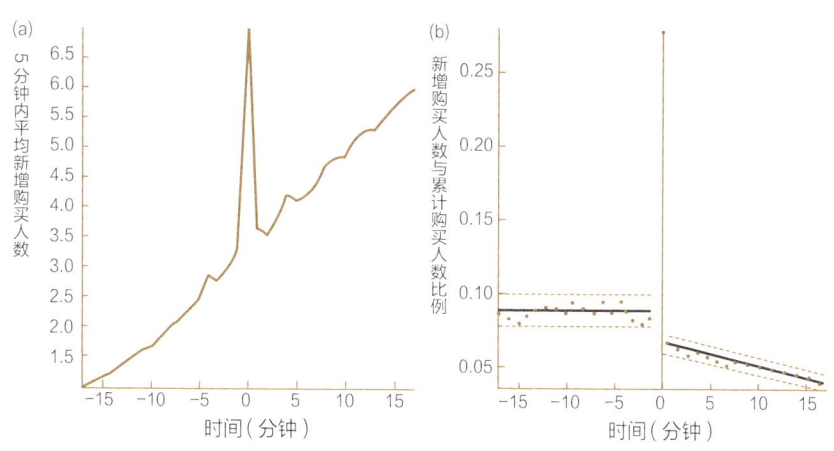

图 4.1　消费者团购行为变化

在通过作图的方式直观呈现该文要研究的问题后，作者通过回归的方式进一步验证是否存在最低门槛的这种效应。在回归部分，作者分别对所有数据做回归、分产品类别做回归、分所处地理位置做回归。结果显示，图 4.1 中的最低门槛的影响在回归分析中也都非常显著。

通过在高朋网上消费者行为和团购门槛的关系，作者得到了两个非常重要的结论。一是在购买人数接近开团最低门槛时，新增购买人数会大幅度增加，即大量的消费者会在接近达成开团人数底线时加入团购中。二是在一个团购项目达到最低开团人数之前和达到最低开团人数之后，已购买团购的人数和新增购买人数的关系有较大差异。在达到最低开团人数前，新增购买人数和累计购买人数呈现较强的正相关关系，即累计购买人数越多，新增购买人数也越多。而在达到最低开团人数后，这种正相关关系会相对减弱。

Wu、Shi 和 Hu（2015）在非常巧妙的数据和实证设定的支撑下研究了团购最低门槛和消费者购买行为的关系。但该研究也存在一定的局限性。由于作者使用的是非直接获得的个人行为数据，导致无法深入研究影响购买者行为的深层原因。另外，高朋网的标的价格采用的是统一门槛，因此，作者无法研究当团购的最低门槛改变时门槛效应的变化。

4.2.5 数字足迹与信贷违约

移动互联网时代，人们越来越多地使用互联网。在使用互联网时，会留下用户的"足迹"，即那些在访问或注册网站时留下的信息，例如用户的设备类型（手机、平板或PC）、操作系统（iOS 或安卓）等。这些数字足迹对个人信贷违约是否具有预测作用呢？Berg et al.（2019）利用德国一家线上家具企业的电子商务平台的实际业务对这一问题进行了探索研究。该家具电商平台采用先发货后付款的方式，构造了类似于短期消费贷的贷款环境。其信贷流程为：客户下单购买家具后，平台发货并生成账单，消费者需在 14 日内支付账单。若未在规定期限内支付，则平台将提醒三次，三次后若客户仍未支付，则将贷款定义为违约，并把贷款转入催收公司。

Berg et al.（2019）关注了 10 个数字足迹变量，分别是客户的设备类型、操作系统、邮箱运营商、进入网站的渠道、下单时间、是否允许追踪足迹、邮箱地址中是否包含姓名、邮箱地址中是否包含数字、姓名地址是否使用小写、邮箱地址是否有错别字等。Berg et al.（2019）提出前三个变量可以一定程度上反映消费者经济状况，第四、第五个变量可以反映消费者性格，后四个变量可以在一定程度上反映声誉。

该文的实证结果发现，这些简单的变量能够显著地预测违约。例如，使用苹果 iOS 系统的客户显著比使用安卓客户的违约率低；相比邮箱地址中不包含姓名的客户，邮箱地址中包含姓名的客户的违约率平均低 30%。接着，该文继续研究这些变量的边际贡献。结果发现，在控制了征信局的信用分数之后，加入这些数字足迹变量仍然能够提高模型的预测作用，说明引入数字足迹对原有信贷评分模型是很好的补充。此外，当家具公司引入数字足迹之后，客户的违约率显著下降，这一效应集中在那些信用分数较低的客户群中，而对信用分数最高的客户群没有显著影响。即引入数字足迹作为信贷评分依据之后，贷款质量得到提升。最后，文章发现，在有信用分数和没有信用分数这两类人群中，数字足迹都能够发挥作用。该文的贡献在于发现了数字足迹这种极易获得的简单信息可以帮助放贷机构提高信用审核能力，这可以降低信息成本，加快批贷速度。

4.3 企业决策

在另类数据的迅速发展过程中,可以帮助企业解决相关行业痛点。目前,另类数据主要解决的行业痛点有两个方面,一是信用评级领域痛点,二是辅助决策,包括投资决策和公司战略决策。不过,另类数据的发展用途除了这两个方面,本节还将从企业的融资成本、定价策略、招聘决策和企业创新四个角度总结相关的学术研究成果。

4.3.1 企业融资成本

企业规模的增长和信息科技的进步是近几十年经济领域的重要趋势。Begenau、Farboodi 和 Veldkamp（2018）试图建立静态模型和数据模拟的方法论证金融大数据技术的进步有利于大企业的发展,这一过程是因为大企业具有更为丰富的数据,而降低了投资者的信息不对称和大企业的融资成本。

宏观数据发现相比于小型企业,大型企业在经济活动中的占比（雇佣人数）越来越高,这个现象无法被传统的小型企业波动性高、企业的 CAPM[①] 风险模型等理论解释。该文建立静态模型,假定企业的投资决策依赖于新的股权融资,而投资者的投资行为依赖于其掌握的企业信息。在均衡状态下,企业的股权融资能力与投资者掌握的企业信息是正相关

---

① CAPM 指 Capital Asset Pricing Model。

的，即金融市场中关于企业的数据信息越多、处理数据信息的技术越强，则企业的融资成本越低。Begenau、Farboodi 和 Veldkamp（2018）数据模拟的分析结果对该结论提供支持。该文的主要研究结论是：由于大企业的历史更长、数据更多，得益于大数据技术的进步，投资者进行股权投资的不确定性更低，因此，大企业的融资成本降低，相比于小企业而言发展更为迅速。

Begenau、Farboodi 和 Veldkamp（2018）从企业融资成本的角度来研究金融大数据技术的进步对企业发展的影响，对于现有研究而言具有一定的贡献。然而，金融大数据技术对于企业发展可能还存在其他两个方面的影响：第一，企业可以依赖大数据分析技术优化企业投资和运营决策，以及提升产品或者服务质量，如为客户提供精准服务等，从而促进企业发展；第二，大数据本身是有价值的资产，企业可以针对大数据进行处理，为其他企业提供数据服务，例如数据公司等。

4.3.2 产品定价策略

在过去的几年中，互联网上存在许多价格歧视的文献。在 2000 年发生了一个特别的案例：一位客户抱怨在删除了计算机浏览器中的"cookies"之后，他发现 Amazon.com 上的特定 DVD 价格更低。而在另一份报告中，Mattioli（2012）提出旅行社 Orbitz Worldwide 向 Mac 用户展示的是比 PC 用户更昂贵的酒店。那么，用户在网上的个人信息数据真的可以有效地应用于企业的歧视定价策略吗？

Montes、Sand-Zantman 和 Valletti（2018）试图研究在竞争不完全的情况下，客户信息和隐私如何影响公司在线市场的价格目标行为。为了能够回答市场环境中消费者个人信息对价格的影响的关键问题，在该文中，作者设计了一个模型，在这个模型中，企业可以从信息中介商获得消费者偏好信息，并能据此制定不同的个性化价格策略。该文中设置有新、老两组消费者，新消费者的信息不可追溯，而老消费者的信息是可靠有效的。新消费者组可以被认为是线下消费者或者是不活跃的新线上消费者，老消费者组可以认为是比较活跃的，同时留下了很多活动记录能够被数据中间商收集，同时需要额外的消费行为抹去这些记录。其中，老消费者组可以通过支付隐私成本去消除其在信息中间商所用的个人数据，如果一个企业事先不知道一个消费者是属于哪个组，即使他已经购买了其个人信息，也不能指出这个消费者是属于不活跃消费者还是抹去了其交易历史的活跃消费者。

该模型中有三个角色：消费者、两个有竞争关系的零售商、一家数据中间商。作者分别研究了在 No Privacy（消费者不能够通过支付隐私成本消除其隐私信息）和 Privacy（消费者可以通过支付隐私成本消除其隐私信息）的情况下，并分别在垄断市场和竞争市场条件下，总共四种情况下个人隐私信息对于企业定价的影响。

以 No Privacy 下的垄断市场为例，整个交易过程分为五个步骤：（1）数据中间商发布一个数据的价格 T；（2）企业 i 是否购买数据；（3）企业 i 决定其商品的基础价格；（4）企业 i 可以提供一个定制价格；（5）消费者购买并消费。

另外，在 No Privacy 的竞争市场条件下，企业 i 变成两家有竞争关系的企业 A、B。在 Privacy 下，作者将在第 2 步后面增加一个步骤 2.5，即消费者可以选择是否支付隐私成本以消除数据中间商手中个人的隐私数据。

Montes、Sand-Zantman 和 Valletti（2018）研究了在线市场中顾客个人隐私数据对于在线市场定价行为的影响，通过设定顾客在可以支付和不能支付保护个人数据的情况的效果，还有在垄断与竞争性环境下的影响，发现将客户个人数据集中在一个公司里，是最优的价值策略。政策的制定者应该花更多的精力去抑制排他性交易，而不是保障消费者能够轻松地保护个人隐私。

4.3.3 企业招聘

在另类数据迅速发展的背景下，另类数据可以从两个角度对企业招聘产生影响，包括企业招聘员工的技能选择，以及如何利用相关技术吸引更多优秀的潜在员工前来应聘。

大数据时代来临的背景下，企业可以获得更多的信息（例如社交媒体活动、网页浏览行为、消费者情绪、移动电话使用等）用于变革内部管理决策。但是对于这类信息的分析所需要的技术手段，通常超过了企业现有的技术能力，因此，学术界和工业界越来越关心企业对"大数据"技术的相关投资的经济影响。所谓的"大数据"技术是指使得数据分析能够实现的相关技术。然而，在投资"大数据"技术的企业中，先行者面临着巨大的挑战。其中一个重要问题是，早期的拥有技术的企业，没有足够的外部专家能够指导企业应该怎样使用这些新技术。麦肯锡2011年的一篇报告指出，掌握大数据技术很困难，因而会限制企业把技术转化为生产力的速度。该文认为，掌握与技术（Technologies）互补的技能（Skills）的工人的供应量可能能够解释处于不同劳动力市场的不同公司把IT创新转化为产值速率，尤其是在一项技术早期传播的阶段，因为在这一阶段掌握相关技能的渠道很少。

Tambe（2014）研究了劳动力市场怎样影响对一项大数据技术的早期投资的回报率。具体而言，该文有以下三个假设：对新兴数据技术的投资应该集中在某些特定的劳动力市场；当在这些劳动力市场投资大数据技术时，会有更高的投资回报；劳动力市场集中带来的这些优势随着技术成熟而衰减。

Tambe（2014）使用 LinkedIn 上公布的雇主和雇员的信息，尤其是雇员的专业技术技能信息，其中能够把一些成熟技术（例如 SQL）相关技能和新兴技术（例如，Hadoop、HBase 和 Apache Pig）相关技能区分开。该文发现，从 2006—2011 年，投资于 Hadoop 这项技术能够为公司带来生产率增速提高 3%，但这种效应只集中在那些有深厚数据积累的公司，或者当公司所处的劳动力市场中其他公司也对这种技术有类似投资时（这种投资帮助培养了当地劳动力市场中具备相应技能的雇员）。当某种技术逐渐成熟时（例如 SQL），劳动力市场的集聚效应降低，因为与技术相匹配的技能逐渐能够从其他渠道获得，例如大学授课。这些发现强调了地理位置、企业投资和技能获取渠道对于解释新信息技术创新传播过程中导致生产率增长差异的重要性。

在上述研究中，Tambe（2014）从劳动力市场角度研究企业招聘对企业生产率的影响。接下来，Gee（2018）则从吸引潜在求职者应聘的角度，利用大规模田野实验，研究信息对于求职者工作申请率的影响。

对于公司和求职者来说，人岗匹配是十分重要的。从公司的角度来说，了解求职人是如何作出申请决策的，并激励大量的不同背景的求职者应聘同一岗位不仅能够增加公司选择的数量还能够扩展其选择的范围。劳动经济学领域的实验类文献普遍存在缺陷,因为这些研究大多是基于研究者自己创造的简历,并且也仅研究某一特定类型的岗位。而 Gee(2016)基于领英①的大数据进行田野实验,可以弥补这些缺陷,更贴近现实。

Gee(2016)的主要研究内容是在求职信息中加入已申请人数的信息会如何影响后续求职者的求职决策。Gee(2016)研究数据来自 2012 年 3 月,领英进行的一项为期 16 天的实验。实验中,领英将来自 235 个国家的 230 万名求职者分为实验组(占总数的四分之一)和对照组(占总数的四分之三)。这些人在实验期间浏览了 23000 家企业发布的超过 10 万个招聘广告,每个广告平均被浏览 80 次。

实验期间,领英提供给实验组和对照组的招聘广告页面只有细微的不同:提供给实验组的页面中包含职位已申请人数。该文主要研究了页面信息的不同对开始申请和申请完成人数的影响,其中申请完成变量只包含通过领英申请的人数,而开始申请变量包含同一职位系统内外申请的总量。

Gee(2018)的实证过程作者围绕两个问题展开:(1)增加关于申请人数的信息,会如何影响申请行为;(2)影响机制是什么。结果发现:相比对照组,实验组开始申请工作的可能性和完成申请工作的可能性都显著提高。

通常来说,公布申请职位人数有两种相反的影响机制:羊群效应和竞争厌恶效应。羊群效应会对求职者发出积极信号:这是一个好工作,因此,申请人数会增加;竞争厌恶效应会对求职者发出消极信号:获得

---

① 领英,是指 LinkedIn,一家以商业客户为导向的社交网络服务网站。

工作的可能性降低，因此，申请人数会减少。但是，作者发现集群和竞争厌恶机制几乎无法解释公布职位申请人数所导致的申请数量增加。因此，作者提出了新的机制。

介于寻常理论不能解释观测到的现象，作者引进了一个新的"信息增加"机制，即某一职位广告中的相关信息增加可能导致申请人数的增加。由于女性、大龄求职者和缺乏经验的求职者更有可能出现信息模糊或风险厌恶的情况，作者着重于分析信息增加机制对这三类人群的影响。在此机制下，女性和缺乏经验的求职者的处理效应的确相对较高，这在一定程度上说明该机制的有效性。

总结而言，Gee（2018）通过实验发现在招聘广告中加入已申请人数能够提升 1.9% ~ 3.6% 的申请率。公示职位申请人数不仅代价低廉，而且有助于增加其申请总数，扩展其申请人的多样性，激励求职弱势群体进行申请。这种轻微的刺激能够有效地帮助政策制定者和企业影响人们长短期的行为。

4.3.4 企业创新

数据分析技术能够促进创新，但是公司发掘这种机会的能力取决于相应的人力资本和组织性能，这使得并非所有的公司都能够充分利用数据可得性的不断增加来提高公司业绩和创新水平。近来的一项调查显示，有 59% 的公司未能利用先进的数据分析技术，尽管可以借此获得巨大利益。证据显示，一方面目前创新率在放缓，另一方面，数据分析技术进步却可以支持创新，这种"分析—创新悖论"与索罗在 1987 年提出的"IT—生产力悖论"异曲同工："我们看到 IT 无处不在，但却没有相应生产力的提高。"随着数字化和数据分析的工具变得越来越普遍，使用和投资数字分析技术及随之带来的创新和生产力的效应亟待被研究。因此，更好地理解数据分析和创新之间的关系对于理解和改善创新速度放缓和数据可得性，以及大数据工具的增长非常重要。

尽管影响数据分析和创新之间关系潜在的组织机制有很多，Wu、Lou 和 Hitt（2019）主要关注"去中心化"这一机制：即公司中的发明者在该组织中以多大的程度分散（去中心化的创新结构）。与之相反的是公司中的发明者局限在很少的一部分群体（中心化的创新结构）。作者使用 1988—2013 年 1864 家上市公司专利——合作发明关系的网络分析来构建每个公司内部的专利网络，利用基于机器学习的社区——探测算法，可以得到类似下面的结构示意图 4.2：一个节点代表一个公司的发明者员工，连线表示同一个公司内在两个发明者之间存在共同发明专利的关系。四张图分别表示 Google（左上）、Apple（右上）、Sanofi（左下）和 Roche（右下）四家公司的创新结构，可以看到，Google 和 Sanofi 两家公司呈现出较分散的创新结构，而 Apple 和 Roche 两家公司呈现出较集中的创新结构。Wu、Lou 和 Hitt（2019）认为基于以下两个原因，去中心化的创新结构能使得公司能够从数据分析中获益：第一，数据分析可以抵消去中心化的创新在识别、收集、协调和综合分散知识方面的信息劣势；第二，数据分析对于支持去中心化结构中发生的创新类型可能特别有用。对于每个公司数据分析的承载力，作者使用公司每年具有数据分析技能的员工数量来代表。

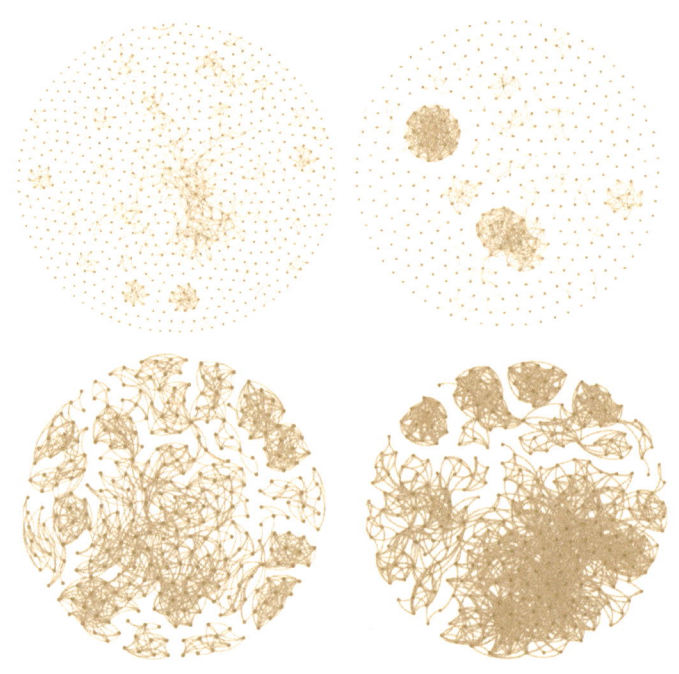

图 4.2　公司内部专利结构

Wu、Lou 和 Hitt（2019）发现，具有去中心化的创新结构的公司对数据分析技能的需求更大，并且其从数据分析能力中获得了更大的生产率方面的收益，这与数据分析和去中心化的创新之间的互补性是一致的。作者还发现，数据分析可以帮助去中心化的结构创建新的组合并重新使用现有技术，这与数据分析将不同领域知识相联系并将外部知识整合到公司中的能力相一致。此外，这种影响主要来自非发明家雇员的分析能力，而不是发明家本身。这些结果表明，数据分析对创新的好处取决于现有的组织结构。与"IT—生产率悖论"相似，这些结果可以帮助解释"分析—创新悖论"，即尽管目前在数据分析方面的投资有所增加，但创新速度明显放缓。

4.4 资产价格信息含量

4.4.1 另类数据如何影响资产价格有效性

21 世纪以来，信息技术的发展使得大数据分析被越来越广泛地运用于生产、营销、投资等经济活动中的各个方面。资本市场的投资者在大数据时代可以利用较低的成本获取大量的数据和信息，然后根据这类信息进行交易。以往研究发现，更多的数据和更准确的信息会提高资产价格的信息含量，因此，需要提升价格有效性。那么在信息科技发展的大背景下，大数据的产生和数据分析技术的发展是否一定会提升资产价格的信息含量呢？

Dugast 和 Foucault（2018）建立动态模型对以上问题进行分析，其基本假设是：海量数据的产生给投资者提供了大量原始信息或简单处理后的初等信息（Raw Signal），而要对海量信息进行深入分析或者从这些信息中筛选出更精确的信息（Processed Signal）是需要时间的。因为这个时间差的存在及市场投机者的参与，在海量数据刚刚出现的时候就有大量投资者基于 Raw Signal 进行交易，同时也有投资者选择等待，等更精确的信息出现再购买这些 Processed Signal 进行投资。

在该文模型下，资产价格的信息含量有以下两种可能的结果。

一是原始信息或初等信息的噪声太大，导致 Raw Signal 有效性较低，短期内资产价格的信息含量较低；而大量投资者愿意购买更精确的 Processed Signal 再进行交易和套利，因此，资产价格在长期内较高。

二是原始信息或初等信息的噪声较小，使得 Raw Signal 有效性较高，短期内资产价格的信息含量较高；而因为此时资产价格比较有效，因此利用更精确的 Processed Signal 进行套利的动力降低，导致 Processed Signal 需求下降，没有人愿意投资去生产更为精确的信息，因此，资产价格的信息含量在长期内下降。

Dugast 和 Foucault（2018）模型的主要结果发现，当大数据技术得到发展，使得获取原始信息或初等信息的成本下降时，市场更有可能出现第二种结果，即资产价格的信息含量在长期内下降。该文的主要贡献在于利用动态模型研究资产价格的信息含量，发现海量数据的产生和运用并不一定会提升资产价格的信息含量从而提升有效性，这为资产价格有效性的研究提供了新的视角。

相比于 Dugast 和 Foucault（2018）建立理论模型论证大数据技术的发展对于资产价格信息含量的影响，Zhu（2019）则试图利用另类数据进行实证分析，研究另类数据是否能提升股价信息含量和公司治理水平。

随着信息通信技术的不断创新，以及互联网和移动终端的普及，个人数据、商业数据、传感器数据等另类数据得以积累和留存，并得到有效利用。这类新型数据具有数据量大、实时性高、颗粒度精细和"原始"等特点，可降低信息获取成本和信息不对称，被越来越多的对冲基金、量化基金、资产管理机构等使用。另类数据如何影响资本市场也开始受到学者们的关注，Zhu（2019）发现，另类数据对盈利、收入和股票收益具有显著预测作用。基于已有研究，Zhu（2019）从两个方面进行了拓展研究：（1）另类数据是否可以提高股票价格的信息含量；（2）另类数据带来的股价信息含量的提高是否会对管理者行为产生影响。

Zhu(2019)在实证分析中使用了两种另类数据:一是消费者在线交易数据。该数据收集了消费者的在线浏览行为数据,包括用户搜索、点击、浏览、购买、支付等。二是识别汽车数量的卫星图像数据。这类数据由某家地理数据分析平台提供,该公司利用卫星图像来计算零售店停车场的汽车数量,以反映商店中的消费者交易情况。在统计停车场的汽车数量时,会减去商场员工的汽车数,还会根据季节进行调整,这对理解消费者的日常购物行为非常有用。该文数据覆盖了266家美国上市公司在2014—2016年的数据。

Zhu(2019)采取双重差分方法,将这些涵盖另类数据的266家公司与一组经济指标上相似但不含另类数据的532个对照组公司进行比较,研究结果表明:(1)另类数据的可用性显著提高了短期股价信息含量,可以有效预测未预期收入、未预期盈余及公告收益。(2)另类数据的可用性同时也显著提高了长期股价信息含量,当前的收益包含了更多关于未来收益的信息。数据更丰富、颗粒度更细的另类数据包含的信息通常不是由公司管理层公开披露的,这种信息优势有助于投资者将与长期业绩相关的基本面信息纳入价格中。此外,当老练的投资者有很强动机去挖掘信息并进行投资决策时(例如,销售非必需消费品和服务的公司、市净率更高的公司及流动性更强的公司),这种短期和长期效应更强,因为老练的投资者更可能获得另类数据。(3)投资者对另类数据的使用可显著减少管理者利用有关未来收益的私人信息进行交易的机会。受到另类数据影响的公司,其内部人士在正面盈利消息公布前购买股票的可能性更低,并且该文未发现其在负面业绩消息公布前有抛售股票的倾向。此外,即使内部人士进行交易,另类数据的可用性也会减弱内部交易与未来超额收益之间的正相关关系。(4)另类数据的可用性可以约束管理者作出更好的真实投资决策。相对于对照组公司,被另类数据覆盖的公司管理者对不断恶化的投资机会更为敏感,但在投资机会扩张时却没发现相应的对称效应。在进一步研究中,作者还发现另类数据的可用性使得那些宣布停止经营公告后的公司的超额收益更高。

Zhu(2019)的主要贡献在于研究价格信息变化及其对管理者决策行为产生的外生性影响,丰富了将价格信息和管理决策联系起来的文献研究成果。此外,该文利用消费者在线交易数据和卫星图像数据研究了另类数据是否会提高股票价格信息含量并进而影响公司管理者的投机交易和投资效率,丰富了技术创新、信息获取成本和资本市场结果方面的文献。

4.4.2 股票价格预测能力

根据上节内容中 Zhu(2019)的研究,另类数据的出现能提升股价信息含量和公司治理水平。进一步地,另类数据是否也具备公司未来财务收入和二级市场股票价格的预测能力?Froot et al.(2017)和 Huang(2018)分别利用实时销售数据和消费者评价数据对该问题进行了探讨。

Froot et al.(2017)是基于大数据背景将大数据分析与传统公司金融领域的经典话题相结合的文章。传统的财务数据缺乏及时性,而公司的披露信息又受到经理人的影响存在不充分披露的现象。而随着大数据的出现,能够衡量实时的公司销售情况的指标也得以构建。Froot et al.(2017)试图验证:基于用户搜索数据构造的实时的公司销售指标能否反映公司实际经营的状况;能否解决传统数据无法回答的问题,例如,公司的信息披露偏好、公司的盈余管理和内部人交易等问题。

具体而言，Froot et al.（2017）主要关注四个方面问题。一是实时的公司销售指标（WQS）能否预测公司的实际经营状况、盈余公告超额收益和超额收益的盈余公告后的漂移问题；二是每个季度结束后至盈余公告前的经营状况（PQS）是否会影响公司盈余公告时对本季度实际信息的披露行为；三是每个季度结束后至盈余公告前的经营状况（PQS）信息是否会在本季度盈余公告时被公司披露；四是如果第三个问题得到验证，即公司不会充分披露本季度盈余信息，也不会把PQS的信息充分披露，那PQS和公司盈余管理、内部人交易、管理层盈利预期之间是否有一定的关系。这些问题都是传统数据无法充分回答的，Froot et al.（2017）通过构建PQS这一指标，用新的数据来解决这些传统问题。

Froot et al.（2017）的特色除了研究内容上的新颖，更吸引人的是他们使用的研究数据。作者获得了从2009年3月—2014年7月的超过5000万用户的搜索记录，这些搜索记录覆盖了50家美国零售行业的公司，这些公司的类型各异，包括服装公司如GAP、餐饮公司如麦当劳、百货公司如Macy百货、超市如沃尔玛等。该文本质上是用个人手机搜索、平板电脑搜索、电脑搜索的搜索记录中抽取的地理定位信息来作为公司实时的销售情况的衡量。作者根据这些搜索记录构造了上文提到的WQS和PQS两个指标。由于个人搜索行为包含个人未来的活动倾向，以用户搜索沃尔玛为例，如果用户在手机浏览器搜索离自己最近的沃尔玛的地址，则意味着该用户很可能在未来一段时间会到该沃尔玛购物。因此，基于这个逻辑，作者用WQS衡量t季度消费者消费活力相对于前四个季度消费者消费活力均值的对数增长率，用PQS衡量t季度结束，至盈余公告前的t+1季度的消费者消费活力相对于前四个季度消费者消费活力均值的对数增长率。也就是说，WQS 用于代表 t 季度的公司经营状况，PQS 用于代表 t 季度结束至盈余公告日之前的 t+1 季度的公司经营状况。

Froot et al.（2017）的研究结论对于业界的投资实务和学术界对经理人披露行为的研究都有较大的贡献。该文发现 WQS 可以预测公司的经营指标和盈余公告超额收益，即这种根据用户搜索记录构造的指标可以成为公司经营状况的先行指标。另外，公司不会充分披露本季度的盈余信息，并且本季度的盈余信息的披露情况与 PQS 的符号相反。即季度后的经营状况越好，盈余公告中披露的本季度实际盈余情况就更低。这一发现也与经理人有平滑业绩的行为相符。该文还发现公司不会在盈余公告时充分披露季度后至盈余公告日期间的实际经营信息。最后，作者没发现 PQS 与公司的盈余管理行为的关系，但作者提供了通过 PQS 确实可以识别公司的内部人交易行为的经验证据。

公司经理人的私人信息问题和公司经理人与股东的信息不对称问题是金融学研究的核心问题。但经理人有没有私人信息、如何使用私人信息这在传统的数据中很难得到发现和验证。Froot et al.（2017）的最大意义就是通过构造衡量公司实施销售情况的指标验证了这些问题。

类似地，Huang（2018）利用消费者评价数据研究另类数据是否对股票价格具有预测能力，因此具备投资价值。对于许多直接面向消费者的公司而言，消费者是重要的利益相关者。消费者对公司所提供的产品或服务的喜好程度，直接影响公司未来的经营业绩。现在有众多在线销售平台，消费者可以在购货或者获取服务之后，评价消费感受，且这些评价对公众公开。一个自然的问题是，这些公开评论对投资决策是否具有信息价值。

考虑到以下三方面原因，答案可能是负面的。首先，单个消费者没有动机提供关于产品或服务的真实质量的信息，特别是"评论"具有公共品（Public Goods）性质，消费者可能会存在搭便车现象。其次，普通消费者可能不具备准确评估产品或服务质量的专业能力，这可能使得评论存在系统性误差，例如受到个人偏好的影响或受到其他人评价的影响而存在羊群效应，也可能受到产品广告或其他影响消费者注意力的因素的影响。最后，即使消费者的评价反映了与公司基本面相关的信息，但这些信息可能已反映到当期的股票价格中，而对股票的未来收益不具有预测能力。

在金融业界，已经有一些先知先觉的专业投资机构开始收集这些来自终端消费者的公开评论，用来估计公司的产品质量和消费者需求，并以此作为估值投资的依据。那么消费者的公开评论究竟是否包含了有效信息，是否对未来股票价格有预测能力，从而对投资决策有价值呢？

Huang（2018）从学术的角度对这一问题进行了研究。该文探讨了消费者对产品和服务的评价是否能够预测该产品的公司的未来股价。经过严谨的调查和验证，发现消费者的评价中确实含有与公司有关的有价值信息，消费者评价能够预测公司未来的收入和盈余情况。

Huang（2018）利用亚马逊网站的数据。亚马逊是美国最大的在线零售商，在亚马逊网站上购物的消费者可以对其消费产品进行 1～5 分的评价，其中 1 代表最低分，5 代表最高分。该文作者爬取了网站上从 2004—2015 年的超过 640 万消费者留下的超过 1450 万条消费评价，并将这些评价与美国的上市公司对应起来，最终的研究样本包括 346 家美国上市公司。之后，作者定义了一个衡量消费者评价变动的关键指标，即"未预期的消费者评价"（Abnormal Customer Rating）。该指标的计算方法是，消费者在 t 月对某公司产品的平均评价值减去过去 12 个月内（t-12 月至 t-1 月）消费者对该公司产品的平均评价值。

Huang（2018）实证检验了这一指标是否能预测公司股票收益。研究发现，这一指标与未来的股票收益有正相关关系，且这种关系的经济意义非常显著。作者构造买入卖空股票组合，在用四因子模型进行风险调整后，每月超额收益达到 55.7～73 个基准点。在控制了其他可能影响股票收益的变量后，未预期的消费者评价对未来的股票收益仍有很强的预测能力。

除了能够预测股票收益之外，这一指标是否能预测公司的基本面信息呢？作者检验了这一指标与公司未来的未预期的营业收入和未预期盈余之间的关系。在控制了可能对公司现金流产生影响的变量后，结果发现，未预期的消费者评价可以显著地预测未预期收入和未预期盈余。这进一步说明，消费者评价中含有与公司未来的基本面相关的信息。

为什么消费者的评论可能对股票的收益有预测作用呢？一方面，消费者的评论可能会影响其他消费者的购买决策。以往有大量文献都表明，消费者的评论会影响其他消费者对公司产品和服务的购买，这会直接影响公司未来现金流的变动，而网上购物的形式可能会放大这种影响。另一方面，尽管单个消费者的评价可能有系统性偏差，但将大量消费者的评论信息汇总之后，单个消费者的信息误差可能被抵消，因而展现出"群体的智慧"，即能够较为准确地识别出消费者群体对公司产品和服务的整体满意程度。另外，由于目前大多数投资者还未关注到消费者评论信息的价值，因而这些有价值的信息还未反映到股票价格中，因此，这些评价能够对股票收益有显著的预测能力。

以上结果说明，消费者（或者客户）也是金融市场中重要的信息生产者。和传统的信息生产者（例如股票分析师）相比，消费者生产的信息更有时效性。供货商和债权人该如何利用消费者评论信息，也许是学者们研究的下一个问题。

4.5　宏观经济研究

另类数据在宏观经济研究领域的应用主要是可以提供一些宏观产出指标的预测，例如 GDP 等，帮助预测贫困、建立消费指数等。利用另类数据来进行宏观经济研究的优势是另类数据往往更为高频、实时、全面以及比传统宏观经济数据更大的覆盖率。

4.5.1　另类数据在预测宏观产出指标的应用

在一些发展中国家，尤其是饱受战乱的热带非洲国家，只有一些简单初步的社会经济统计数据，且数据质量堪忧，更没有可靠的人口普查数据。这些国家的数据质量问题，影响了对其经济增长、贫困情况、环境质量的研究。提高发展中国家的社会经济数据质量是社会与环境研究的核心问题之一。

国内生产总值在分析经济增长时是最重要的经济指标。然而，该指标的核算有很多问题，尤其是在发展中国家，由于区域经济活动有一定的封闭性，经济一体化程度较差，价格的均衡程度较低，以及官方统计核算的水平较差，使得名义 GDP 的核算比较困难。此外，大多数国家的局部地区之间的 GDP 核算也不能保持一致。因此，一些替代官方统计核算的顾及经济增长的方法被提出来。

在另类数据中，一类是传感器数据（Data Generated by Sensors），如卫星数据。来自卫星的夜间灯光亮度是一个反映人口、产出和贫困情况的良好指标，它可以客观测量，且与产量、收入等经济指标高度相关。此外，夜间灯光亮度数据是一个与人类活动相关的独特数据集，具备时空连续、独立客观的优势。覆盖全球大多数地区且分辨率很高。在一些学术研究中，卫星亮度数据往往可以作为 GDP 的代理变量，或者用于预测相关的宏观产出指标（Chen 和 Nordhaus，2011；Henderson，Storeygard 和 Well，2012；Michalopoulos 和 Papaioannou，2013；Pinkovskiy 和 Sala-I-Martin，2016）。

在 Chen 和 Nordhaus（2011）的研究中，研究数据为 DMSP-OLS 的夜间卫星图像数据，来自美国国家海洋和大气管理局。数据采用平滑空间分辨率模式（5×5 块精细数据的平均值），分辨率为 30 弧秒，覆盖经度 180° W ～ 180° E，纬度 75° N ～ 65° S。该文根据 Penn World Table 对全球国家的分类，按照统计系统的发展情况和人口普查的进行情况将国家分成了 A ～ E 5 个等级，A 类国家有高质量的统计系统，C 类为中等收入国家，E 类为没有统计系统或其他研究资料中也未提及的国家，C 类与 D 类介于相应字母类别国家之间。

Chen 和 Nordhaus（2011）构建国家（或者区域）的总产出和夜间灯光亮度之间的关系，考虑二者回归中的时间序列误差和组间误差，分等级构建总产出和夜光数据之间的线性回归模型。从时间序列估计来看，夜光数据在 D 组的解释能力最强，约达 30%。在 A、B、C 组的解释能力较差，小于 3%。E 组样本规模太小，不能有效估计。从组间估计来看，不同组之间的差异不大。比较不同组的夜光对总产出的解释能力发现，利用国家数据的效果比较好，而使用地理分区的效果较差。该文将 DMSP-OLS 的夜间卫星图像数据集中的亮度代替标准产出度量，希望通过亮度的测量可以改进区域的产出估计。发现在统计系统 D 级或 E 级的国家效果最好，若统计系统提升到 C 级或 B 级，则替代效果不佳，夜光数据对统计数据缺失国家的 GDP 估算能够发挥十分显著的作用。

类似地，Henderson、Storeygard 和 Well（2012）则利用从卫星获取的夜间灯光数据来衡量经济增长水平。具体而言，利用"夜灯"的变化来衡量经济增长。夜间灯光亮度的增长为长期 GDP 增长提供了一个非常有用的衡量指标，同时还可以跟踪经济增长的短期波动。

Henderson、Storeygard 和 Well（2012）将夜间灯光强度的变化作为衡量国家一级收入增长的额外指标。由于夜灯数据存在很多观测误差，作者将夜灯指标与收入指标相结合，以提高对真实经济增长的估计。研究使用的卫星数据来源于美国空军防御气象卫星计划（DMSP）的卫星数据，美国国家海洋和大气管理局（NOAA）国家地球物理数据中心（NGDC）的科学家对这些原始数据进行处理，并将最终数据进行公布。

通过将对数 GDP 和国家净夜灯覆盖率画在直角坐标系中，发现二者具有明显的线性关系。而二者各自的增长率的线性关系更为明显。进一步分析夜光亮度增长和经济增长的波动之间的关系。加入国家增长的线性时间序列趋势后，回归的结果显示夜灯可以解释国家内部的收入差异和年内收入差异。从 1992 年 3 月—2005 年 6 月的长期关系来看，夜灯的长期增长和 GDP 的长期增长的线性关系显著。

对于中等和低收入国家，由于统计核算体系不发达，导致经济增长数据缺失严重。作者将研究方法应用于一系列被世界银行评为在编制可靠的国民收入账户和价格指数方面能力极低的国家（118 个国家）中，为它们提供了 1992 年 3 月—2005 年 6 月经济增长的新估计值。

Henderson、Storeygard 和 Well（2012）制定了一个统计框架，利用卫星夜光数据来估计收入增长指标，挖掘出某一国家的灯光亮度和 GDP 的正相关关系是非常显著的。对于所有国家来说，在无法获得详细空间层面的收入数据的情况下，光照数据可以在分析次国家和超国家层面的增长方面发挥关键作用。

Michalopoulos 和 Papaioannou（2013）则利用夜光遥感数据研究非洲国家及国家以下区域的发展水平。非洲在第二次世界大战之前，只有埃塞俄比亚、利比里亚、埃及 3 个独立的国家，其他国家的领土均为其他国家的殖民地。直到非洲独立年（1960 年）之后，非洲才脱离列强统治，至今建立了 54 个独立的国家。Michalopoulos 和 Papaioannou（2013）依托于非洲独立的特殊历史事件，试图探究国家机构和国家制度对于非洲地区发展的影响。利用这次历史事件，作者比较被划分到不同国家、地理位置相邻的同一种族的经济发展是否有显著差异，来衡量国家机构和政策对于非洲地区的影响。

Michalopoulos 和 Papaioannou（2013）主要应用了两个数据集来进行研究，其一为 George Peter Murdock 绘制的一张描绘 19 世纪中后期非洲种族空间分布的地图；其二为非洲地区的夜光遥感数据，用以替代非洲地区匮乏的经济指标数据，来源于美国国防气象卫星计划的业务线扫描系统（DMSP-OLS）。

由于经济数据的缺乏，作者使用夜光数据代替总产出数据。利用空间断点回归方法分析国家制度在边境区域的作用，解释变量包括国家制度质量、对数人口密度、对数土地面积等，发现国家制度对边境区域的经济没有显著的影响。表明非洲国家对国家制度的依存度较低，更多地依存于相近民族团体。选择撒哈拉以南的非洲种族作为研究对象，发现在排除种族固定效应之后，国家制度与地区灯光密度之间的关系并不显著。国家的执法效应和民族认同都随着距离首都的距离下降。

国家机构与民族发展之间微不足道的相关性掩盖了相当大的异质性。实际上，国家机构的效应在经济上几乎可以忽略不计，而且国家制度的划分在民族划分方面也不显著。从非洲晴雨表民主调查结果看，在远离首都的地区，执法力度逐渐减弱，民族（相对于种族）认同也与距离首都成反比。

Michalopoulos 和 Papaioannou（2013）在一个同时考虑到当地地理和文化遗传特征的新框架内，调查国家机构在国家以下非洲发展中的作用。研究者利用非洲独立前夕的政治疆界将 200 多个种族划分到相邻国家，使居住在同一地理区域的具有相似文化的不同正式机构管辖，利用匹配类型和空间回归不连续性方法。全国范围内跨越国家边界的体制结构的差异并不能解释由光密度卫星图像捕捉到的民族内部经济表现的差异。国家机构对民族发展的影响有相当大的异质性，部分原因是国家机构在远离首都的地区的作用非常弱。

衡量发展中国家的经济增长很大程度上取决于所使用的数据，许多研究使用国民经济核算中的人均 GDP，也有很多研究使用家庭调查的收入均值，且这两种来源的衡量结果之间存在显著差异。例如，从国民经济核算结果来看，印度1994—2010年经济增长100%以上，而从家庭调查结果来看，仅增长29%。那么，具体哪种方法的衡量效果更好呢？迄今为止，关于这个问题的回答大多是理论性的，Pinkovskiy和Sala-I-Martin（2016）首次采用计量方法对两者进行比较，并构建这两个指标的最优组合。

Pinkovskiy和Sala-I-Martin（2016）采集了卫星记录的地球表面夜间灯光数据，这些灯光绝大多数是由人类活动产生的，且已经被证明与经济活动相关。虽然夜间灯光测量经济活动存在误差，但该误差与国民经济核算和家庭调查的误差无关，因此，该数据可以作为一个工具来比较国民经济核算结果和家庭调查结果的衡量效果。以印度为例，1994—2010年的人均照明指标增长了112%，因此，人均GDP计算的增长率可能更接近真实收入的增长率。

Pinkovskiy和Sala-I-Martin（2016）的国民经济核算数据和家庭调查数据来自世界银行，夜间灯光数据由DMSP-OLS卫星计划收集，并由国家海洋和大气管理局维护处理。数据时间为1992—2012年，只包含发展中国家，构成国家和年份面板数据，共701个观测值，主要使用的数据均进行对数化处理。灯光数据中每个像素（1平方公里）均有代表其光度的数值，该数值是0～63之间的整数，每个国家每年的总光度指标需要对该年内不同地区的光度值加总，若有多个卫星同时提供数据，则对总光度指标对数值在不同卫星间进行平均。

首先，该文绘制人均GDP和调查均值与人均光度指标的散点图，发现两类指标均与光度指标呈现出了线性关系。从人均GDP和调查均值对因变量人均光度指标的单变量回归结果来看，两者也均呈现显著正相关关系，然而随着添加年份固定效应、国家固定效应及两类固定效应，人均GDP仍然显著，而调查均值则不再显著。在两类指标对光度指标的双变量回归结果，以及两类指标加人均发电量控制变量对光度指标的三变量回归结果中，同样人均GDP显著而调查均值不再显著，说明光度指标与人均GDP更紧密相关。

随后，该文同样将光度指标作为因变量，讨论人均GDP与调查均值的最优组合。在不包括任何控制时，真实人均收入的最佳预测中人均GDP所占权重为85%，调查均值所占权重仅为15%。添加国家固定效应之后，人均GDP所占权重超过了100%。该文通过添加控制变量、改变光度指标测量方法、改变使用的国民经济核算和家庭调查指标等方法，均不影响结果的稳健性，即人均GDP所占的权重均显著高于调查均值。该文还进行了分样本检验，如按地域分为非洲、亚洲、拉丁美洲等样本、按贫穷程度和国民经济核算准确程度分样本、按照年份前后分样本等，发现在任何子样本中上述结论依然稳健。

之后，该文还使用两类指标对于发展中国家的贫困程度进行估计，贫困率为某一特定贫困线以下占比，包括每天1美元和每天2美元两类贫困线。按照人均GDP的结果，两类贫困率分别从1992年的9.4%和31%下降至2010年的3.7%和11%；按照调查结果，两类贫困率分别从1992年的42%和71%下降至2010年的20%和48%。该结果与以往文献相近，两类指标的估计水平差异很大，该文提出人均GDP是更值得关注的，因此，也意味着贫困水平是较低的。

最后，该文将因变量替换为九类福利指标进行检验，这些指标均来自世界发展指标。因为该文虽然证明人均GDP与光度指标的相关性更强，但其是否真正与福利相关，如人均 GDP 和光度指标可能反映出浪费性军费开支或其他非生产性投资，而与人民生活水平无关。该文通过检验发现，人均 GDP 对于这些福利指标也确实有着更加显著的正向影响。

4.5.2 另类数据在预测贫穷问题的应用

除了用于测量或预测宏观经济指标，另类数据在宏观经济研究中另一个应用是预测贫穷。例如，利用卫星数据（Jean et al., 2016; Blumenstock, 2016）或手机元数据（Blumenstock、Cadamuro 和 On, 2015）。

全世界对于贫困人口的救助一直受困于人口经济学数据的匮乏。发展中国家的人口经济学数据非常重要，这些数据可以帮助政府或者其他组织分配资源，以协助改善极端贫困人口的生活状况。尽管与过去相比，发展中国家的人口经济学数据的数量与质量均获得了大幅度的提升。然而，还有绝大多数的国家难以获取准确的发展数据。这样的现象在非洲地区尤为显著。根据世界银行的数据，2000—2010 年，59 个国家中有 39 个国家对贫困情况进行了少于两次的全国范围内的调研，14 个国家甚至一次调研都没有进行过，并且，绝大多数国家的调研数据都不能被公众所获知。

消除贫困是全人类的共同使命，但其中面临的一个主要挑战就是缺乏足够的可靠数据。准确掌握贫困分布，对各国政府和国际组织制定政策及提供援助至关重要。大规模的经济普查需要花费大量的人力、物力和财力，很多贫穷国家难以负担如此高昂的调研成本，因此，这些地区的经济活动数据非常匮乏。随着科技的进步，如何高效率地突破传统调研方法的障碍成为学术界最重要的研究话题。研究者们开始尝试用其他替代数据集来对经济发展情况进行衡量并反映贫富差异，例如卫星图像数据、社交媒体数据、移动电话数据等,其中,夜间灯光(Night Light)数据的应用最为广泛。然而,夜间灯光数据在推测贫富上存在一定的局限性,它难以区分贫困地区的贫困差异。夜间灯光的衡量方法对于发达地区更易分辨,极度贫困的地区夜间灯光微弱或者完全无灯光,因此,其人口经济学特征难以衡量。

面对这种困境,Jean et al.(2016)对此方法进行了革新,构建了新的机器学习的方法。该方法能够在高分辨率日间卫星图像的帮助下,识别不同地区的社会经济情况,并且此方法能够识别到乡村地区的村级别和城市地区的区级别,这样的精细程度对于诸多政策安排已然足够。他们的主要数据包括全球范围内的高分辨率日间卫星图像,以及部分地区的人口经济学调研数据,主要包括消费支出与资产状况。

高分辨率日间卫星图像在全球范围内都可获得,其提供的诸多地理特征与经济学相关,然而由于其非结构化的特点较为难以识别。为此,Jean et al.(2016)使用迁移学习(Transfer Learning)的方法。具体而言,共有三大步骤:第一,使用卷积神经网络(Convolutional Neural Networks,CNN)的方法对地质特征进行识别,如城市、农村、公路、河流等。第二,利用日间的地质特征对夜间灯光进行估计。第三,通过预测到的夜间灯光强度与调研数据的对比,进一步对目标国家的支出和资产数据进行预测,由此得到该地区的人口经济学状况。

为了证明模型预测的准确性,该文作者进一步使用几个非洲国家的调研数据进行验证。这些国家分别是尼日利亚、坦桑尼亚、乌干达、马拉维和卢旺达。研究结果表明该文的转移学习模型强烈预测了多个非洲国家的平均家庭消费支出和资产情况,并且该模型对于资产的预测状况要更加准确。Jean et al.（2016）的主要贡献在于模型预测的准确性更高。作者首先与2015年发表在Science上使用手机通话网络预测收入相比，该模型解释力度更好。对于相同国家卢旺达，该文模型的解释力度为0.75，高于另一篇文章的0.62。此外，作者又进一步与直接使用夜间灯光预测收入进行对比，整体而言，该模型的解释力度也更好。之所以能够有更好的预测效果，可能是由于作者新的学习方法。与以往研究不同，作者未干预利用何种地质特征用来识别夜间灯光，地质特征由机器自我学习中进行索取。

Jean et al.（2016）提出的模型可以利用廉价的日间卫星图像识别发展中国家的贫困情况，这样的方法对未来的发展有极其重要的意义。以联合国可持续发展目标为例，其提出第一个目标为全面消除贫困，即在2030年在世界各地帮助至少一半以上的贫困人口脱贫。该模型提供了一种低成本高效率的识别方法，此方法为联合国全面消除贫困提供了基本的识别工具。在该工具的帮助下，联合国可以有针对性地通过各种方式执行旨在消除一切贫困的方案和政策。

关于Jean et al.（2016）对如何精准估算出地区贫富分布的研究，Blumenstock（2016）进行了针对性的评论。Blumenstock（2016）认为Jean等人结合高精度的日夜间卫星图像和强大的机器学习算法，对尼日利亚、乌干达、坦桑尼亚、卢旺达和马拉维5个非洲国家的贫困状况进行了评估和预测。Jean等人采取多步骤"迁移学习"的方式来训练卷积神经网络模型，从卫星图像中更精准地识别出了贫富信息，在对比实验中，发现该模型的表现明显优于仅使用夜间光照作推断的模型，估测的结果更加准确有效，尤其在极端贫困地区，这一模型展现了更大的优势。

Jean等人的研究结果将会对现有的贫困衡量及瞄准方式产生什么样的影响？Blumenstock（2016）认为可能的贡献体现在两个方面：一是可以作为国家统计数据集的一种补充来源，对那些数据缺乏或展开数据调研困难的国家尤为重要；二是可以精准识别贫困人群，有助于帮扶经费或资源的精准投放。此外，Blumenstock（2016）认为不管是卫星图像数据还是移动手机数据，这类新型数据经常更新，可以对贫富变化进行近实时的估计，在推动消除贫困方面具有巨大的潜力。将最先进的技术应用于消除贫困，对整个人类社会而言具有重要意义，因为它关乎人类的生存风险。最后，Blumenstock（2016）强调，该研究成果在应用于实践之前，还需要进行大量的验证和校准。

与Jean et al.（2016）利用卫星夜光数据来研究地区贫富分布问题不同，Blumenstock、Cadamuro和On（2015）则利用手机元数据进行研究。Blumenstock、Cadamuro和On（2015）提出，可靠、定量的经济社会数据是制定政策和学术研究的基础，但现实中很多国家和地区都缺乏可靠的调研数据，尤其是发展中国家，原因各异，有的是难以负担昂贵的数据采集成本，有的可能是为了维护国家形象而不愿进行数据普查。但数字经济的发展正在改变数据的收集和处理方法，一些富裕国家开始利用卫星图像数据、社交媒体数据、移动电话数据等新型数据来绘制贫富分布地图，以服务于稀缺资源的优化配置，但贫困国家或者发展中国家的基础设施落后，新型数据十分有限，评估这些地区的贫富状况仍面临巨大的挑战。因此，Blumenstock、Cadamuro和On（2015）基于移动手机数据尝试构建高分辨率的贫困和富裕地图。

在这项研究中，Blumenstock等人使用的数据主要来源于卢旺达最大的电信运营商提供的150万用户数十亿次的通话记录,同时,他们基于该数据随机抽取了856名用户进行电话调查,并将调查的结果合并到个人手机通话数据库中。个人手机数据可反映出用户的通话情况(如通话的总次数、时间、频率等)、社交网络、移动轨迹及地理位置和投资消费等。利用机器学习的方法,可以将这些与财富相关的定量指标提取出来。随机的电话调查不要求受访者提供个人身份信息,但需要提供有关资产所有权、住房特征和其他几个基本福利指标的信息。通过结合这两种数据,他们采用监督式机器学习模型,用调查数据训练通话记录来估算这150万用户的资产情况和住宅位置,最后得到了卢旺达2148个地方(这个国家最小的行政单位)资产分布的高分辨率地图。

由于卢旺达目前缺乏如此细粒度的地区调查数据,因此,无法对上述估算的准确性进行验证。Blumenstock、Cadamuro 和 On(2015)进一步将估算结果汇总到卢旺达30个地区级别,他们发现估算结果与人口与健康调查数据(DHS)基本吻合,然而这种新的测量工具比传统调查方式快了10倍,成本仅为后者的1/50。他们认为,随着移动电话的日益普及,这种更快速与低成本的估算方法将为贫穷地区和偏远地区的经济和社会调查数据提供一种新的可能性。Blumenstock、Cadamuro 和 On(2015)的贡献在于,利用移动手机数据来绘制发展中国家的贫富分布地图,对消除贫困具有非常重要的实践指导意义。

4.5.3 线上消费数据的应用

随着电子商务的流行,一些微观价格数据可以很容易地从网上获取。这种非传统的价格数据获取方式可以为传统统计数据收集提供新的思路。

一些国家和地区的经济统计数据的真实性无法验证。而从线上数据估计经济指标可能得到比官方公布数据更为准确的数据。Cavallo（2013）以拉丁美洲的5个国家为样本，通过使用这些国家的线上电子商务的商品价格数据，估计这些国家的价格水平，并和官方公布的统计指标作比较，提供经济另类数据的研究视角。

Cavallo（2013）样本选择了拉丁美洲的5个国家，分别是阿根廷、巴西、智利、哥伦比亚和委内瑞拉。数据由麻省理工学院的海量价格数据项目（BPP）收集，爬取了这5个国家从2007年11月—2011年3月的各国最大几个超市的每日商品与价格数据，并按商品分类归纳。整个样本数据中平均每个零售商包含20752种商品，阿根廷有两个大型超市，其他各国各有一个超市。根据各国官方统计机构公布的物价指数计算方法和各商品类型的权重大小，利用在线数据计算各国的物价指数。

在巴西、智利、哥伦比亚和委内瑞拉4个国家中，线上物价指数能够逼近官方公布的物价指数及其变动。匹配得最好的国家是智利，线上平均年通胀率为3%，线下平均年通胀率为3.19%，二者的年度通胀序列的相关系数为0.97。哥伦比亚的年度线上物价水平和官方公布的也很接近。在巴西和委内瑞拉，线上物价指数能够与官方公布的指数的主要趋势相匹配，但随着时间的推移，年度通胀序列不太同步。线上物价指数和官方差异最大的是智利，而且是持续保持较大的差异。阿根廷的在线通胀率几乎是官方估计的三倍，表明阿根廷政府有操纵物价指数的嫌疑。Cavallo（2013）的一大贡献是为另类数据在经济统计指标核算上提供了新的思路，线上数据可能提供了更全面和更及时的统计来源。

数百年来，国际经济学家非常关注一种商品或一篮子商品在转换成一种共同货币时不同国家之间的价格差异。理论上来讲，不同国家之间商品贸易的"一价定律"是宏观经济学模型的基本组成部分，同时由于真实世界中存在运输成本等套利障碍，对于"一价定律"的小幅度偏离也十分正常。然而大量文献记录了商品贸易中对于"一价定律"的巨大偏离，并试图解释由此导致的各国消费相对价格或实际汇率的波动。Cavallo、Neiman 和 Rigobon（2014）则使用了商品价格的新颖数据集来阐明商品层面的及总体层面的实际汇率的决定因素及动态变化。

Cavallo、Neiman 和 Rigobon（2014）数据包括苹果、宜家、H&M 和 Zara 在每个国家网上零售店销售所有产品的每日价格。该文使用最新记录的每周价格形成一个周度数据集，该数据集包括 85 个国家超过 10 万个商品项目，时间区间为 2008 年 10 月—2013 年 5 月。网上价格有一个明显优势是能够以非常高的频率收集大量数据，同时在线销售已经在全球消费中占据很大份额，且份额还在不断增长。此外，该文提供证据表明在线价格也与零售商线下价格基本一致。因为这些公司总部设在 3 个不同国家、涉及 3 个不同行业，因此该文结论并不是由特定公司、行业或国家特征所驱动的。此外，该文同样证明了结论适用于另外 4 个服装和技术领域的大型全球零售商——阿迪达斯、戴尔、Mango 和耐克。总体而言，该文数据对于了解国际宏观经济动态具有代表性。

首先，该文证明在货币联盟（Currency Union）中，"一价定律"对于每个零售商销售的数万件商品都是适用的，这意味着商品层面的实际汇率大约为 1。而在货币联盟之外，即使在名义汇率挂钩的情况下，商品价格也往往与"一价定律"存在较大偏差。例如，"一价定律"在欧元区内保持得很好，而欧元区价格通常与实行浮动汇率的瑞典不同，也与将本国货币与欧元挂钩的丹麦不同；美国与厄瓜多尔、萨尔瓦多等美元国家的"一价定律"保持得很好，而中国香港、约旦等自身货币与美元挂钩的地区则偏差更大。这说明共同货币本身在减少跨国价格差异方面是重要的。

之后，该文引入一个新的框架将商品层面的实际汇率分解三部分，分别为商品引入（Product Introduction）时相对价格形成的实际汇率、考虑价格黏性时随名义汇率波动引起的实际汇率变动、商品生命周期内各国需求变化的各国价格调整差异引起的实际汇率变动。该文表明，商品层面的实际汇率主要反映商品引入时的相对价格差异，因此大部分"一价定律"偏差发生在商品引入时，而不是由于之后价格黏性下的名义汇率波动或者各国异质性需求导致的价格变化引起的。

之后，考虑到商品引入对商品层面实际汇率的重要性，该文还研究了相对引入价格是如何随着名义汇率波动的，并发现商品引入时的实际汇率基本与名义汇率一起变动。

总体而言，Cavallo、Neiman 和 Rigobon（2014）首次研究了"一价定律"在大量不同国家对大量不同商品的适用性。在之前的研究中，地理距离、政治和税收、语言和文化均被认为是划分市场的重要因素。相比之下，该文研究结果表明，在界定某些商品的市场边界时，货币联盟的选择更为重要。

随着移动互联网的发展和移动智能终端的普及，零售市场线上线下加速融合，消费者的购物渠道日益多元化，网上购物逐渐盛行起来。网购深受消费者青睐的一个重要原因，就是消费者普遍认为网店商品价格比实体店便宜，有些消费者甚至会"店里体验，网上下单"，"展厅现象"在世界范围内屡见不鲜。那么，线上线下同一商品是否存在价格差，价格走势又是否趋于一致？这是一个亟待解决的重要问题，因为它不仅关乎消费者的福利，而且对研究在线价格的机构和学者也具有参考价值。Cavallo（2017）利用那些既有线上渠道又有线下门店的商户，研究线上商品和线下商品的价格差异。该文数据集涉及10个国家，发现同一商品线上和线下的价格在大多数（72%）情况下是完全一致的。此外，尽管线上和线下价格波动不同步，但是在频率和幅度上是相似的。该文的意义在于，目前线上消费相比于线下消费而言比例较低，但是该文发现了线上价格和线下价格的一致性，因此，为利用线上价格进行学术研究提供了可靠支撑。

具体而言，Cavallo（2017）的数据是由作者对全球10个国家56家大型多渠道零售商2.4万种商品的网店和实体店价格展开大规模调查收集而来的。被选中调查的零售商需要满足三个条件：（1）零售商的市场份额占比位列所在国家前20名，排名信息来自欧睿国际全球零售业榜单；（2）零售商有两种销售渠道，既在实体店进行线下销售，也在网店进行上线销售；（3）零售商线上、线上所售商品具有相同的商品标识代码。最终入选的零售商有56家，包括沃尔玛、CVS健康公司、家得宝、家乐福、马莎百货、百思买、Saturn、GAP等大型零售商，其中，美国占17家，中国仅占2家，这是因为考虑到中国的"展厅现象"较为严重，会增加调查的困难程度。作者剔除了亚马逊和eBay，因为它们是纯线上的零售商，在大多数国家的零售占比并不高。

实体店价格数据主要通过人工采集。Cavallo（2017）从众包网站上（如Amazon Mechanical Turk、Elance和UpWork）雇用了370名数据搜集工作者到实体店随机收集商品价格，通过培训这些人员使用研究团队开发的手机 APP "BPP @ MIT" 来扫描商品条形码并录入价格数据，其中每个人负责扫描 10～50 个商品的条形码。接下来为了收集每家零售商的在线价格，作者为每个零售商定制了一个抓取"机器人"，这些自动机器人程序可以通过 BPP 上传的商品条形码在商家网站上自动查询该商品的在线价格及其他产品信息。最后通过商品代码将线上、线下的价格数据进行匹配，从 2014 年 12 月—2016 年 3 月，作者共收集了 24132 个商品的线上和线下价格信息，涵盖食品、服装、家居用品、药品、电子产品、办公用品等多个类别，得到 38383 个观测值。

通过对比多渠道零售商的网上和实体店的价格水平和价格变化，Cavallo（2017）发现在 72% 的情况下，同一零售商线上和线下价格是相同的，但在国家、行业和零售商层面上存在显著的异质性。在国家层面，从巴西的 42% 到加拿大和英国的 91%，美国为 69%；在行业层面，办公产品和药品线上、线下价格相同的比率最低，只有 25% 和 38%，而电子产品和服装的同价比例最高，分别为 83% 和 92%。从价格变化上来看，尽管线上、线下价格变化具有相似的频率和大小，但价格变化并不完全同步。

Cavallo（2017）还进一步对可能造成线上、线下价格差异的三个潜在原因进行了探讨。结果发现，首先，零售商的网上价格并不会随着消费者的 IP 地址变化和频繁访问特定产品的网页行为而变化，不存在在线价格歧视现象；其次，同一家零售商的不同实体店价格基本相同，造成的线上线下价格差异并不是由线下价格离散造成的；最后，零售商并不会根据亚马逊的线上价格来调整自己产品的线上价格，他们中大多数都会对线上、线下产品进行统一定价。此外，作者还发现大部分零售商在线下销售的产品，在线上也均有销售。

Cavallo（2017）的贡献主要在于它是首次对线上、线下数据展开大规模调查研究，能为消费者购物决策以及机构、学术研究提供完善的数据参考。

4.5.4 渔业收入与海盗问题

在某些特定行业中，另类数据可以发挥特殊的作用。例如，海洋生物文献表明，特定地区鱼类数量可以用该地区海洋学条件的卫星数据来估计。因此，该类卫星数据也可以用于研究渔业收入等问题。

大量的经济学文献表明，恶劣天气会导致暴力犯罪，但这一效应的作用机制尚未被完全理解。Axbard（2016）则主要关注海盗活动，并从收入机制进行解释。自21世纪初以来，海盗活动在许多发展中国家重新抬头，造成巨大损失，因此，了解海盗活动的决定因素十分重要。同时，渔民收入较低时可能会转为海盗，因为两者所需技能相似。具体而言，该文利用卫星数据构建了一个衡量当地渔业条件的月度指标，这个外生指标会影响到渔民收入机会，从而影响到海盗活动数量。该文还采用多种方法确保该影响是由收入机会驱动的，而不是其他机制。

渔民合法收入机会很大程度上取决于附近水域的鱼类数量。海洋生物文献表明，特定地区鱼类数量可以用该地区海洋学条件的卫星数据来估计。Axbard（2016）使用的是海洋叶绿素a浓度和海面温度的卫星数据，这类渔业条件可以影响到渔民收入，而对于实施海盗活动而言是外生因素（即使这些因素与当地天气有关，从而影响海盗活动难度，但天气条件可以直接控制）。具体而言，叶绿素a浓度和海面温度在某一范围时认为渔业条件好，因此某一区域的渔业条件可以用好的观测点数量比总的观测点数量来衡量，介于 0～1 之间。在该文中对于渔业条件的刻画分为线性变量和哑变量（高于均值则标记为 1）两种，因为考虑到渔业条件的影响并非线性，因此，以哑变量衡量为主。

Axbard（2016）首先验证了渔业条件指标的合理性。该文从印尼渔业加工和营销总局编制的月度报告中收集了每个市场在 2008 年 1 月—2012 年 4 月的鱼类平均月价格数据，发现渔业条件改善会降低鱼类价格，证明了渔业条件改善会增加可捕捞鱼类的数量。同时该文也收集了印尼劳动力市场调查结果，主要围绕印尼 285 个沿海地区在 2007—2010 年每年 2 月和 8 月的七轮调查数据，发现渔业条件改善可以增加渔民收入。因此可以认为，渔业条件能够影响渔民从事非法活动的机会成本。

随后，该文验证了渔业条件对海盗活动的影响。该文使用了两类样本将渔业条件和海盗活动相联系，第一个样本将印度尼西亚划分为多个 200 公里 ×200 公里的单元格，在单元格内匹配渔业条件和海盗活动数量；第二个样本中将海盗活动与印度尼西亚 285 个沿海地区的渔业条件相联系。海盗攻击数据来自美国国家地理空间情报局，海盗攻击包括已经实施的攻击、攻击未遂的攻击以及可疑的攻击。该文发现，在渔业条件较差的月份，海盗活动较多，表明了渔业条件和海盗活动之间的负季节性关系。因此，在回归过程中为了使得渔业条件变化更随机，该文主要控制了地区乘月份固定效应及年份固定效应（控制地区固定效应及年份乘月份固定效应效果相似）。该文还控制了天气条件，包括风速、浪高和降雨量的二阶多项式。该文发现，不论将海盗攻击次数还是将海盗攻击次数是否高于均值的哑变量作为因变量，渔业条件对海盗活动均有显著的降低作用。

该文还具体分析了影响机制,即渔民收入机会的变化是通过改变从事海盗活动的机会成本,还是通过提高渔民的收入来起作用。该文在模型中加入多种衡量以前渔业条件的变量反映前期的捕捞收入机会,该变量只有通过收入效应才能影响海盗行为,但不会影响到机会成本,该变量在数据结果中没有显著影响,仅侧面证明了机会成本机制。

该文还用两种方法进行了异质性分析。第一类方法使用2002年和2012年美国国家海洋和大气管理局夜间平均可见稳定光数据,利用夜间照明增长衡量当地收入机会,因为它可以提供经济状况改善或恶化的信息。该文发现照明增长快的地区渔业条件影响更小,即收入机会多的地区影响更小,因为渔民在渔业条件恶化时可以有更多的收入渠道。第二类方法使用美国渔业进口数据衡量印度尼西亚鱼类出口的需求冲击,因为美国是印度尼西亚最大的进口国。该文发现当出口需求较高时渔业条件的影响更大,因为海盗的机会成本将受到更严重的影响,而当需求很低时,渔业条件的变化相对不那么重要。

此外,该文还通过双重差分模型分析检验了打击马六甲海峡海盗行动的效果,发现打击活动显著降低了海盗活动数量且该效果具有一定的持续性。该文进一步研究打击活动的有效性如何随着收入机会的不同而变化,在双重差分模型分析模型的交叉项中加入渔业条件构造三重差分方程,发现在渔业条件差的地区,打击活动的效果更强。一种可能的解释是渔业条件较差时,潜在的海盗数量会更多,这也与该文的主体结论一致。

Axbard(2016)的研究表明,使用卫星数据(如该文中海洋叶绿素a浓度和海面温度的卫星数据)作为传统研究中的补充,对于学术研究而言具有重要意义。

5 社交媒体

5.1 社交媒体与股票市场有效性

在有效市场理论中,信息是影响市场是否有效的关键因素。然而,信息不对称现象在真实的股票市场交易中难以避免。一方面,私有信息被部分市场参与者掌握,当这类市场参与者进行交易时,私有信息在交易过程中被逐渐释放。另一方面,信息在市场上的传播也有可能存在不够及时、不够充分等特征,这取决于信息传播的媒介。线上社交媒体出现之前,传统的信息传播媒介包括面对面交流、电话、邮件、报纸、电视等。线上社交媒体在 21 世纪得到迅速发展,与移动互联网的普及相得益彰,极大地降低了信息传播成本、提高了信息扩散效率、加快了信息传播速度,因此,对市场信息有效性产生了重要影响。本节将对社交媒体与股票市场有效性相关研究进行总结。

5.1.1 大众的智慧

在消费市场上，相比于专业的评测机构，消费者们更加关注其他消费者的意见。与之相似，在金融市场上投资者也逐渐在意其他投资者的观点，而不是专业的预测者。越来越多的人是从大众传媒渠道获得投资信息，例如，2008 年有 1/4 的美国成年人就是从媒体获得相关投资消息。然而，这种大众的智慧真的会是价值相关的消息，还是只是坊间无意义的流言蜚语，甚至更糟？ Chen et al.（2014）即评估这种由投资者发布的消息的价值，以及其他投资人是否会听取这些投资建议。

Chen et al.（2014）从 Seeking Alpha 平台[①]上获得相关数据，该平台直至 2013 年 8 月都是美国最大的投资相关门户网站之一，平台上主要是投资者群体发布的投资相关的信息。投资者既可以在网站上发布表达自己观点的文章（每一个观点文章在发布前都会经过编辑和审查），也可以评价其他投资者发布的文章。该文选取了 2005—2012 年的资料，观点文章和其发布当日及第二天内对该文的评论分别来自 6500 名和 180000 名用户，涉及 7000 家企业。该文主要通过文本分析的方式来进行研究，在观点文章和评论中分别统计出所有只涉及一个证券的文章或评论中负面词汇占全文单词数的平均水平，将这两个变量作为主要关注的解释变量。另一方面，该文通过将个股匹配规模、账面市值及历史回报率相近的投资组合，以这两种资产收益率之差定义的超额收益率作为被解释变量进行研究。控制变量包括股票历史波动率、股票历史的超额

---

① https://seekingalpha.com/.

收益率,以及 IBES[①] 的卖方分析师观点等。

一方面,该文关注在加入控制变量后,Seeking Alpha 平台观点文章及两日内评论的消极程度与该只股票未来 60 天的持有期超额收益率之间的关系。数据分析表明,观点文章和评论中消极词汇占比越高,股票在这之后的 60 日超额收益率越低。在加入权威分析师的观点以后,这种负相关性质仍然显著存在,并且权威分析师负面意见的系数本身反而不显著小于 0。进一步地,该文改变作为被解释变量的持有期,从 1 个月至 3 年,发现在选取不同的估计被解释变量的时间窗口以后,上述两个反映投资者消极态度的变量系数仍显著小于 0。在这一部分分析中,该文发现大众的观点的确对价值相关的消息有显著的影响,即至少人们能够在这样的平台上相互传递有用的消息,让大家都能在证券市场上获得好的收益。另外,为了说明 Seeking Alpha 平台文章是以合理预测企业基本面推断未来收益,而非市场操作层面影响未来收益,该文又将超预期盈利(Earnings Surprise,指意料之外的每股利润)作为被解释变量,发现观点文章与评论的系数仍然显著为负,说明大众智慧的确对企业基本面有一定的判断能力。

另一方面,作者试图发掘大众观点到股票收益间的机制,主要是通过评论关注观点文章的准确性与可靠性。首先,该文以 Seeking Alpha 平台上每位作者观点文章被阅读的总页数与从头读到尾的次数分别作为被解释变量,而以该作者发表的、与随即发生牛熊情况相一致的该文占其

---

① IBES (The Institutional Brokers Estimates System) 代表"机构经纪人评估系统",其内容包括对全球公司的预测,预测数据包括每股收益、收入、现金流、长期增长预测和股票推荐等。

所发文章之比率为解释变量。分析表明，一位作者越是能够预测出短时间内的股票牛熊情况，其文章被阅读的总页数与读完的次数越高。作者认为，一方面浏览者会花更多的时间在"好"作者的该文上，另一方面为了让更多的人阅读，这些观点文章的作者也会更加用心地写作这些观点文章。之后，作者关注观点文章与其评论意见不一致的情况。在这一部分，以上述不一致情况占该作者所有文章比例为被解释变量，仍以上文提到的成功预测牛熊情况的文章比率为解释变量，该文发现一位作者越是事后不能很好预测牛熊情况，就越有可能受到反对的评论。结合第一部分的分析，该文认为在一定程度上，聪明的文章评论人可以抵消预测能力弱的文章作者带来的负面效果。

Chen et al.（2014）的主要贡献在于揭示了大众智慧对于预测个股收益的意义，为这一领域的研究提供了实证基础。

5.1.2 股票价格预测能力

关于推特在资本市场中作用的现有研究大致可以分为三类：第一类文献研究企业如何开发这个新的渠道来与投资者交流，例如，企业使用推特等社交媒体与投资者交流以减弱产品召回所引起的负面影响；第二类文献研究从推特文本分析中得到的投资者情绪是否可以预测股市的整体情况，例如，从推特文本分析得到的投资者整体模型可以预测道琼斯指数的变化；第三类文献研究推特上的投资者活动程度如何影响投资者对盈余信息的反应，例如，投资者推特活动频繁伴随着投资者对盈余信息反应更加敏感，即更高的 Beta。

与上述研究不同，Bartov、Faurel 和 Mohanram（2017）使用推特数据，

研究个人用户推文中关于企业预期的整体观点是否可以预测该企业的利润以及股价反应。该文的创新在于研究了关于某个公司的推特信息是否可以预测该公司的未来收益及股价反应。

虽然有些因素认为推特信息中可能会有一些有意或者无意的误导性，从而预测作用比较有限，例如，任何人都可以注册账号并对任何一只股票发表推文，从而使得推特信息缺乏可信度；推特用户可能出于自身利益而有意发表误导性信息；推文只能限制在140字以内，可能也制约了用户准确传递信息。然而Bartov、Faurel和Mohanram（2017）认为，推特能够提供价值相关且及时的信息来自以下几个原因：首先，推特使得投资者可以挖掘群众的智慧，有文献表明一大群人会比专家作出更好的预测；其次，推特信息来自多样化的群体，而不是一小部分特征相似的分析师；再次，推特信息更加独立，不会像分析师一样希望达到一致预期，也不像其他某些社交媒体下用户只能进行评论；最后，推文短小、易搜索及可以加标签的特点使其非常适合分享即时新闻。

Bartov、Faurel和Mohanram（2017）研究的数据区间为2009年1月1日—2012年12月31日，涵盖了3662家公司。因为企业发布季度盈余公告为观测时点，所以企业一季度观测值为34040个，另外，该文涵盖的推文条数为998495条。该文研究用户推文整体观点分别对于企业利润、企业股价反应的影响，以及企业信息环境所引起上述影响的差异。

首先，该文针对第一个问题进行了面板回归，研究用户推文整体观点对于企业利润的影响。其中，被解释变量为企业的超预期盈利，文中用了两种方式衡量：一种基于文献中常用的除去非经常项的稀释每股收益来衡量；一种则用公告中的季度每股收益与公告前最近的分析师一致预期季度每股收益的差异来衡量。核心解释变量为个人推文中的整体观点，该文使用四类文本分析的方法进行衡量。第一种先将与该公司相关的在前10天与前2天之间的每一条推文分类为积极、消极和中性，并赋予其0～100之间的可靠性水平，然后将积极推文的可靠性水平之和与消极推文的可靠性水平之和相减，并除以总的可靠性水平（单条推文可靠性水平除以总的可靠性水平相当于权重，其实就是加权平均），从而得到个人推文整体观点的代理变量。第二种至第四种方法均为消极词语的总数并取负号，然后除以积极和消极词语的总数，不同地方在于词语分类的方法参考了以往的不同文献。作者在回归过程中也控制了其他重要的股票传统预测指标，该核心解释变量的值越大，表示关于企业预期的整体观点越积极。该文发现在文中的多种场景下，二者之间均存在显著的正相关，说明用户对企业预期发表的观点越积极，企业的非预期利润越高。

其次，该文再次进行了面板回归，研究用户推文整体观点对于股票价格的影响。其中，被解释变量为企业股票的超额收益，即按照股票实际收益率持有三天的收益与按照股票预期收益率持有三天的收益之差。企业股票超额收益越高，则企业股价反应越大。核心解释变量同样为个人推文中的整体观点，用四种代理变量进行研究，在回归过程中也控制了其他重要的股票传统预测指标。该文发现用户推文整体观点和股票超额收益之间存在显著的正相关关系，即用户对企业预期发表的观点越积极，企业的股票超额收益越高。

最后，作者继续研究企业信息环境对上述相关关系的影响。作者在第二个回归中加入了衡量弱信息环境的代理变量，以及该代理变量，与核心自变量的交叉项。当公司规模小于市场上所有公司规模的中值、分析师数量小于中值及机构投资者持有股权比例小于中值时,衡量弱信息环境的代理变量取值为 1,否则取 0。作者回归结果显示信息环境较弱的企业受到推特中信息的影响会更大。

总结而言,Bartov、Faurel 和 Mohanram(2017)使用企业季度盈余公告前个人用户的推特信息,利用文本分析的方法,发现推特用户的整体观点可以成功预测企业季度盈余公告中的季度利润;整体观点也与股价对季度盈余公告期间的超额收益显著正相关;且上述影响对于信息环境更弱的企业更为显著,例如,规模更小、跟踪分析师更少、机构投资者持有更少的公司。该文结果证明了社交媒体信息对于市场参与者判断企业前景及价值具有重要的作用。

5.1.3 市场流动性

传统研究认为,上市公司公开披露信息能够降低市场中的信息不对称。然而在实践中,这些公开披露信息往往无法传播到足够广泛的投资者中。例如,上市公司经常通过第三方中介(如媒体)来传播扩散信息,但是媒体往往只关注那些高度可见的公司,因为对媒体而言,这类消息能够吸引更多的读者,而这些公司通常是大公司。所以在市场中,有相当一部分公司不能保证自己公开披露的信息真正传播到所有投资者。因此,在投资者中仍然存在信息不对称现象,即只有少部分专业投资者收到了信息,而广大的非专业投资者却没有及时收到信息。

随着线上社交媒体的发展和移动互联网的普及,新的信息技术的使用大大降低了信息传播成本、加快了信息传播速度,那么是否能减少市场中的信息不对称问题?Blankespoor、Miller 和 White(2013)研究了上市公司通过推特发布公司信息对公司股票流动性的影响。

Blankespoor、Miller 和 White（2013）使用的样本为 2009 年 9 月 30 日有活跃推特的上市公司。作者发现，通过推特发布其新闻发布会链接的公司，其股票流动性更高。具体而言，这类公司股票的异常买卖价差更小、异常深度更大。其中，市场深度是指每一个价格可供交易的股数，该指标越大代表股票流动性越好。

当考虑公司异质性的影响之后，作者发现上述效应在那些不太可见的低调的公司中效果更明显。这些公司得到传统媒体的关注较少，因而对额外的传播渠道需求更大。

Blankespoor、Miller 和 White（2013）的主要贡献在于，过往的研究只讨论信息披露对市场的影响，然而很少讨论信息传播的广泛性如何影响市场。该文的研究发现，除了信息披露的内容本身影响市场之外，信息更广泛的传播会对市场有实质性影响，例如，提高市场流动性。

5.1.4 个人持仓与信息有效性

专业金融分析师在资本市场的信息传递过程中发挥重要作用。随着网络信息的获取越来越便利，社交媒体上涌现出大量的非专业分析师，自主发布文章分享个人观点。一些学者研究了非专业分析师在金融市场中的角色，与专业分析师不同的是，非专业分析师几乎不受监管。专业分析师的一个重要约束是与研究标的没有利益相关，以确保观点的客观公正，而非专业分析师则很可能存在利益相关的情况，例如，个人持有公司股票。那么非专业分析师的利益相关是否会影响其分析结论的可靠性呢？投资者会作出怎样的反应？Campbell、DeAngelis 和 Moon（2019）

使用投资社交平台 Seeking Alpha 的数据对此进行了实证分析。

Campbell、DeAngelis 和 Moon（2019）提出了两个具体问题。首先，非专业分析师的个人持仓状况是否传达了其分析内容以外的增量信息？如果确实如此，持仓头寸可能反映了非专业分析师拥有的私人信息。相反，如果持仓状况导致分析师的观点有偏，那么其持仓状况将不会为投资者提供增量信息。其次，当非专业分析师持有相关头寸时（即利益相关），投资者是否会认为其分析结果更加可信？如果持有相关头寸可以提高非专业分析师报告的质量，那么，投资者可能会对分析师的观点作出更强烈的回应。相反，如果投资者认为非专业分析师的个人持仓导致其观点有偏，投资者对其分析报告的反应会较弱。

该文的实证研究基于 Seeking Alpha 网站上在 2006—2015 年发布的 104952 篇分析该文。Seeking Alpha 要求分析师在其撰写的该文中披露其个人持仓状况。通过对分析标的证券的超额收益和分析师的个人持仓状况进行回归分析，作者发现，在控制了该文的内容（语调、长度、严谨性等）及同时发布的新闻（如来自专业分析师的报告、媒体新闻等）后，分析师的个人持仓状况能够显著预测分析标的的短期超额回报。具体而言，非专业分析师持有的多头（空头）头寸对应 0.4%（-1.2%）的两日超额收益率。这些发现表明，投资者将个人持仓头寸视为一种有效的信号，表明分析师可能拥有关于分析标的的私人信息。

对于第二个问题，该文发现没有证据表明分析师的持仓头寸会减弱投资者对分析观点的反应，这个结果对分析师持仓头寸给分析报告带来偏误的假说进行了挑战。相反，个人持仓头寸使投资者认为其分析更加可信，表现在分析师的个人持仓头寸会放大投资者的反应。进一步的分析表明，这一结果在分析师个人持仓与其分析观点相反时，即当分析师持有多头但发表看空观点，或持有空头但发表看多观点时，更加显著。

该文还进行了若干拓展分析。首先，因为无法完全处理内生性问题，所以作者将样本限制为在股票市场早盘交易时间发布的分析文章，以排除该文的发现来自日内其他事件的影响。其次，作者发现投资者对分析师持仓头寸的反应随着文章的长度增加而增强。最后，投资者的反应在分析师首次披露其持仓状态时最强，作者认为这是由于首次披露时引入了全新的信息。

总体而言，Campbell、DeAngelis 和 Moon（2019）的研究结果表明，投资者认为非专业分析师的个人持仓表明分析师可能拥有关于标的的私人信息，这一信号提高了分析的可信度，而不是由于利益冲突使分析师观点的可信度下降。

5.1.5　企业战略性散布信息

目前，已有大量文献研究企业战略性披露的话题，如研究企业如何在季度盈余公告中使用语气、强调等技巧影响投资者认知，如企业如何战略性选择披露时点。但这些文献在检验披露决策时很少关注到披露之后信息如何散布。企业对披露信息如何散布也十分重要，会影响到公众的关注及企业的价值。

同时也有大量文章强调了散布和披露是不同的概念，披露本身也会对资本市场有很重要的影响。但这些文献没有研究企业本身是否有战略性散布信息的行为，因为传统的新闻专线等渠道无法由企业来做能否散布或者何时散布等决策,需要企业将相关材料发给信息中介,而无法控制信息是否发布及发布时间。

为了研究企业是否会利用社交媒体来战略性地散布财务信息,Jung et al.(2017)通过分析标普1500公司使用推特来散布季度盈余公告的相关数据进行检验。该文认为企业在战略性披露之后,还会进一步通过战略性散布来控制信息环境。推特为该文提供了一个独特的设定来对该问题进行检验。因为推特使得企业可以直接向粉丝发布信息,可以控制发布的时间,可以连续发布同样的信息,也可以知道准确的粉丝数目。另外,由于企业使用推特散布信息的行为是不受强制的,这使得该文可以将信息披露和信息散布分离,纯粹研究企业自发决策。

在实证研究中,Jung et al.(2017)的样本企业为2013年1月包含在标普1500指数中的企业,样本区间为2010年第一季度至2013年第一季度。该文在对比各种社交媒体的使用情况之后,选择了使用程度最广的推特进行研究;另外对比企业发布的投资者关注的各类推文中,企业盈余相关的推文最为普遍;因此,也构成了该文的研究范围。

实证部分利用截面数据先检验了企业使用推特及发布盈余相关信息的影响因素。随后在进行主体研究时,考虑到企业每季度发布季度盈余公告,因此,以每个企业每一季度为一个观测,构造面板数据。

主体部分第一个问题采用上述检验,被解释变量为哑变量,若企业在该季度发布了盈余相关推文,则取1,否则为0;核心解释变量也为哑变量,若企业该季度实际每股收益低于分析师一致预期,则取1,否则取0;超预期利润则为实际利润与分析师一致预期利润差异的绝对值。在面板回归中,作者控制了其他影响因素。该文通过面板回归结果表明当企业财务信息不良及严重程度更高时，企业选择散布信息的概率更小。随后该文将上述被解释变量换为衡量企业在该季度发表盈余相关推文数量的指标，也在一定程度上说明企业财务消息不良时，相关推文散布数量也会更少。该文随后检验盈余信息方向是否会影响企业推文发布的时间，将上述被解释变量替换为盈余公告时间与首条相关推文发布时间的间隔，没有得到显著的结论。

然后，作者检验战略性散布动机的组间差异，利用企业诉讼风险高于或者低于中值、企业个人投资者比例高于或者低于中值，以及企业推特账户粉丝数量高于或者低于中值将样本进行分组，对上述模型进行回归，发现诉讼风险更高、投资者复杂程度更低、社交媒体粉丝越多时，企业战略性散布信息的动机更强。

在检验了企业推特使用的相关特点之后，该文再次检验企业推特粉丝对于企业相关推文的反映情况。首先，将上述公式的被解释变量替换为衡量粉丝转发量及衡量粉丝转发覆盖的二度粉丝数量的指标，发现粉丝转发的相关行为与盈余信息间没有显著的关系。

其次，该文检验了企业发布推文及粉丝后续转发与传统媒体和市场反应之间的关系。发现企业发布不良盈余消息的推文，以及关注者之后的转发与传统媒体上关于企业盈余公告负面文章的数量有关，也说明了企业自身的发布动机减弱。另外，企业在社交媒体上散布信息会改善企业信息环境，但不受企业控制的用户行为则可能会有抵消作用。

最后，该文将盈余相关推文分为预告式和重述式两类，前者提醒粉丝关注未来的盈余公告，而后者提醒粉丝注意已发布的盈余公告。该文通过实证检验得到，当盈余信息不良时，企业会发布更少的重述式推文，进一步证明企业是否散布信息及散布信息的程度受到盈余信息方向的影响，企业存在战略性散布信息的行为。

总结而言，Jung et al.（2017）的研究表明，当企业财务信息不良及不良程度越严重时，企业选择散布信息的概率更低；当企业盈余公告信息不良时，企业发送相关推文的次数更少，也更少地重述盈余信息。同时，对比研究表明，当企业面临的诉讼风险更高、投资者复杂程度更低、社交媒体粉丝越多时，企业战略性散布信息的动机更强。此外，企业对不良财务信息发送推文，以及粉丝之后的转发与传统媒体发布的企业负面新闻相关，也说明了企业散布信息的动机下降。总之，以上结论均说明企业会利用社交媒体进行战略性散布信息，以控制信息环境。

5.2 社交媒体的社会影响

5.2.1 社会网络多样性对经济发展的影响

社会关系网络是社会与经济生活的基石，能够影响社会经济发展。更加具体地讲，高度集聚的、"小团体"般的社会联系会限制经济与社会从外部获得发展的能量，而异质性、多样化的社会联系则更可能获得这种能量。在个人发展层面上，已有很多文章研究了个人社交网络如何能影响他们每个人的工作机会、工资和议价能力等。然而，在很长一段时间，并没有合适的数据来量化和研究这些社会联系究竟多大程度上影响到经济与社会的发展。社会关系网络对经济社会的影响是非常重要的，理解它们能够帮助政策制定者从全新的角度思考刺激经济发展的战略。Eagle、Macy 和 Claxton（2010）利用英国全国的电话数据对这一问题进行了探索。

在该文的实证研究数据上,描述社会关系网络的部分由英国在 2005 年 8 月的全国电话数据组成,包括了 90% 以上的移动电话和 99% 以上的民用、商用固定电话,涵盖 6500 万个节点与 3.68 亿个社会关系,覆盖 1992 个电话联系区域。描述社会区域经济发展水平的部分从 2004 年英国官方的"多维度贫困指数"(IMD)获得,该指数将全国 3 万多个社区按收入、教育、健康、犯罪等维度进行测度,以反映地方经济发展水平,IMD 指数越高,社会区域繁荣程度越高。由于每组电话涉及的地区与指数的地域设定有区别(通常电话涉及的区域涵盖多个指数的地域),该文首先将指数地域对应到电话涉及地区,然后按每个指数地域的人口对电话涉及区域的 IMD 加权平均,得到每个电话区域内 IMD 的平均水平和离散程度。

该文利用节点上与其他节点电话联结的比率,通过构造"香农熵"(Shannon Entropy)的方法,量化出每个电话区域与其他区域电话联系的多样性程度。类似地,该文又利用每组电话的距离,也量化出每个社会区域与其他不同地理距离的区域电话联系的多样性程度。以上两种多样性指标越高,说明区域内人员会花费更加平均的时间和不同区域的人进行联系。

该文通过研究数据发现,社会和地理联系的多样化程度与 IMD 高度正相关,而电话的数量本身和 IMD 负相关。例如,ST 是英国最不发达区域之一,虽然其电话数在全英国位居前列,但是其多样化指标却在最低的一档。若使用其他的衡量联系多样性的指标,也能得到类似的结论。例如,该文也使用了 Burt 的"结构空洞"指数,该指数测度某一节点的任意两个邻近区域之间关系的缺失，而实际数据表明这一指数也能归纳类似的结论。该文又进一步通过主成分分析方法总结了上述所有衡量多样性联系的指标，发现不仅能够得到一致的结论，而且最终主成分分析的打分解释能力更强。

Eagle、Macy 和 Claxton（2010）虽然没能够说明社会区域联系多样性与社会经济发展之间的因果关系，但该文实在地表明了地区联系多样性是经济社会发展水平的一个重要表征。该文的主要贡献在于首创了研究社会区域层级上社会联系多样性和发展水平之间的联系，为这一领域的研究开创了先河。

5.2.2 社交媒体对个人金融决策的影响

个体的社交网络互动如何影响其经济与金融决策是备受关注的学术问题。在传统的金融决策模型假设中，个体之间的决策往往是独立的。然而，有实证研究发现个人的决策受到同伴效应（Peer Effect）的影响。Bailey et al.（2018）利用丰富的社交网络数据对个体的房产决策行为进行研究。

Bailey et al.（2018）的实证数据来源主要有三个方面：第一个是 Facebook 社交数据，包含 140 万洛杉矶居民在 2010 年前后的社交数据；第二个是一家营销服务公司 Acxiom InfoBase，包含 2010 年和 2012 年的个体房产信息数据；第三个是 2015 年在 Facebook 上发放调查问卷搜集的数据，总共有 1242 份有效问卷。

在主要模型中，作者以洛杉矶居民的距离远的好友在 2008—2010 年之间房价变化的平均程度作为自变量，以这些居民在 2010 年和 2012

年的房产决策作为因变量,进行回归分析。其中,房产决策包含三类:决定买房还是租房、购买房产的面积、购买房产的意愿。为了解决内生性问题,作者首先利用距离远的好友作为研究的社交主体,可以减少当地好友的影响。其次,为了控制宏观环境的外生冲击,作者在稳健性检验中控制了年份固定效应,或者针对受宏观环境影响较小的职业(已退休居民、教师行业等)。

该文主要结果表明,当社交网络好友在2008—2010年经历了房价上升时,居民从2010—2012年更有可能从一个租房者变成买房者;在居民购房之前的两年内,如果社交网络好友经历了房价上升,那么,居民会购买更大的房子;在控制房价趋势之后,如果社交网络好友经历了房价上升,那么,居民会购买更贵的房子。根据作者的调查问卷研究结果,社交网络好友经历了房价上升往往会影响居民对未来房地产走势的预期,因此,影响其房产决策。

Bailey et al.(2018)的主要贡献在于利用线上社交网络数据对个体金融决策进行研究,这克服了相关实证研究中对社交网络的测度困难。此外,该文利用大数据证明社交互动会影响个体的预期从而影响个体的金融决策,丰富了相关的研究。

5.2.3 社交媒体对组织声誉的影响:公共群体

社交媒体的迅速兴起改变了对组织的评论在公共领域产生和传播的方式,例如,联合航空公司因为超载将一名乘客强行拖拽下飞机,视频立即被上传到各大社交媒体平台上(YouTube、Facebook和推特等),并迅速被成千上万的社交媒体用户公开批评美联航,并在网上发表了严厉和愤怒的评论,结果美联航在一天之内的市值蒸发了接近 8 亿美元,同时为了避免声誉的进一步受损和订单的进一步流失被迫制定昂贵的赔偿政策。

然而,目前媒体对组织声誉塑造的相关理论大部分是在社交媒体没有大范围兴起前建立的,Etter、Ravasi 和 Colleoni(2019)试图突破之前的理论框架,进一步探究社交媒体中的新型互动方式将会如何挑战现有关于社交媒体与组织声誉的塑造的理论。

随着传统新闻媒体的日益分化,再加上人们往往在无意识的情况下选择自己一贯习惯的信息来源,潜在将公共领域分割成多个相互联系不紧密的领域,在各自的领域中,评论在既存的框架中产生共鸣,阻碍了信息的扩散并影响了声誉判断,因此理所当然地假设新闻媒体的内容与集体判断的结果是相对一致的。

具体地,该文构建了一个新的理论框架,在考虑传统新闻媒体对企业影响力传播的同时,引进社交媒体中公众评论对组织声誉的塑造的影响。该框架质疑了传统模型中关于新闻媒体的假设——自上而下的纵向传播和评论的来源、内容和风格的相对同质性,新的框架认为新型社交媒体中的传播方式是横向信息流动和联合制作,并可以分享状态和共享位置,信息的来源和发布信息的动机都是异质性的,同时群众对于新闻媒体的集体判断是多种评价共存的,这些评论是各层次的群众在熟悉组织后作出的,通常是批判性的,有时甚至是颠覆性的,需要注意的是这些评论基本上不受组织的控制。在之前的理论中,情绪在组织声誉的形成过程中不起任何作用,而与此相反的是,该文认为社交媒体上群众积极和消极的情绪反应在组织声誉塑造的过程中扮演着重要的角色。

综上所述，现存的关于组织和媒体之间相互关系，以及媒体如何影响组织声誉的塑造的理论，都是基于传统新闻媒体（或组织本身）制作和传播组织的公开评论这一背景所形成的假设。然而，Etter、Ravasi 和 Colleoni（2019）认为这些假设在一个日益变化的媒体环境中变得不再准确，在新环境中，社交媒体和数字技术正在改变关于组织的信息的产生方式和传播渠道，因此，社交媒体的广泛使用正在极大地改变其对组织声誉的塑造方式。

5.2.4 社交媒体对组织声誉的影响：利益相关者

随着社交媒体的发展，一些学者开始质疑传统媒体（为大众提供信息的报纸、广播和电视等传统新闻机构）对组织声誉的影响。他们认为社交媒体作为一种新的信息和通信技术，能够帮助群众在互联网上公开交流经验、意见和观点。然而，与上节中的 Etter、Ravasi 和 Colleoni（2019）的研究不同，Blevins 和 Ragozzino（2019）将社交媒体和传统媒体划分为不同的媒体声誉概念，前者更有助于理解公共领域对组织声誉的看法，而后者更有助于理解利益相关者对组织声誉的看法。同时该文认为，传统媒体可能对组织声誉的形成发挥更重要的作用。

社交媒体平台上内容分散、准确性存疑和来源不透明，使用社交媒体并不能很好代表组织的声誉，群众越熟悉一个组织，越容易产生褒贬不一的印象，所以会对熟悉的组织的声誉产生负面的影响。传统媒体在发布信息前会经过筛选过程以确保信息的可靠性，使用更加专业的语言，对于情感反应的描述更为清晰。因此，尤其对于利益相关者而言，他们更应该关注传统媒体。例如，高盛在 2015 年是群众最讨厌的公司，然而，它同时被行业媒体评为 50 家银行中第二好的银行。因此，存在一个悖论——尽管高盛的许多利益相关者均赞赏它，与此同时，高盛也遭受来自社交媒体的不满。一个外行的读者可能会通过社交媒体上准确度低的信息认为高盛是一个糟糕的组织，而利益相关者更有可能依赖其与高盛的互动，以及传统商业媒体报道的相关信息模式而信任高盛，因此，外行读者的看法将与高盛的利益相关者的许多关键看法相矛盾。

因此，该文承认尽管应该对媒体声誉采取一种更全面的态度，认为如果仅依靠社交媒体来了解组织的声誉，不可避免会对结果产生干扰。社交媒体的情绪反应可能不是一个反映组织声誉的可靠指标，一些更为实际的内容（如绩效和组织文化）才能有效反映组织的声誉。

综上所述，之前的学者视社交媒体为了解组织声誉的潜在途径，迈出了探究媒体与组织声誉关系的重要一步。然而，Blevins 和 Ragozzino（2019）提出，对于利益相关者而言，传统媒体对于了解组织声誉尤其必要，最好同时整合两种媒体来了解组织声誉，这是因为传统媒体与社交媒体在组织信息的来源、准确性和传播方面存在巨大差异。此外，即便社交媒体提供了一种即时的方式来观察更广泛的人群对组织中特定事件的反应，但传统媒体仍然是一种评估组织声誉的有力的方式。

5.2.5　社交媒体对新闻消费是竞争效应还是互补效应？

新闻网站是公众获得信息的主要来源，新闻网站的维系需要各种各样的收入。其中，广告收入是美国新闻网站中最主要收入的来源。商家投入资金购买新闻网站的广告服务。其关注点在于潜在消费者观看广告的次数。因此，用户流量是新闻网站存活的核心资源。

然而，随着技术的发展，在线社交网络迅速发展。基于社交网络的社交媒体也开始活跃出现。社交媒体的出现使得用户流量集中于社交网络软件中。这些社交媒体可能会成为新闻的聚合器，因此，对新闻网络造成了冲击。那么，社交媒体与在线新闻消费之间的关系是什么？

有学者认为，社交媒体是在线新闻的替代品。社交媒体作为新闻的聚合器，本身会侵占大家的阅读时间。大众可能更加关注标题式的阅读，而不愿意进入网站阅读，因此，社交媒体与在线新闻消费是竞争关系。然而，也有学者认为社交媒体是在线新闻消费的互补品。由于社交网络分享的新闻更为多样化，消费者会看到更多的新闻标题。如果部分标题引起了消费者的兴趣，那么，消费者会点击进入浏览。因此，社交媒体能够起到导流的作用，与在线新闻消费是互补的关系。

Sismeiro 和 Mahmood（2018）利用来自西欧某国的第二大在线新闻网站的每小时流量和读者数据对此问题作出探索。在 2013 年 10 月 21 日早上，Facebook 由于意外事件停止运行了大约 4 个小时。在这段时间内，虽然用户可以访问之前已经加载在设备上的信息，但是无法刷新新帖子，因此，其他新闻不会进行更新。作者认为，由于 Facebook 未能加载新的新闻，相当于进行了自然实验，强制停止所有人使用社交媒体。

作者以 Facebook 停止运行的外生冲击进行事件研究。消费者在一周内的具体星期几和一天内的不同时刻对于新闻的浏览本身就有差别，为了找到合适的基准，如图 5.1 所示，作者分别以该事件发生前一周和后一周的数据作为对比基准。作者通过对比停止运行这段时间在线新闻每小时网络浏览量的变化，以证明社交媒体与在线新闻消费的关系。

❺ 社交媒体

图 5.1　消费者在线新闻浏览对比设计时间表

该文发现在线社交媒体与线上新闻消费是补充关系。图 5.2 显示了浏览量随时间的变化。该文发现在 Facebook 停运期间，该网站每小时减少了 70096 名读者，与平时的数量相比下降 38%。而该网站的页面阅读量减少了 201814 页，大约下降了 44%。此影响相当于该网站在不到两天的时间内损失超过 21000 美元的收入，并且，此影响还有持续性，Facebook 恢复正常运行后。该网站的阅读量在夜晚时分才恢复到正常水平。

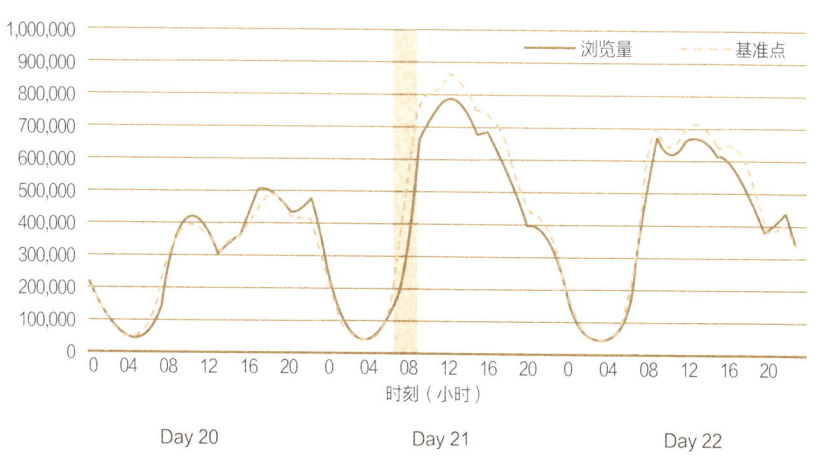

图 5.2　消费者在线新闻浏览量

此外，该文仅估计了Facebook链接停用的直接推荐的影响。实际上Facebook在产生流量方面的实际影响可能会被严重低估。在停运期间，该文还发现访客从搜索引擎到达新闻网站或直接输入网站URL或使用书签的数量也显著减少。因此，在Facebook的持续曝光也会间接帮助新闻网站吸引一大批访客。

作者为了确认该结果不受其他因素的影响，如Facebook的停运可能也伴随着部分访客电脑或者网络的故障等。作者特意对专业类的网站浏览量进行了分析。专业类的网站用户量相对稳定，一般不会受到Facebook的影响，但是会受到网络故障的影响，因此，可以进一步佐证该文的结论。该文发现电子商务和技术博客的浏览量并未受到Facebook停运的影响。因此，该文结论得以证实。

Sismeiro和Mahmood（2018）证明了社交媒体与在线新闻消费间的互补关系，对在线内容消费、新闻聚合器等话题都有贡献。目前，众多的新闻出版商都已经意识到社交媒体的巨大潜力，越来越多的新闻网站鼓励用户直接关联其社交平台账号进行登录。该文提出，社交媒体的蓬勃发展也会给新闻发行商带来更多的收入。

5.2.6 绩效反馈机制与用户原创内容

用户原创内容（User Generated Contents，UGC）对于互联网企业十分重要，例如，用户在旅游APP分享游记、在美食APP分享食谱等，于是互联网企业都想促进用户更多地发布原创内容。Huang et al.（2018）通过实验的方法研究绩效反馈机制如何促进UGC的产生。该文根据社会价值取向（Social Value Omentation，SVO）理论，将绩效反馈的方法分为合作类（如告知用户其发布的内容使得其他人受益）、个人类（如告知用户其发布的内容质量较高，与他人无关）及竞争类（如告知用户其发布的内容比别人的更好）。因为 SVO 理论认为不同类型的人适用于不同的绩效反馈方法，而性别则与 SVO 高度相关，如女性是合作倾向，而男性是竞争倾向的。

Huang et al.（2018）开展实验的第一家平台是中国最大的食谱分享网站"美食杰"，该网站上有一个栏目为"食话"，用户可以在上面进行分享，也可以收获他人的评论和点赞。在该实验中受试者为该栏目中可以确定性别的 1129 名用户，他们被随机分为四组，前三组分别接收到合作类、个人类、竞争类三类反馈，第四组为对照组，反馈通过该 APP 对用户手机推送通知。四组受试者收到的信息具体为"亲，你分享的食话已被赞 49 次，已为 48 位杰米提供做菜灵感"；"亲，你分享的食话已被赞 95 次，你已在美食节吃货榜上位于前 3%"；"亲，你分享的食话已被赞 122 次，你已在美食节吃货榜上击败 98% 人"；"小吃货，进美食杰看看吧，各种美食正在等你"。实验开始于 2015 年 11 月 7 日，持续 7 周，每周六向用户发送消息推送。在实验之前，该文也对 5 位用户进行访谈和 97 位用户进行调查，检验了实验设置的科学性和合理性。

该文提出 3 个假设：（1）合作类反馈对女性受试者影响更大；（2）个人类反馈对男性受试者影响更大；（3）竞争类反馈对男性受试者影响更大。该文以每个用户每周为一个观测进行分析，被解释变量分为数量和质量指标两位，数量指标为某用户在某一周发布的"食话"条数，质量指标为某用户在某一周发布的"食话"总共获得的点赞数、评论数和阅读人数。解释变量包括是否在实验组、性别、是否在实验组与性别的交乘项及时间固定效应。

对数量指标进行面板数据回归验证了假设（1）和假设（3），合作类和竞争类反馈分别对女性和男性受试者的影响更大，而个人类反馈不存在性别间显著差异。具体而言，合作类反馈可以促进所有受试者发布内容增加，女性增加更多；个人类反馈可以促进所有受试者发布内容增加；竞争类反馈促进男性受试者发布内容增加，而女性有所减少。该文还采用混合回归（以一个用户为一个观测）和因变量不取对数的方法进行了稳健性检验。

该文在数量指标检验中，还按照用户之前表现情况即之前收获的点赞数将用户分为3组，将上述模型中的性别变量和交叉项替换为分组哑变量及分组哑变量与实验哑变量的交叉项，检验实验组效果是否会随着用户之前表现的不同而有不同的影响，在整体检验之后也进行了按照性别的分样本检验。该文发现合作类的反馈对下两组影响不显著而对上一组有促进作用；而个人类和竞争类反馈则随着分组的不同和性别的不同具有各种正负不同的影响；整体而言，过往表现更好的用户在收到反馈时受到的正向激励作用更大，而过往表现较差的用户在收到较低的排名情况时可能产生负向激励作用。

对质量指标进行回归可得，绩效反馈整体而言对用户发布内容的质量具有正向作用。具体而言，只有男性在竞争类反馈下的内容质量有所提升，而男性和女性在合作类反馈下的内容质量都会提升，这也与数量指标反应的结论一致。

由于第一家平台在中国社会文化环境之下，且烹饪传统上认为与女性更为相关。因此，该文与"MTurk"亚马逊劳务众包平台合作，拓展结论的适用性，并选取了一个以男性为主的北美样本。实验第一步向999位受试者有偿征求一条对新用户的建议；第二步邀请另外5个人对这999条建议的有用性进行1~5分的评分，总分为5~25分；第三步将999位受试者分为合作类反馈、竞争类反馈和控制组三组；第四步像三组受试者发送合作类、竞争类及不提及之前有用性的邮件，并让受试者再有偿提供一条建议并鼓励他们无偿提供四条建议；第五步再邀请5个人对受试者无偿的四条建议进行有用性评分，若某条缺少，则该条为0分。

在第二个平台的实验中，作者关注的因变量有3个，分别为用户是否无偿提供建议、用户无偿提供建议的条数，以及用户无偿建议的有用性分数总和。数量指标的分析同样得到合作类反馈会促进用户发布内容，其中对女性的促进作用更大；而竞争类反馈没有显著的影响，这可能是由于在该实验中受试者之间缺乏互动，从而受试者没有建立地位和声誉的动机。质量指标的分析中较为有趣的现象是竞争类反馈甚至会降低内容质量，说明恰当的反馈方法可以显著提高内容数量，然而不恰当的反馈方法则会显著降低内容质量。

总结而言，Huang et al.（2018）在"美食杰"食谱分享平台和"MTurk"亚马逊劳务众包平台两个平台上进行实验，在整体上观察不同绩效反馈方法对UGC的影响之外，也观察不同性别之间的差异。该文发现合作类的绩效反馈方法对于女性受试者更有效，而竞争类的绩效反馈方法对于男性受试者更有效。该文拓展了UGC和绩效反馈领域的研究。之前有大量研究探索绩效反馈对个人用户参与的影响，该文在个人用户参与方面将上述研究应用于UGC这种公共物品环境中，在绩效反馈方面通过 SVO 理论设计了几类独特的绩效反馈方法。具体而言，该文创新性地引入了用户合作类和竞争类的绩效反馈方法，在公共物品环境中形成了利己主义和利他主义的对照研究。除对学术领域的贡献之外，该文对企业如何针对性地解决 UGC 供应不足的问题具有十分重要的参考意义。

6 数字加密货币与区块链

6.1 数字加密货币与区块链的发展

数字加密货币在经济体中的地位越来越重要：以 2018 年 12 月为例，加密货币的总市值近 4000 亿美元，相当于美国基础货币（M1）的 11%。随着数字加密货币体量的爆发式增长和区块链技术的普及，对数字加密货币和区块链技术的关注和研究也在逐年增加。

6.1.1 简述比特币经济学

货币的一个基本作用是价值存储，然而加密货币的价格波动幅度大使其缺乏这一基本特征，因此，加密货币的出现备受争议。传统的货币数量理论认为，中央银行可以通过货币总供应量的变化来控制本国货币的价格水平（通货膨胀）。然而，加密货币的价格不受央行控制，而是根据供求自由波动，同时加密货币的总供应量只会随着时间的推移而增加。

基于上述现象，Schilling & Uhlig（2019）试图来解释以下两个问题：（1）什么决定了加密货币的价格；（2）加密货币的转换是如何产生的。

为此，该文构建了一个简单且新颖的模型来刻画传统法定货币（美元）与本质上并无价值、且不受央行控制的加密货币（以比特币为例）之间的并立与竞争。代理人既可以使用法定货币进行交易，也可以基于投机动机持有加密货币。央行通过设置美元的通胀目标来控制法定货币的增长速度，而比特币是去中心化的，其开采是通过解决工作量证明问题（Proof-of-Work）来获得的。

模型刻画了比特币价格的演变路径与比特币价格与货币政策（以美元为目标）之间的相互作用。在最简洁的基本价格方程中（Fundamental Pricing Equation），比特币价格形成了鞅（Martingale）。在一些特点的条件下，比特币投机行为不会出现，同时基本价格方程必须成立。该文有一个有趣的发现，由于货币间的竞争，区块的奖励并不是由比特币持有者承担，而是由美国央行征收的美元税提供的。

需要说明的是，虽然模型中将加密货币统一抽象为比特币，但模型的适用范围很广。因为除了比特币以外，其他加密货币在本质上均与比特币相似：无价值、可储存、不支付股息、价格不被某些机构控制，并可以用作交换媒介。因此，上述的分析适用于其他加密货币，如莱特币等。

最后，该文对比模型在"传统"和"非传统"货币政策情况下的应用。在传统的情况下，比特币价格的演变过程是外生的，从而推动了央行为实现其通胀目标而注入美元；而在"非传统"货币政策的情况下，假设通过一系列货币注入实现了通胀目标，而这些货币注入也会影响比特币的价格。

6.1.2 比特币交易费用的演变

比特币自2009年1月诞生以来，目前流通数量已超过1700万枚。据估计，全球有3500万个比特币钱包，有10万家公司接受比特币支付。2017年11月7日，各大比特币交易所日交易额首次突破50亿美元，2017年12月20日，所有加密货币日交易额突破500亿美元。全球大约有10467个活跃的比特币节点，每个节点都包含完整的比特币区块链副本。

比特币生态的基础是矿商，它们在创造新比特币和验证区块链交易方面发挥关键作用。挖矿需使用专门计算机硬件来进行复杂计算，挖矿成功则获得新比特币。挖矿回报、挖矿难度及比特币总量等各种参数都是外生规定的。比特币总量为2100万枚，随着现有比特币数量增加，挖矿奖励也将减少。2012年11月，挖矿奖励从最初的50个比特币降至25个，2016年7月又降至12.5个。挖矿难度也会影响比特币的发行速度，若挖矿速度快于期望水平，则难度增加，否则难度降低。

上述比特币协议有两个问题：一是关于矿商参与意愿，挖矿奖励确定性下降，导致矿商收入也随时间确定性下降（若不考虑比特币价格变化），从而使得矿商不愿意进行验证区块链所需的复杂计算。二是关于用户参与意愿，比特币交易量的增长及上传到区块链的区块数量限制使一些交易无法上传至区块链，削弱了用户使用比特币交易的意愿。在此背景下，交易费用是否代表了针对这些问题的潜在市场解决方案？

交易费用是矿商的另一种收入来源。交易费用由比特币交易的买家和卖家自愿附加到未完成交易中，希望确保自身交易被成功上传至区块链中。交易费用并不在比特币协议中明确，而取决于交易参与者的市场行为。尽管交易费用仍不是矿商收入主要组成部分，但其发展反映出比特币区块链从基于采矿的结构向基于市场的生态演变的过程。

Easley、O'Hara 和 Basu（2019）研究交易费用在比特币区块链从基于采矿的结构向基于市场的生态演变过程中所扮演的角色。该文通过模型证明，最终若没有交易费用，区块链将无法生存，因为矿商挖矿奖励确定性地趋于零。但零奖励水平预计到 2140 年才会出现，同时模型显示了比特币价格在维持区块链生存能力中发挥的重要作用。因此，随着比特币价格水平上涨，交易费用长期以来只在矿商参与意愿中扮演次要角色。

然而交易费用在用户参与行为中发挥着重要作用。若用户潜在交易量较低，则不附加交易费用的交易也将被上传至区块链。但随着潜在交易量增加，用户交易等候时间变长，均衡将发生变化，此时只有附加交易费用的交易将被上传至区块链。因此，等候时间会影响支付交易费用的交易比例及交易费用的水平，但等候时间和交易费用也会反过来影响到用户参与行为，一旦等候时间变得足够长或交易费用变得足够高时，将阻碍用户参与交易。因此，在比特币区块链面临的动态挑战中，交易费用并不是万能的。

之后，该文进行实证检验对理论模型进行支撑，提供了等候时间与零交易费用交易比例、等候时间与交易费用水平之间的实证证据，同时测试了挖矿奖励对两者的影响。该文数据使用了比特币节点中每笔交易的结算时间、转让比特币价值、挖矿奖励、交易费用等指标，也使用了Blockchain.info中交易等候时间中位数等指标，以及Coindesk比特币价格指数中比特币与美元汇率指标。该文发现，更高的交易费用使用率和交易费用水平是由等候时间的上升即用户面临的排队问题推动的，而不是挖矿奖励的减少引起的。

因此，用户争相在区块链上发布交易信息使得交易费用上升，同时交易费用上升至一定程度将阻碍用户比特币使用的水平，这凸显出比特币区块链面临的一个动态结构性问题。

总体而言，Easley、O'Hara和Basu（2019）建立了一个博弈论模型来解释交易费用产生的原因，以及其中矿商和用户的战略行为，强调了挖矿奖励、交易费用、比特币价格和等待时间在其中所起的作用。该文的研究结果描述了交易费用在比特币区块链从基于采矿的结构向基于市场的生态演变过程当中扮演的复杂角色，在模型之外也提供了实证证据进行验证。

6.1.3　首次代币发行（ICO）

首次代币发行（Initial Coin Offering，ICO），是指创业企业通过向广大投资者发行代币来筹集资金，是一种新兴的创业企业融资模式。其中，代币是一种密码货币，即一种基于分布式账本技术的价值交换媒介，大部分代币也可以在二级市场上进一步交易。ICO与IPO和众筹都有很多相似的特征。2017年以来，ICO的数量和融资金额都有了显著的增长，如2017年的ICO数量和融资金额为366亿美元和62亿美元，而仅2018年一季度的ICO数量和融资金额就已经达到254亿美元和78亿美元。

尽管ICO吸引了创业企业、投资者和政策层的广泛关注，但关于该问题的研究却很少。Fisch（2019）通过423起ICO来研究ICO融资金额的决定因素。基于信号理论，该文发现了在ICO中传递投资者最为关注的企业技术能力相关信号的关键作用，就技术能力的具体指标而言，技术性的白皮书和高质量的源代码可以提高企业融资金额，而专利情况则没有显著影响。就其他指标而言，代币供应量、推特活跃度等指标也会影响到融资金额。

该文研究结论使得投资者更为准确地了解影响融资金额的关键因素，这将降低企业进行ICO投资时面临的不确定性。从学术贡献上来讲，该文通过引入ICO这一创新的融资模式，拓展了创业企业融资相关的文献。

该文主要理论基础为信号理论，即高质量企业将向潜在投资者释放信号，从而降低信息不对称，并吸引更多的融资。信号理论中的信号必须具有两个特点：一是可以观测，只有可以被潜在投资者观测才可以降低信息不对称；二是难以模仿，只有对于低质量企业而言模仿成本很高，才会形成高质量与低质量企业的分离均衡。

在ICO的背景之下，投资者和企业之间的信息不对称程度更高，主要有以下三个方面的原因：一是高科技环境使得ICO产生不确定性，而技术水平有限的投资者很难完全理解；二是ICO企业一般都处于非常早期的阶段，没有成熟的项目，而且还可能存在欺诈风险；三是由于较低的披露要求及大量的匿名交易使得可获得的客观信息较少。因此，ICO更高的信息不对称环境导致了对于信号更大的需求。

作者认为ICO企业未来成功的关键在于其技术能力，因此，高技术能力可能与高质量相对应，技术能力较高的企业传递信号的动机更强，而投资者更愿意投资具有高技术能力的企业。而企业的技术能力通常难以观测，因此，作者寻找了三个可以传递企业技术能力的可观测的变量。第一个变量是专利，其在以往文献中经常被用来衡量技术能力，也满足可观测和难以模仿的特点。第二个变量是白皮书的技术性，企业通常发布白皮书来传递其认为对公众重要的信息，其中一个重要的组成部分就是对技术的描述，这是企业展示其技术能力的主要渠道，对于吸引投资者十分关键。技术白皮书同样满足可观测和难以模仿的特点，因为技术能力差的企业难以提供详细的技术信息，而主要集中于创业团队和商业模式等信息。第三个变量是源代码的质量，因为企业的源代码是企业的核心组成部分，也可以传递出企业技术能力的信号。源代码质量同样满足可观测和难以模仿的特点，因为高质量的源代码需要大量的技术专长。

在实证检验中，因为没有关于ICO的通用数据库，作者结合了多个来源的数据，手动整理了2018年2—8月的样本，处理之后共计423起ICO。变量类型则主要分为融资金额相关的因变量，技术能力相关的自变量，ICO特征相关的控制变量，企业特征相关的控制变量四类。具体描述如下：融资金额变量作者参考之前文献进行对数处理。专利变量为哑变量，指企业在ICO之前是否有专利，有则标记为1。技术白皮书为哑变量，指企业白皮书是否为技术性的，是则标记为1。因为没有既定的衡量方法，因此，作者除自身之外还邀请了两位专家对 423 起 ICO 进行判定，三个人的评定结果高度相关，其中，399 起评定结果一致，剩余的 24 起遵循少数服从多数的原则。源代码质量指标分为两个，因为企业在 GitHub 上的代码可以进行修改提交，文章认为缺陷修改的次数越多，则源代码中的缺陷越少，源代码质量越高。因此，其中一个变量为哑变量，衡量该企业在 ICO 之前是否在 GitHub 提交了源代码，提交则标记为 1；另一个变量为序变量，为源代码缺陷修改的次数，同样为对数形式。ICO 特征控制变量包括 ICO 持续时间、代币供给量等指标。而企业特征控制变量则包括推特活跃度、地理位置等指标。

该文主回归是通过 OLS 方法对融资金额进行回归，回归结果显示技术白皮书和源代码质量（缺陷修改次数）与融资金额在 1% 的水平上显著正相关，而是否有专利和是否在 GitHub 上提交源代码并不显著。从控制变量的情况来看，ICO 持续时间和代币发行量等指标，以及推特活跃度和白皮书长度等指标与融资金额显著相关。

在主回归之后，该文进行了一系列稳健性检验。首先，在回归方法上替换为广义线性模型回归（GLM）和稳健性回归；其次，添加了衡量融资目标的控制变量，均不影响结论稳健性。此外，文章还通过改变核心自变量的衡量方法来进行稳健性检验，例如，将技术白皮书指标的定义修改为一半以上的页数涉及技术、将技术白皮书中三人评定结果不一致的样本去掉、将未在 GitHub 上提交源代码的样本去掉、将源代码缺陷修改次数改为源代码总提交次数等，以上处理也均不影响结论显著性。

6.1.4 加密货币市场的交易与套利

虚拟货币在过去的几年中经历了戏剧性的大涨和紧随其后的大跌，然而之前并没有文献关注虚拟货币市场的交易和效率问题。虚拟货币交易所和传统股票交易所有许多相似之处，不过这个市场并不会主动提供给交易者一个最优的撮合交易价格，因此，整个市场的价格发现机制依赖于套利参与者；然而，国家间的资本管制可能使得国家间乃至交易所间形成分隔的市场，并因此形成一定的、可持续的价格偏差，而这不能简单地以交易成本来解释。Makarov 和 Schoar（2019）探究了货币间、交易所间乃至国家间虚拟货币的价格偏差问题。

Makarov 和 Schoar（2019）的数据主要来源于 Kaiko，这是一家私人企业，主要就是通过合法使用数据接口从各虚拟货币交易所收集 Ticker 级别的数据。另外，作者还从 Bitcorncharts 等网站获得其他补充数据，数据精细到每一笔交易和市场的每一秒。该文收集到跨 19 个国家共计 34 个交易所的数据来进行分析。此外，为了研究同一交易所在不同国家的情况，作者又挑选出在中、日、韩、美、欧 5 个国家和地区设置复数交易中心的交易平台，来研究资本管制对于上文提到的溢价问题的解释能力。以比特币为例，该文描述了数据所表现出来的特点。总体上而言，自 2017—2018 年，比特币的价格飞涨到 20 倍，紧接着就被腰斩一半。同时，比特币的收益率也呈现出较大的波动性，日内年化标准差高达 107%。此外，市场上虚拟货币的横截面相关性呈现与其他成熟市场类似的性质，然而虚拟货币市场上表现出较大时间间隔上的低相关性，这一点表明不同市场上同一虚拟货币可出现较大价格偏差。

为了进一步探究这种价格偏差，该文又进一步构建了套利指数，研究了2017年1月—2018年2月在不同层面上价格偏差的程度。总体而言，一个地区内的套利机会要小于地区间的套利机会，而不同地区间蕴含的套利机会又小于不同虚拟货币间的。另外，同种虚拟货币的价格偏差的程度在不同国家有差异，然而发生的时机具有一定同步性。此外，该文根据市场中的限价指令推测每一个时间点上市场的流动性，设置了交易策略并进行回测，发现在美、韩两国市场上进行套利，在四个月的时间内可赚得高达12.75亿美元的利润，而类似的策略在美、日两国市场上套利只能获得6.75亿美元利润，在美、欧两地套利只能获得2500万美元利润，表明不同国家之间套利机会虽然同时发生却有大小之别。

更进一步地，作为价值偏移驱动因子的探究，文章分别对多头势力和资本管制可能的影响进行研究。在买方压力方面，文章发现当美国国内多头势力抬头时，那些有较高的"比特币溢价"的国家，其价格偏离程度也越大，作者认为这是欧美以外的投资者在好消息和情绪产生时会更加愿意购买比特币等虚拟资产。在资本管制方面，文章发现当两个国家资本管制比较严格时，其套利价差的相关性更高，而如果至少有一个国家资本管制较宽，则这种相关性会显著降低。

接下来，文章探究为什么虚拟资产表现出上述提到的涨跌同步和幅度不同的性质。在理论框架部分，交易所内虚拟货币间的价格被分解成交易所间共有的一个部分和交易所内特有的部分。将实际数据校准进去，发现共有部分能够解释虚拟货币80%的回报率（无论该虚拟资产在哪个交易所内），这解释了为什么不同交易所间同虚拟货币的涨跌同步。而这种共有部分又可以通过一个达成交易量来解释,并且因为交易频率高,价格还来不及均值回归便又一次被达成交易量推动,使得虚拟资产货币看起来始终被达成交易量推动着。另一方面,交易所持有比例与交易所的规模和流动性有关,越是小或者流动性差的交易所,其交易所持有比例越高,究其原因是在于在这样交易所交易的虚拟货币会承受更高的价格压力,使得虚拟资产的价格更容易受到影响。这一部分解释了为什么不同交易所乃至国家在套利机会出现时其套利空间的大小会有差异。

Makarov 和 Schoar（2019）的贡献在于从高频交易层面上剖析了虚拟货币市场微观结构,表明虚拟货币价格可能的驱动因子,对以往虚拟货币大涨大跌的现象进行了合理的解释和推测。

6.1.5　区块链中的无名氏定理

无名氏定理,通常是指在重复博弈中,只要博弈参与者具有足够的耐心,博弈参与者之间就总有多种可能达成合作均衡。Biais et al.（2019）通过构建理论模型来刻画区块链中的无名氏定理——简而言之,区块链协议是一个具有多重均衡的协调博弈（Coordination Game）。

先来回顾下区块链的核心特点——分布式账本（去中心化）,即与中心化协议不同,区块链在一个网络中运行,每个参与者都拥有并更新他们自己的分布式账本;作为区块链的核心参与者,"矿工"负责执行节点的任务,并会由于解决工作量证明问题（Proof-of-Work）而获得新创建的加密货币作为奖励,挖矿的难度是由区块链协议预先设计好的。

在最理想的单一链条情况下,"矿工"总是将最后一个已解决的块作为下一个块的父块,此时的区块链会如图6.1所示呈现从 B_0、B_1 到 B_n 的一个按顺序传播的形式:

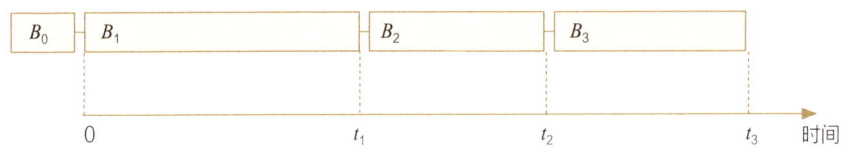

图 6.1 区块链的顺序传播形式

然而在现实中,"矿工"会选择放弃一些区块的任务——例如最后一个解出的块是 B_n,但是"矿工"m 可能将下一个块链到 B_n 的父块(即 B_{n-1})上,就会产生一个分叉(Fork),如图6.2所示。

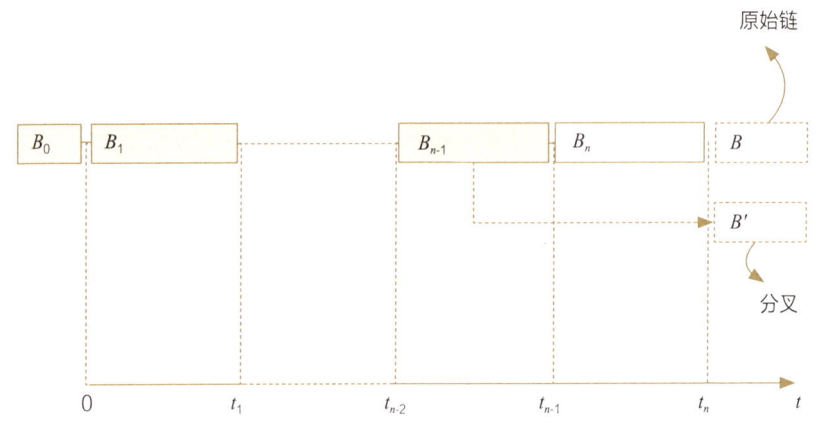

图 6.2 区块链的传播形式

如果一些"矿工"追随"矿工"m,而另一些"矿工"继续将自己的区块与原始链条相连,那么就会出现不同版本的分布式账本。如果分叉是持久性的,会降低区块链的可信度和可靠性。即使最终所有的"矿工"都同意把他们的积木固定在同一根链条上,分叉的出现也是有害的——链中的积木最终被遗弃(成为孤儿),它们被白白开采了,相应的计算能力和能量也因此而被浪费了。同时,当一些"矿工"采用与当前版本不兼容的新版本的挖掘软件时,也可能产生分叉。

那么,一个自然的问题便产生了:区块链协议是否排除了分叉的产生?在无摩擦的情况下,信息在网络中即时传播,并且没有试图重复使用,通常假定只有一个区块链占上风。为了检验"无名氏定理"的有效性,该文设计了一个模型来捕获区块链协议的关键特性——工作量证明问题(Proof-of-Work):存在 M 个风险中性、理性和策略的采矿者,每当一个"矿工"解决了一个块,他就获得一个与他的块所属的分支相关联的加密货币奖励。采矿者通过选择前一个区块来连接当前区块,这样做的原因是通过观察所有以前解决的块,在一个外生清算时间内使累积回报最大化,该文解出了这个随机系统的马尔可夫完全平衡。

接下来,通过进一步整合区块链的现实世界特征,例如信息延迟,和"矿工"必须在不兼容的采矿软件升级之间作出选择。该文证明,这些特征可以触发平衡路径上的分叉。同时还表明,协调动机和既得利益之间的基本相互作用,与 Baseline 基本情况相同,构成了平衡的基础。

最后,该文将每个矿工安装的计算能力内部化。由于随着网络中计算总容量的增加,挖掘过程的难度也会向上调整,所以一个"矿工"在计算能力上的投资会对所有其他采矿者产生负面的外部性。这就引发了一场军备竞赛,每个矿商最终都会过度投资。这个分析也指出了区块链设计的另一个低效之处。

6.2 区块链技术的应用

区块链，是金融科技未来发展的一个重要方向。伴随着区块链技术的发展，区块链在各行各业中的应用也将迅速显现出优势。习近平总书记在中央政治局第十八次集体学习时强调"把区块链作为核心技术自主创新重要突破口，加快推动区块链技术和产业创新发展"。因此，区块链的发展具备广大的市场空间。

6.2.1 智能合约

Cong 和 He（2019）通过建立理论模型，探讨了区块链及其重要应用——智能合约将给经济学交易带来的可能影响。智能合约是区块链带来的重要应用之一，智能合约依托区块链的非中心化共识开展。"共识"是重要的经济学和社会学概念，指让不同人或组织共同接受，并以此为行为基础的信息。通过区块链技术，能使得参与区块链的各节点上形成不依赖于中心化机构的共识。智能合约是基于这种共识基础上的，自我实现、防干扰的自动化合约。

通过建立理论模型，Cong 和 He（2019）指出了区块链和智能合约的应用对经济交易带来两大重要影响。

第一，降低了交易的道德风险。在没有智能合约的时候，买方只能提前支付货款，商家则可以在收到货款之后不发货。而如果使用智能合约，则当商家已经将货物发出之后，买方才自动支付货款，反之则不支付货款。极大地降低了商家的道德风险。作者强调，智能合约的使用，为高质量商品提供了认证作用。有助于降低交易的信息不对称，进而降低新企业进入行业的门槛。

第二，提高了信息透明度。如果没有使用区块链和智能合约，则商家只能看到自己的买者及交易信息。而使用区块链之后，商家能看到所有的交易信息。作者指出，这种信息透明度的增加，使得商家更容易建立价格联盟。在价格联盟中，每一个商家都希望别的商家保持价格不变，自己偷偷降低价格。这样能增加销量，侵占盟友的市场。然而，如果每一个商家都偷偷降价，则价格联盟也就不复存在了。当使用了区块链智能合约之后，由于信息的公开性，商家难以偷偷降低商品的价格。这使得价格联盟更为牢靠，对保持一个竞争有效的市场颇为不利。

整体而言，Cong 和 He（2019）研究发现区块链和智能合约的应用能降低信息不对称，从而降低新企业进入市场的成本，但同时也会导致企业之间的价格合谋更容易持续。

6.2.2 基于区块链的资产交易结算

证券市场中的本金风险是结算风险，即证券的卖方在收到付款时未能交付证券，或证券的买方在收到证券时未能交付付款。为了应对这种风险，现代金融市场依靠证券结算系统来确保交付与付款（Delivery Versus Payment，DVP）机制。这些系统通常是围绕"中央证券存管处（CSD）"的专业的第三方来组织的，该第三方通过付款转移证券的合法所有权。尽管如此，许多其他中介机构，例如，经纪人、保管人和支付代理人，仍参与促进交易的清算和结算，这使得结算过程相当耗时且成本很高。因此，许多较分散的证券市场的结算周期往往相当长，并且有固定的时间间隔，例如 T + 2，T + 3，甚至更长，以此协调中介机构之间的行动。

区块链或分布式账本技术（Distributed Ledger Technology，DLT）具有从根本上改变证券结算体系的潜力。关键的创新在于拥有一个共享的证券所有权数据库，该数据库无须依赖多个专业中介机构或第三方基础设施即可进行更新。它可以通过采用智能合约来控制结算风险，这些合约旨在在没有中央授权的情况下自动提供 DVP 机制。区块链技术的主要优势在于，它可以通过避免分散的交易后基础架构并实施更灵活的结算周期来加快结算速度。在现代金融市场中，金融市场参与者通常将更快的结算时间作为主要关注点。缩短结算时间往往会降低技术性违约，即交易的一方会从一个交易短时期的结算失败中获利，即使这一方可以结算这笔交易。此外，区块链可以为市场参与者提供选择交易结算速度的机会，因为结算时间对于时间紧迫的交易很重要。根据 FINRA（2017），"……采用 DLT 不一定会导致使用实时结算，（但是）它有可能使结算时间满足实际市场需求。"因此，使用区块链结算证券可以允许灵活的结算时间，并在此过程中创造超越传统结算系统所能提供的价值。

那么，在什么条件下在区块链上结算证券可行？与使用现有的结算基础结构相比，更快且更灵活的结算系统有何优势？为了回答这些问题，Chiu & Koeppl（2019）为证券结算建立了一个假设的区块链模型，该模型具有三个特征。第一，作者假设区块链处理证券和支付的所有权转移。

这使得 DVP 机制成为可能，因此，区块链具有直接排除结算风险的潜力。第二，作者假设区块链是未经许可的。没有指定的第三方负责更新存储在区块链上的信息。第三，区块链的设计控制着结算速度。区块时间决定了一批证券交易的结算频率，而区块大小控制着每一批次的最大交易量。

在 Chiu & Koeppl（2019）的模型中，参与者将通过发布交易费用以选择将要结算的速度，以将其交易加入一个区块中。借助"工作量证明"协议（Proof-of-Work Protocol），区块链需要通过区块大小和时间限制结算速度，以产生交易费用，从而为昂贵的采矿提供资金。尽管采矿是一项无谓的成本，但作者估计美国公司债务市场还是可以从区块链结算系统中获得 1～4 个基点的净收益。

6.2.3　金融系统网络中的去中心化

Csóka 和 Herings（2016）主要研究了金融网络中分散清算问题，假设基元以某个账户单位表示，在违约情况下，作者提供了破产规则的便捷表示方式。作者分析分散的清算流程，并在有限的多个步骤中向任何此类流程汇总到最少清算付款矩阵。当账户单位足够小时，所有分散的清算程序基本上都会导致与集中清算程序相同的权益价值。因此，没有必要同时收集和处理所有代理的所有敏感数据并运行集中清算程序。

国家、银行、公司、组织和个人破产的处理将始终是社会面临的挑战。在最初的破产问题中，只有一个破产代理人，而其他代理人只对该代理人的财产有债权。如果代理人的资产不足以清偿其自身债务，则代理人必须违约。在网络环境中，违约也可能是由传染造成的，在这种情况下，代理违约仅仅是因为其他代理没有完全向其支付债务。因此，单个代理的默认值可能会导致多米诺骨牌效应，这可能导致一系列包含所有内容的默认值。研究金融网络中债权分散清算问题，尤其是出现违约情况下，如何利用破产规则进行债权清算是该文核心目标。

作者着眼于去中心化的过程，以获得清算支付矩阵。所谓分散，作者指的是一个代理一个接一个地付款而不是同时付款的过程，在这个过程中，只需要本地信息来确定要支付的金额，并且在这个过程的每个迭代中所支付的款项都是可以实现的。作者证明了在一个大类中的任何分散过程在有限的多次迭代中收敛到最小的清算支付矩阵。从这个意义上讲，非集中化的成本是从最大到最小的结算支付矩阵。作者得出的最终股本水平的界限表明，在金融市场上，这种成本通常很小。因此，作为对金融市场的政策影响，作者建议让当地清算人执行破产规则，而不是集中收集和处理数据。

此外，在网络设置中对单个财产上的多个索赔人的离散设置进行了分析，这在已有研究中是没有出现过的。作者将可分割设置中使用的分割规则与离散框架中使用的破产规则联系起来，并为破产规则提供了方便的表示。

支付矩阵描述了代理之间实际支付的金额。作者引入了可行性、有限责任和债权人优先权的概念，并定义了清算支付矩阵的概念。支付矩阵的可行性意味着支付是按照破产规则进行的。有限责任是指支付矩阵应导致所有代理的非负权益水平。债权人的优先权要求，如果一个代理人没有支付其所有债务，那么更高的付款应该导致负的权益水平。与可分割的情形相反，作者对债权人优先权的概念有时允许代理人拥有正权益，即使某些未清偿债务仍然存在。作者将所有清算支付矩阵描述为适当定义函数的固定点。作者证明存在一个最小和最大的结算支付矩阵。与可分割的情况不同，不同的结算支付矩阵可能导致不同的权益金额。作者给出了任意两个结算支付矩阵中给定代理的权益价值之间的最小和最大差异的公式。

作者将离散设置的清算支付矩阵的概念定义为满足债权人可行性，有限责任和优先权的支付矩阵，表明这种支付矩阵存在并且它们构成一个完整的格子，因此，特别是有最小和最大的清算支付矩阵。与可分割的情况相反，并非所有支付矩阵都能产生相同的权益价值。因此，使用哪种支付矩阵很重要。作者对使用不同清算付款矩阵可能导致的股权价值的最大差异规定了界限。除了已经提到的财务应用程序之外，作者的模型还适用其他情况，例如，国际学生交换网络和服务器网络的作业处理。

在该文中，作者研究分散的流程，其中代理人是通过历史表现随机选择出的，并且申请过破产。作者要求在这样的过程中的每次迭代都满足有限责任，因此，支付矩阵满足让所有代理人都有非负的权益水平。作者发现，对于大量的分散流程，在有限数量的迭代中存在收敛到最小清算支付矩阵。作者的研究认为，当账户单位足够小时（大多数金融应用中就是这种情况），任何分散过程确定的权益最终价值与集中程序确定的最终价值基本相同。

6.3　数字加密货币交易中的异常行为

数字加密货币在最近几年中发展迅猛，然而在其发展过程中也出现了部分异常行为，例如，比特币市场交易中的价格操纵、部分交易者利用数字加密货币进行非法交易等。本节针对数字加密货币交易中的异常行为研究进行总结。

6.3.1　比特币生态系统中的价格操纵

比特币（Bitcoin）自从2009年诞生以来，经历了流行度和价值的飞速增长，同时它激励了其他加密货币竞相模仿其设计，进而带动了整个加密货币生态系统的发展。比特币和其他大多数加密货币一样，不需要一个中央机构来验证和结算交易，这些货币仅使用密码学和内部激励系统来控制交易、管理供给并防止欺诈，而付款则由一个分散的网络验证。一旦确认，所有交易都将以数字化的方式存储并记录在公共"区块链"中，因此可以将比特币视为一种会计系统。

尽管比特币展示出通过技术设计创新来打破现有支付系统的前景，但比特币生态系统一直面临着有金融动机的犯罪分子的攻击。Gandal et al.（2017）利用一套独特且详细的数据来检查可疑的交易活动，这些可疑的交易活动发生在当时世界领先的比特币交易所——Mt.Gox，时间是2013年的10个月。Gandal et al.（2017）的第一步是量化可疑交易活动的大小，并证明了在可疑交易活动发生之日，它构成了当日交易的很大一部分。第二步是检查这种交易活动是否以及如何影响 Mt. Gox 交易所和更广泛的比特币生态系统。

那么，为什么需要关注比特币市场的价格操纵呢？有以下四点原因：第一，比特币已经成为一项重要的在线货币和支付系统；第二，其他加密货币资产（包括除比特币之外的全部加密货币）也经历了飞速发展；第三，除比特币之外的其他加密货币市场非常单薄，非常容易受到价格操纵；第四，主流金融投资于加密货币市场及加密货币合法化的趋势均集中于比特币。基于以上四点原因，该文集中探索比特币生态系统是如何运行的及其运行是否会受到价格操纵的负面影响。

Gandal et al.（2017）通过研究得出的主要结论如下：第一，在有可疑交易活动发生的交易日中，大约有 80% 的交易日出现比特币价格上涨的情况，相比之下，在没有可疑交易活动发生的交易日中，仅有大约 55% 的交易日出现比特币价格上涨的情况；第二，在有可疑交易活动发生的交易日里，USD / BTC 的汇率平均每天增加 4%～5%，在没有可疑交易活动发生的时期，平均而言，汇率持平或略有下降；第三，在有可疑交易活动发生的交易日中，交易量大大增加。

经过对交易数据的严格分析，该文发现，汇率（指美元兑比特币汇率，USD-BTC）上升和交易量增加均发生在以下两种情况中：第一，可疑交易活动发生在 Gox 交易所；第二，可疑交易活动发生在其他主要货币交易所。所有交易所的价格上涨几乎是相同的，这源于交易者有能力跨交易所进行套利。总结而言，Gandal et al.（2017）的研究支持了比特币价格被非法操纵的论点。

6.3.2 稳定币对数字货币价格的影响

创新、过度投机和可疑行为通常紧密相连。价格急剧上涨并随后"破灭"的情形通常被称为"泡沫",它通常与发明、技术或机会相关。短短几年内间,加密货币的市值从几乎为零增长到超过3000亿美元,这非常契合以前关于金融泡沫的历史——一种具有极高投机性的创新技术。对许多人而言,比特币和其他加密货币提供了一种匿名、分散的金融系统的承诺,无须银行和政府干预。比特币的概念出现于2008—2009年金融危机的中期,在这个时期,人们越来越不屑于政府干预,并对大银行不信任。具有可独立验证交易的去中心化分布式记账技术因此具有巨大的吸引力,特别是在集中清算可能受到外部黑客和内部操纵的双重影响下。

具有讽刺意味的是,新的大型实体却获得了对加密货币系统绝大多数业务的集中控制权,例如处理大多数交易的集中式交易所和可以像中央银行一样控制货币供应的稳定的货币发行商。Griffin和Shams(2019)研究了最大的稳定的数字货币——Tether(泰达币),对比特币和其他加密货币价格的影响。这些集中化的实体在很大程度上不受金融监管机构的管辖,并提供不同程度的有限透明度。此外,基于稳定的数字货币而非法定货币进行操作进一步放宽了这些实体与发行法币的银行建立关系的必要性。在不受监管的交易所(尤其是跨数字货币交易所)中进行交易,可能会使加密货币容易受到赌博和操纵的影响。

Griffin和Shams(2019)研究了世界上最大的加密货币(比特币)、其他主要加密货币和Tether之间的相互作用。Tether得到了美元储备的支持，并且可以在没有银行作为中介的情况下进行类似美元的交易，而许多加密货币交易很难做到这一点。尽管博客圈和新闻界中的一些人对美元储备支持 Tether 表示怀疑，但加密货币交易所在很大程度上否定了这种担忧，并在交易中广泛使用 Tether。

为了阐明 2017 年加密货币市场繁荣背后的驱动力，作者研究了 Tether 的两个主要假设：Tether 是"被拉动"（需求驱动）还是"被推动"（供应驱动）。"被拉动"的假设意味着，Tether 受到投资者的合法需求的驱动，他们使用 Tether 作为交换媒介将其法币资本投入加密货币领域，因为它是与美元挂钩的稳定的数字货币。Tether 的价格影响反映了自然的市场需求。而在"被推动"假设下，Bitfinex 会在不考虑现金投资者需求的情况下发放 Tether。在这种情况下，Tether 的额外供应可能导致比特币价格的上涨，这并非来自真正的资本流动。

作者通过使用算法分析区块链数据，发现在市场低迷的时候，Tether 的购买是定时的，并导致比特币价格的大幅度上涨。资金流可以归因于某一个实体，聚集在低价位附近，在比特币中引起不对称的自相关，并且表明在月底之前 Tether 储备不足。

具体而言，当比特币价格下跌时，或者当价格跌至关键价格位置，Tether 发币量上升，而这些币并非全是因为实际需求而增加的，而且所有操作都来源于一个巨额账户。同时，USDT 并没有充足的 1∶1 美元储备，每个月月末为了应付审计和掩盖漏洞，比特币会被清算换成美元，而且所有操作都来源于同一个巨额账户。

这些模式并不是现金投资者的需求，而是符合无抵押数字货币抬高加密货币价格的基于供给的假设——即否认了"被拉动"的假设，证明了"被推动"的假设，因此，Tether的额外供应导致了比特币和其他数字货币价格的上涨，尤其是2017年的数字货币牛市。

6.3.3 利用加密数字货币从事非法活动

针对数字货币的监管对各国政府而言都是一个重要问题。例如，2017年和2018年，美国证券交易委员会（SEC）因为担心缺乏有效监管，连续两次拒绝了一个以数字货币为交易标的的交易所交易基金（ETF）的成立申请，这一基金的规模达到10亿美元。这说明，虽然数字货币可能带来了更快捷的交易过程，但数字货币很可能被用于非法交易活动、洗钱、逃避资本管制，甚至资助恐怖活动，监管机构对此十分忧虑。毫无疑问，以比特币为代表的数字货币提供了数字化且匿名的支付方式，这为黑市的交易活动及其他非法交易行为提供了极大便利。美国联邦调查局在2014年就打掉了一个叫作"丝绸之路"（Silk Road）的黑市网站，这个网站涉及超过400万美元的比特币交易。

对监管者而言，一个直接的问题是，用数字货币完成的交易中，究竟有多少涉及非法交易？这个问题可能直接关系到监管者对待数字货币的态度，以及数字货币未来的命运。Foley、Karlsen和Putnins（2019）以比特币为例，研究了数字货币中非法交易的规模和占比。他们利用比特币公有链，这些数据中，包含交易ID、发送者和接收者的地址、时间戳、区块ID、交易费用、交易金额等信息。三位学者使用交易地址的信息，再利用一种叫作Union-Find的算法，把不同的交易地址归结到某一个比特币用户，从而实现交易层面数据向用户层面数据的转变。

Foley、Karlsen 和 Putnins（2019）对从 2009—2017 年 4 月的完整历史数据进行了一番严谨细致的分类和验证之后发现，从用户数量上，有大约 25% 的比特币用户与非法交易有关；从交易特征上看，和合法用户相比，非法用户的交易行为有以下显著不同：交易次数更多、频次更高，实际交易价值较小，持有比特币的价值较小，交易对手更多且集中度更高，存在时间更久。为了逃避监管，非法用户也会使用假交易来"冲淡"自己实施非法交易的密度。另外一个有趣的特征是，与合法交易者相比，非法交易者实施交易前后，"比特币"这个词的谷歌搜索指数较低（说明受关注度低）。换言之，"比特币"的谷歌搜索指数可能代表的是合法用户对比特币的关注程度。从交易笔数上，有大约 44% 的交易笔数与非法交易有关；从交易规模上，有 20% 的交易量与非法活动有关。

鉴于比特币已经在市场上流通了近 10 年，从时间轴纵向来看，比特币交易中的非法交易占比有什么变化呢？三位学者发现，从 2015 年以来，比特币交易中与非法活动有关的占比下降。这种下降主要由以下两个原因引起：第一，"主流"交易的兴起，以及对比特币的投资（机）兴趣的增加。虽然相对占比在下降，但比特币交易中的非法交易的绝对量仍然在持续上升。这说明，是合法交易的绝对量的上升，导致了非法活动的相对占比下降。第二，其他数字货币的使用量的上升。其他数字货币（例如，Dash、Monero、ZCash）具有更强的隐蔽性，能够更严密地把用户的交易行为掩盖起来。所以，在政府严格监管了比特币之后，某些用户可能转而使用其他数字货币作为支付工具。

以比特币为代表的数字货币的交易行为，确实有相当一部分与非法交易相关。正是因此，各国政府对数字货币实行密切监管。另外，近年来，越来越多的金融机构接受比特币作为支付手段，例如，2017年11月，全球四大会计师事务所之一的普华永道（PwC）香港办公室宣布，他们将接受客户用比特币换取咨询服务。此外，包括肯德基加拿大（KFC Canada）、微软（Microsoft）在内的公司接受比特币作为支付工具。数字货币作为区块链的一种重要应用，已经在一定范围内影响着支付手段的变革。

6.4 数字加密货币与法定货币的对比

数字加密货币具备货币职能，在部分市场中交易者用数字货币进行交易。然而，不可避免的问题是数字货币与政府法定货币之间如何进行权衡，二者是替代关系还是互补关系？本节主要针对另一种货币形式，即私人货币，与政府货币的等价性及私人货币的可行性研究进行总结，从而对数字加密货币与法定货币之间的关系进行启发。

6.4.1 私人货币与政府货币如何等价？

现代社会是一个政府法币和私人（电子）货币共存的经济社会，然而究竟是中央银行还是私人部门发行货币仍然在争论当中。支持中央银行法币的人认为，私人货币的出现不仅会让金融体系稳定性受到危害，而且也会将铸币税转移到私人部门中；这些人中，最激进的是芝加哥计划的支持者，认为应当取缔所有私人部门发行的电子货币，而最温和的人则提出了中央银行电子货币（Central Bank Digital Currency，CBDC）。然而，反对CBDC的人认为这种货币离开了银行货币派生机制，会对经济增长产生负面影响并加剧银行挤兑与金融体系不稳定。为了从理论上讨论以上各种论点，Brunnermeier & Niepelt（2019）总结了以往货币经济学理论文章，从纯理论的角度建立了一个涵盖货币、流动性与交易成本的一般化模型，在传统资产定价模型中加入了"流动性核"（Liquidity Kernel），在理论上探究各种货币制度安排在什么条件下是等价的，并探究政府与私人货币之间置换是否会影响金融稳定与效率。

Brunnermeier 和 Niepelt（2019）模型的基本设定是经济社会分别存在一个连续的家庭、企业、银行及唯一的政府部门。家庭和企业追求效用/利润最大化，该文在传统 OLG 模型的基础上，考虑到：（1）在无风险利率低于经济增长速度时产生的货币泡沫；（2）资产市场的不完备性导致经济活动的参与者会持有其他货币的资产以对冲风险；（3）不同货币作为交易媒介时可产生交易摩擦，如交易成本等。银行归家庭所有，而它们的目标在于构造投资组合使得其未来现金流的市场价值最大。政府部门的目标在于发行证券或收税/转移支付以维持政府货币的收支平衡。在随后的讨论中，最主要关注的是各部门的预算约束。

首先，文章考虑若将政府货币置换成私人货币，会对各部门的预算约束以及流动性有什么影响（若到达预算约束边界，则为流动性差，否则为流动性好）。此时，各部门可构造投资组合，选择各种私人货币的仓位。在这种设定下，效用/利润最大化问题蕴含的欧拉方程所得到的 SDF 是在基本 OLG 得到的 SDF 基础上乘以一个流动性核，表明在纯私人货币经济环境中，考虑无限期后证券的均衡价格可由三部分组成：证券的基本价值（即传统 SDF 推算的价值），证券基本面收益带来的流动性价值，以及泡沫部分。其中，泡沫部分未必为0，特别是消费波动率较高的时候。这种价格分解表明了私人货币铸币税的来源：纯粹私人货币经济中，一家私人银行可以通过发行基础收益低但流动性高或者有泡沫的私人货币，来为基础收益高但流动性低的资产提供融资。这一部分的推理表明以私人货币替代政府货币未必是等价的，因为里面既涉及铸币税乃至财富的再分配，也涉及每个部门的预算约束。

之后，文章考虑在什么样的情况下，以私人货币替代政府货币，从结果上是等价的。等价的含义又分为财富中性与流动性中性。第一，在理论分析上，文章证明如果政府进行公开市场操作并且进行补偿性转移支付，只要这种做法不改变上文的流动性收益，就不会改变市场参与者的财富。第二，文章指出只要对个体 i 而言，在 t 期和 t+1 期的在现金—存款空间中的等产量曲线是线性的，即现金—存款的流动性替代率是常数，则流动性中性也能够得到保证（即预算约束方的价值不变化）。第三，文章证明，政府进行公开市场操作并进行补偿性转移支付，能够同时满足财富中性和流动性中性，也因此无论家庭还是企业，其可行集与其最优解不会发生变化，在部分均衡和一般均衡的设定下这个结论仍然成立，在一定程度上说明了政府货币与私人货币制度安排的等价性。

最后，作为以上理论分析框架的应用，文章讨论了各种涉及的政府货币与私人货币之间置换的货币制度安排，包括 CBDC，"芝加哥计划"、私人加密货币和印度的去中央银行化。文章认为，若 CBDC 的推行过程能满足上述公开市场操作与补偿性转移支付的配合，则推行 CBDC 不会影响到经济环境中的任何一个部门，每个部门只是资产的组合发生了名义上的替换，如同把东西从左口袋放到右口袋，经济的稳定性也不会受到危害。然而，由于极端的"芝加哥计划"支持者认为中央银行不应当给予商业银行这种名义上的置换，即缺少补偿性的转移支付，因此，此时的货币置换未必是等价的。同理，印度的"去中央银行化"的政策也被证明是非等效的，而一般的加密货币发行也必须遵循公开市场操作与补偿性支付转移想配合的规则，才能保证等效性。

整体而言，Brunnermeier 和 Niepelt（2019）总结以往货币经济学以及一般均衡模型，充分考虑了市场中存在的流动性约束、财富分配效应和泡沫，建立了一个分析政府及私人货币制度安排的研究范式，并对各种现实中的情况进行了合理解释与推测，也为后续实证工作提供了许多宝贵的思路。

6.4.2 私人货币的可行性

虽然对私有电子货币的研究已经蓬勃开来，但是很少有文章对它们进行货币经济学上的研究。事实上，19 世纪时西方国家市场充斥各种私人银行券的年代，和如今满溢形形色色电子货币的市场如出一辙，不同的是现在电子货币是信用货币，和数百年前私人银行券还不完全相同。仅由私人货币组成的货币市场能否维持币值稳定？在均衡时是一个货币一家独大，还是所有货币都能共存？私人货币是否需要实体资产支持？私人货币能否与国家法币共存？从规范的角度讲，一个国家是否应当阻止私人货币的发行？这些问题都亟待解决。Fernández-Villaverde 和 Sanches（2019）从纯理论的角度，构造了私人货币的模型，并指出可能存在的几种均衡，说明在各种情境下竞争性货币市场可能达成的结果，并逐渐讨论几种特殊情况以贴合现实。

在 Fernández-Villaverde 和 Sanches（2019）的基本设定下，一个经济社会由一个集中式的市场（Centralized Market，CM，私人货币市场属于其中的一种）和一个两两交易的去中心化市场（Decentralized Market，DM，实体商品市场）组成。经济体由可数无穷个创业者（私人货币发行商属于其中一种）和一个连续性的消费者与生产者集合组成。创业者不参与 DM 交易，只是提供一定数量的 CM 商品，而且这一市场是完全竞争的，可以随意进入和退出；消费者和生产者都在 CM 市场中付出努力并获得成正比例 CM 资产（如私人虚拟货币），在 DM 市场中消费者只消费，生产者只生产，两两以一定概率进行配对。创业者的效用纯粹来源于自己发行货币的数量，而消费者与生产者则从 CM 与 DM 的生产消费中获得效用。在 CM 与 DM 市场出清的情况下，作者考虑所有人效用最大化问题，并以此推导这可数无穷个货币的性质。在推理过程中，最重要的参变量为 CM 商品（相同）的回报率、每种货币的名义发行量及实际价值。主要结论如下：

（1）首先考虑纯粹私人货币的情形。在模型中存在两部"对称性"均衡解，即市场存在可数无穷种私人货币。第一部均衡解是市场中存在可数无穷种私人货币，每一种货币的总实际价值都相等，并且还有源源不断的外部进入者发行新种类的货币。根据模型中蕴含条件，在未来各期各种货币的价格指数都在 100% 的水平稳定着，并且外部有动力进入到私人货币的发行中。第二部均衡解是市场中所有的私人货币其价值都不断萎缩，直至价值都趋近于 0，这里面蕴含着预期实现的通货膨胀原理，所有的货币内在价值都不断萎缩，直到所有货币都没有价值，彼时整个经济社会将变成以物易物的社会。

（2）文章指出，虽然上面提到的两部均衡解中，币值稳定的解帕累托占优于币值萎缩的均衡，但是纯私人货币市场无法提供一个社会最优的货币发行量。文章指出，纯私人货币发行，其发行量并不能很好地匹配社会中存在的实际财富，即虚拟经济不能自发地和实体经济相匹配。

（3）另一种"非对称"均衡解在于即使私人货币发行的市场是完全竞争的，仍然存在一种私人货币将其他所有私人货币都驱逐出市场的情况。此时，唯一私人货币的发行商由于受到外部进入者的威胁，仍然不能随意发行货币。在这一部均衡解中，也存在类似的币值稳定和币值萎缩的两类均衡解，相当于将"对称"均衡情况的所有私人货币发行者都内化为一个发行者来对待。

（4）在以上纯粹私人货币的经济环境上，又加入了政府发行货币的情况。在信用货币的体系下，政府发行货币的情况与先前提出的"对称"均衡别无二致。传统的 LW 货币经济学框架也属于其中一个特例。在这种情况下，政府发行货币也要遵循其发行价值为一个定值的规则。此外，为了使得政府发行货币能兼顾金融稳定和社会效率，文章又提出了另一种政府发行货币规则，即政府通过向私人部门征税支持信用货币发行，使得央行的资产负债能够保持平衡。在这种规则下，由于政府的目标发生了改变，最终的结果是需要将私人货币全部驱逐出市场。

（5）在以上的分析过程中，对私人货币发行人没有特别的界定。文章讨论，如果私人货币的发行者是一个全自动实体，即并不是追求效用最大化的创业者，也不会动摇上面得到的各个结论。

（6）文章还讨论当 CM 中的商品是货币发行者的生产性资本的情形。此时，上述均衡中各私人货币币值趋于 0 的"对称"均衡不再存在。在现实中，这种情形的一个例子是电商平台发行私人货币，用户可以在该平台上用这种货币购买实物商品。这种情形和现实更接近。另外，如果私人货币存在地区上的局限性，对于那些可能更改自己活动区域的人而言，他们不会用 DM 商品换取仅能在一个地方使用的电子货币。

Fernández-Villaverde 和 Sanches（2019）的贡献在于从纯货币经济学理论上推导出私人货币市场各种可能的情形，不仅吸收了传统货币政策理论框架，也对现实私人货币和政府法币并存的情况进行了理论归纳，对货币当局的政策制定具有指导意义。

7 人工智能与机器学习

7.1 人工智能的发展与挑战

无论人们对于人工智能是否会超越人类、发生在何时持有怎样的观点，人工智能快速发展的潜力都使人们对人工智能的研究充满信心。在一些领域，人工智能已经超越或可能很快超越人类，例如，下棋、产品推荐、电商产品定价、舆情监测等。当然，人工智能的发展仍然面临许多挑战，例如，在经济学推理分析的应用中如何设计推理和推断方法，以有效地平衡额外的计算量带来的收益与成本。

7.1.1 人工智能的"理性"优势与挑战

鉴于经济学领域的决策问题通常具有清晰合理的结构，因此，人工智能较为擅长处理这一类问题，有理由期待人工智能将在经济学推断分析的应用中迅速发展。这一前景也将推进理性的经济学分析框架的研究，使机器能够学习经济学分析方法。

Parkes 和 Wellman（2015）讨论了人工智能在经济学分析中应用的可能性。在经济学中，"理性"是一个十分基础的概念和重要的假设。然而，参与经济行为的个体往往存在非理性行为，行为经济学和行为金融学的出现和发展就是基于个体的非理性。人工智能的出现可以帮助克服这一问题，因为人工智能在设定中往往具备"理性"优势，制定决策时可以做到"理性"或者接近"理性"，而在多大程度上实现"理性"决策也是人工智能评价的重要标准。数十年来，人工智能领域研究的进展，其本质都是使得机器更有效率地实现理性行为。例如，Bayes 网络等领域的发展，使得 30 年前提出的概率模型如今大行其道。

经济学的理性分析框架可能是人工智能分析的优势所在，但如何设计算法、使人工智能能够实现自主推理仍存在巨大挑战。经济学对代理人的理性行为建立模型并描述其决策过程。对于含有单个代理人还是多个代理人的经济学模型更适合人工智能分析尚无定论。多个代理人的模型更加复杂，在算法上也更难处理，而单个代理人的模型可以集中精力于总体目标。也有学者尝试研究在设计者的控制下的多代理系统，就像集中式解决方案一样，这些所谓的"合作"多代理系统允许设计时无须考虑单个代理的自身利益。鉴于当前人类经济系统的复杂结构，未来的研究主体应该是一个复杂的大型人工智能系统，由无数子系统组成，这些子系统在设计、部署和算法上各不相同，完成大量拆解的子目标。

Parkes 和 Wellman（2015）认为，随着人工智能的发展，经济学分析框架将在人工智能的应用中发挥重要作用。随着人工智能经济的不断发展，将会出现一种新的学科致力于设计这些分析系统。这些人工智能分析系统无疑将对经济和整个社会施加强大的动力。对其未来影响的理解将在很大程度上影响人工智能和经济学领域的研究发展方向。

7.1.2 人工智能会加剧不平等现象吗？

人工智能的发展引发了经济学家对自动化技术如何影响收入增长和分配的激烈讨论。有两种截然不同的观点，较为悲观的经济学家认为，大多数工作将被机器人所取代，就业率下降到极低的水平，收入分配极度不平等；另一种观点认为，虽然自动化使一些工作变得过时，但它与许多其他工作形成互补，尤其是那些重视创造力、灵活性和抽象推理的工作，因此人工智能不会对劳动力市场产生较大的破坏。在此背景下，Berg、Buffie 和 Zanna（2018）建立理论模型探讨人工智能的发展对总产出和不平等的真实影响。

该文的理论模型在标准的新古典模型中做了两点改进。首先，投资的形式包括传统资本和机器人资本，不同于传统模型中劳动力和资本的互补关系，机器人资本和劳动力相互替代，而和传统资本是互补的。其次，经济中存在两种代表性个体：一种是资本家（或有技术的工人），他们有储蓄用于投资；另一种是工人（或无技术的工人），收入全部用于消费，没有储蓄。由此可以分析两个维度上的不平等、资本家和工人的财富不平等，以及不同技能的工人的不平等。

人工智能对经济的影响与人工智能的发展程度有关。该文从一个基准模型开始，拓展到不同自动化水平下的劳动力市场。在模型一中，机器人在所有任务中与所有劳动力竞争；在模型二中，机器人仅参与部分工作；在模型三中，机器人仅替代非熟练劳动力，而与熟练劳动力互补；在模型四中，机器人只在一个部门的生产中起作用，其他部门的生产要素只有劳动力和传统资本。以上模型给出了在不同的自动化冲击下经济体的增长路径。具体结论包括：

（1）长期的实际人均收入将增长30%～240%。当机器人和人工是非常接近的替代品时，小的技术进步就足以给经济增长带来巨大影响。在这种情况下，机器人投资的直接收益仅占GDP增长的6%～16%。剩余的84%～94%反映了机器人与传统资本积累之间强烈的正反馈效应。

（2）短期内实际工资会下降。而长期中，传统资本存量的增长提高了对劳动力的需求，实际工资会上升。因此，劳动力市场存在跨期权衡（Trade-off），短期内承担工资下降的损失，但是长期将获得工资上升的福利。从短期到长期的跨度可能长达12～50年。

（3）总产出增长的越多，劳动的收入份额降低得越多，因此，GDP总额越大，分配越不平等。

（4）在机器人和劳动力完全替代的极端情况下，经济永远不会进入长期，资本积累持续增长，劳动的收入份额趋近于0，工资下降。

（5）在机器人只替代低技术水平工人的模型中，不平等的情况更加严重。长期中，高技术水平工人的工资增加了56%～157%，而支付给低技能劳动力的工资下降了26%～56%，而且后者在国民收入中的份额从31%下降到8%～18%。

（6）所有模型的预测结果都不支持"技术乐观"的观点。即使自动化只冲击部分行业或部分劳动力，不平等的扩大也会持续出现，而不平等程度的降低会减少总产出和工资的增长。

整体而言，Berg、Buffie 和 Zanna（2018）的研究结果表明自动化对于经济增长非常有利，但极大地促进了收入不平等，在各种模型设定中都有相同的结论。因此，该文作者提出人们应该担忧人工智能发展带来的机器人"革命"，尤其是应该对其引发的不平等现象予以重视。

7.2 利用机器学习算法解决市场中的经济金融问题

由于大数据和机器算力的发展，机器学习算法在市场中用于解决经济金融问题成为可能。例如在传统的二级市场，智能投顾业务迅速发展，投资者可以利用机器学习算法优化投资组合和建立解释能力更强的资产定价模型，也可以通过文本分析采集新闻中的信息建立相关市场情绪指数或者恐慌指数。在其他市场中，机器学习算法也可用于预测个体的行为决策，如违约行为等。同时，考虑到机器学习算法高度依赖于数据质量，因此，当数据无法包含所有相关信息时会导致机器学习算法带来误判风险。在本节中，主要针对机器学习算法在市场中的应用研究进行总结。

7.2.1 优化资产组合

金融市场理论（例如 Markowitz）说明分散化投资可以降低投资风险、提高资产组合夏普比率等。在资产组合理论中，投资者根据市场上所有资产收益率的方差—协方差，选择各资产的权重，从而达到最优的资产配置，即当在同等收益率期望下，选择收益率方差最小的资产组合。

个体投资者在投资股票过程中往往存在分散化较低的特征，证券公司等机构的投资顾问可以帮助个体投资者提高投资的分散化程度,然而投资顾问也可能会存在有限关注等非理性行为偏差。得益于金融科技的普及,智能投顾业务也得到发展和重视,理论上智能投顾业务可以避免出现非理性策略。D'Acunto、Prabhala 和 Rossi(2019)通过一家印度的智能投顾业务提供商数据,研究智能投顾业务是否帮助投资者提高投资分散化程度、提升投资收益、减少非理性交易行为。

"Portfolio Optimizer"是印度一家券商提供的智能投顾业务,该文利用该券商所有使用过该业务的客户交易数据,样本区间为 2015 年 7 月—2017 年 2 月。该业务的原理是利用 Markowitz 的均值—方差最优化模型提升客户资产组合的夏普利率,具体操作是基于客户历史交易过的股票和另外 15 只市场中流动性最强的股票,考虑了卖空限制等市场因素,估算最优资产组合的权重,然后将计算过程和计算结果提供给客户[1],由客户决定是否根据业务推荐的策略进行交易。

D'Acunto、Prabhala 和 Rossi(2019)研究结果显示:(1)对于该业务实施前投资分散化水平较低的客户,开展该业务之后这类客户的投资分散化提高、收益波动降低、超额收益率(超过市场的收益)上升;(2)对于该业务实施前投资分散化水平较高的客户,开展该业务的影响不显著;(3)开展该业务后,所有客户的非理性交易行为减弱(包括处置效应、趋势跟随行为、极值效应[2]),但没有完全消失。

在投资实践中,应用资产组合理论来构建投资组合的投资者较少,

---

[1] 注意:根据论文描述,该业务明显有别于人工智能或者深度学习等智能投顾业务。

[2] Rank Effect,即投资者仅关注表现最好和最差的股票。

尤其是个体投资者，因为资产收益率的方差—协方差参数的数量是惊人的。如果市场上有 1000 种资产，则参数量将超过 50 万个。通过传统方法估计出的参数稳健性较差，无法对方差—协方差进行正确预测，自然也无法使用这种方法构造投资组合。Ban、Karoui 和 Lim（2019）运用机器学习的思想，开发了绩效正则化方法（Performance-based Regularization）[①]，试图解决这一问题。

绩效正则化方法的目的是通过资产的历史收益率，计算各资产的最优权重，使得投资组合尽可能地达到可能性边界。绩效正则化方法的第一种机器学习思想是正则化，而正则化是保持模型参数稳健性的重要方法。例如，机器学习中常用的 LASSO 方法，是在传统 Logistic 回归的损失函数中加入 L1 正则化项。在变量较多时，加入 L1 正则化能提高模型预测的稳健性。绩效正则化方法使用正则项，试图提高模型估计的稳定性。

绩效正则化方法的第二种机器学习思想是交叉检验。使用正则化的方法时，有一个需要确定的正则化参数。正则化参数的值越大（越小），模型对数据的拟合程度增加（或减少），但同时模型的稳健程度下降（或增加）。如何选择合适的参数呢？需要利用交叉检验的方法。具体而言，对于每个正则化参数，作者将模型随机分成 10 等份，轮流使用其中 9 份数据估计参数（即各资产在投资组合中的权重），然后使用剩下一份数据计算投资组合的夏普比率。在得到 10 个夏普比率之后，对其求平均。通过这种方法，可以得出每一正则化参数对应的平均夏普比率。然后，选择使得平均夏普比率最高的正则化参数。

---

① 绩效正则化方法（Performance-based Regularization）：是指基于资产的历史收益率数据和机器学习算法来计算资产最优权重，从而优化投资组合收益的方法。

作者随机生成了一些资产收益率的数据，检验绩效正则化方法和传统方法的效果，发现绩效正则化方法要显著优于传统方法。这表明，机器学习思想的引入，在一定程度上提高了投资组合理论的实用性。

7.2.2 优化资产定价模型

在实证资产定价文献中，有不少文章通过基于特征的因子回报来解释证券和投资组合的收益率，其中最有名的即是 Fama-French 的三因子与五因子模型。这些模型只关注于几个特征因子，并以此构建线性定价模型，因此被称作特征稀疏的定价模型（Characteristic-sparse Models）。然而目前，二级市场中的市场异象不断被挖掘，资产的门类也逐渐扩大，数据在特征维度与资产维度上都在不断延展。在此情境下，过去提出的特征稀疏的定价模型究竟有多强的解释力？是否有更好的计量方法能够有效运用现实数据，对股票有更强的预测效果？Kozak、Nagel 和 Santosh（2019）在机器学习领域，分别从计量经济学理论与实际数据解答了这两个问题。

首先，Kozak、Nagel 和 Santosh（2019）对以 Fama-French 因子模型和 q 理论模型为代表的特征稀疏模型加以评论。作者指出，随着现实中资产数据的不断丰富，应当有越来越多的特征纳入资产定价模型的分析框架中。然而，以上特征稀疏模型只用了少数几个反映证券特征的变量，在本身资产数量和特征维度都很大、潜在具有解释力特征的数量也很庞大的情况下，基于稀疏特征的随机折现因子模型会出现过度拟合问题，即模型对样本区间外的数据解释力会大打折扣；而对于 q 理论模型，在面临巨大的样本数量与特征维度时，仅依靠少数几个特征进行解释，需要在现实中得到预期盈利能力和投资量数据，而这两支数据在现实中都无法观察到，用其他代理变量又会带来内生性的问题。总体来说，无论何种稀疏特征模型都不能充分地利用现实数据，理论上的预测能力也不理想。因此，文章试图探索一个新的方法论，不仅能够充分运用现实数据中更多维度基于特征的因子，在样本外也有很好的预测能力，而且也希望排除那些实际上对随机折现因子并没有很好贡献的因子，从而不加入冗余的因子，达到信息全面性与现实可行性的平衡。

在理论上，该文提出的方法论中，最重要的是在模型中加入对因子预期收益率的先验信念（Prior belief），而这个先验信念是基于因子过去收益率的平均水平。作者运用主成分分析法，充分考虑到先验信念进入到定价模型的状态（即先验信念分布的离散情况），在所有的因子中寻找最具有解释力的少数几个因子（即主成分分析矩阵中特征值最高的几个成分），而根据设定的惩罚原则抛弃掉大量低解释力的因子。从经济意义上讲，那些被舍弃的低解释力的因子对随机折现因子的变化的贡献很小，根据 H–J 理论对夏普比率平方最大值边界的贡献很小，所以在经济意义上对资产组合的预期收益率贡献也应该很小。以上方法能兼顾模型与估计的简洁性，以及现实数据信息的充分使用程度。

在实证分析框架中，文章分别以传统基于市值与市净率的 25 个资产组合（FF25）、涵盖大量市场异象特征投资组合以及 WRDS[1] 中大量特征投资组合作为该文方法考虑的基于特征因子的边界，从各种因子中用上文的主成分分析方法抽取出特征值高的几个成分对因子收益进行解释。

---

① Wharton Research Data Services（WRDS）是由宾夕法尼亚大学沃顿商学院开发的金融领域数据库平台。

从总的效果来看，一方面当潜在的解释因子数量很少时（FF25 的情况），该文的方法至少和直接使用因子本身预测的能力一样好；另一方面，当潜在的解释因子数量很高（例如，达到 50～80 个）时，少数几个主成分的解释力就比多个基于特征的因子的解释力要强，而且用该文方法估计的模型，对于估计样本外的数据也有较高的预测能力。在考虑到各异象因子间的相互作用后，该文的方法仍然能用少数主成分有效解释资产回报。

接下来，文章比较该文的方法与传统特征稀疏模型的预测效果。在不同的情景下，选用的投资组合边界分别为 50 个市场异象投资组合、80 个基于 WRDS 特征的因子投资组合，以及涉及 50 个市场异象投资组合的 1375 个交互投资组合。首先，分别在每一个情境下基于投资组合的 Beta 值计算出它们的超额收益率，并利用该文的方法构造了均方有效的投资组合，以该组合作为接下来的研究对象；之后，分别对在不同情境下得到的投资组合的收益情况以 CAPM[①]、FF5[②] 因子模型和该文的主成分分析方法进行回归，观察得到的超额收益（指模型调整后的 Alpha，下同）的情况。结果显示，通过该文方法在投资组合可行集中构造出的均方有效投资组合，在每一个情景下用任何上述三种方法进行回归，都能得到正的 Alpha。然而，相比于 CAPM 与 FF5 因子模型的结果，该文方法得到的超额收益更小，并且也更不显著；两类方法估计结果的差

---

① CAPM 指 Capital Asset Pricing Model。
② FF5 指 Fama-French 5 Factor Model。5 因子包括代表市场因子的 MKTRF、代表规模因子的 SMB、代表账面市值比因子的 HML、代表投资因子的 CMA、代表盈利因子的 RMW。

距也随着可选投资组合数量的不断提高而逐渐拉大，从而说明在面对大量潜在解释因子时，该文的方法要比传统的特征稀疏模型的解释能力更强大。

Kozak、Nagel 和 Santosh（2019）从机器学习和大数据的角度，对传统资产定价模型的有效性进行了讨论，提出了更为有效的预测方法论，并对其经济学意义进行了一定解释。

7.2.3 建立新闻恐慌指数

回望过去，人们通常会存在对未来的过度担忧，但却没有什么有形数据来记录下这种担忧——尤其是对于罕见事件而言。而且，实际经济数据通常并没有反映这些担忧，使得这些担忧看起来毫无根据。Manela 和 Moreira（2017）尝试利用机器学习算法量化人们对于未来不确定性的认识，并探究哪种类型的不确定性会导致股票市场的风险溢价。

Manela 和 Moreira（2017）使用新闻文本数据来刻画不确定性。该做法基于以下假设：商业媒体在选择词句时反映了一个投资者的平均关切水平。该文使用的新闻文本数据包含 1989 年 7 月—2009 年 12 月华尔街日报头版文章的题目和摘要，计算词组在当月新闻文本中出现的频率。在机器学习算法中，1996—2009 年是样本内训练集、1986—1995 年是样本外测试集，1985 年及以前是预测集。作者利用 1996—2009 年芝加哥期权交易所公布的期权隐含波动率（Option Implied Volatility，VIX，又称恐慌指数）作为估计对象，用支持向量回归法（Support Vector Regression，SVR）估计当月新闻词频与当月隐含波动率（VIX）之间的相关关系，并把由这一相关关系导出的预测波动率称为"新闻隐含波动率"（News implied volatility, NVIX)。作者发现，在样本外测试集上，NIX 也可以较好地拟合期权隐含波动率：在 1987 年 10 月股市崩盘、1990 年伊朗入侵科威特时，这一指标处于高位。观察更长期的趋势时，作者发现，反映投资者不确定性的 NIX 指数在股票市场崩盘、世界战争、金融危机时处于高位。因此把 NIX 作为反映投资者不确定性的代理变量是合理的。

基于构建的 NIX 指标，作者检验 NIX 是否能够预测美国股票市场收益率。作者发现，在控制了其他可能预测股票市场收益的指标后，NIX 可以预测战后（1945—2009 年）美国股票市场收益。

进一步，作者探究，是什么类型的不确定性与股票市场风险有关。作者通过对词语分类，把 NIX 分解成五个可解释的类别，以刻画不同类型的冲击：政府、金融中介、自然灾害、股票市场、战争。通过检验，作者发现，尽管对战争和政府的担忧并不构成 NIX 指数差异的主要来源，但这两类担忧是股票市场风险溢价差异的主要来源。最后，作者发现 NIX 能够预测 1889—1945 年的经济灾难（Economic Disaster）。

Manela & Moreira（2017）的发现说明，投资者对罕见灾难的担忧可以预测股票市场收益率。该文的贡献在于，首次利用机器学习方法从新闻文本数据中获取了对总体不确定性的信息，即"新闻隐含波动率"，并且该指标能够很好地预测风险溢价。

7.2.4 预测个体行为

在现实生活中，许多重要的决定取决于预测：经理在招聘过程中会评估未来生产力；出借方在放款决策中会预测借款人的还款能力；医生在出诊过程中会形成诊断和预后评估；甚至经济学博士学位录取委员会也评估申请人未来的成功。这些预测可能不完善，因为它们可能依赖于有限的经验、错误的心理模型和概率推理。人们是否可以使用统计驱动的预测来改善这些基于预测场景的决策？今天这个问题又有了新的意义。现在不仅可以将大量数据用于许多决策，而且还具有用于分析这些数据的新计算工具。特别是，通过发现数据中的复杂结构和模式，机器学习在进行预测方面具有了实际的突破。

那么，机器学习能否改善人的决策能力？保释判决提供了一个很好的实验案例。在美国，法官每年要作出数百万次羁押或释放的决定，而这些决定取决于法官对被告在释放后的行为的预测。如果将具有一定数据规模的预测任务具体化，将会使其成为一种很有前途的机器学习应用场景。

Kleinberg et al.（2017）以纽约预审保释决策场景为研究对象，因为在这类保释决策中，法官只需要考虑被告在释放后的潜逃风险。在该研究中，作者采用基于统计理论的机器学习预测方法进行预测，建立相关算法模型，通过当事人的年龄为学习属性学习预测其释放后的潜逃风险，做出羁押和释放的判断，并从多个方面对比评价机器学习与人类决策的决策效果，分析人类决策出现误判的原因。

Kleinberg et al.（2017）的研究数据为 2008 年 11 月 1 日—2013 年 11 月 1 日所有的纽约市拘留数据，这些原始数据包含了 1460462 个案件，这些数据同时包含了被告人预审保释之后的结果。在原始案件中，758027 最后作出了释放决定。在 Kleinberg et al.（2017）用于预测的机器学习算法中，初始样本有 758027 个样本需要进行预审保释决定。由于作者的目标是准确的样本外预测，因此，作者将数据分为训练算法所依据的训练集和用于评估算法的测试集。研究中的主要数据集包含 554689 个案例，作者将其随机划分为 3 个集合：40% 为训练集，用于训练算法；40% 为归因集，用于估算被判入狱的犯罪风险；20% 为测试集，用于检测机器学习算法的预测。机器学习算法的输入变量只有法官可获得的数据，包括当期犯罪信息和犯罪历史，值得说明的是该算法没有使用被告的种族、族群和性别信息。算法的训练目标为被告的潜逃风险。

在该研究中，作者发现机器学习算法的预测确实可以优化法官的决策行为。第一，在法官释放的被告中，很多被告被机器学习算法模型在事前被识别为高风险。第二，严格的法官在第一步中没有作出对风险最高的被告进行监禁的决定，但是在所有样本中挑选了额外的被告进行监禁，这就降低了这类法官的决策效率。因为他们可以在只监禁 48.2% 现有被监禁人数的情况下，降低相同的犯罪率；或者在监禁和现有被监禁人数相同数量的情况下，可以继续减少 75.8% 的犯罪率。第三，当机器学习算法的监禁率（被监禁的被告人数占总被告人数的比例）与法官决策的监禁率相同时，机器学习算法可以降低 14.4%～24.7% 的犯罪率；当机器学习算法和法官决策后被告犯罪率相同时（例如，潜逃风险相同），机器学习算法的监禁率比法官决策的监禁率要低 18.5%～41.9%。

整体而言，该文的研究发现机器学习算法可以提升法官的决策效率。然而，考虑到输入变量的有限性，研究结果无法证明法官与机器学习算法的决策差异是否来自其他变量，例如，种族平等、性别平等或者其他因素等。在保释判决的案例中，机器学习算法的应用提供了机器学习算法用于提升人类决策的一个模板，因为机器学习可以更好地进行预测，而很多重要的人类决策都是基于对未来的预测。在这个过程中，值得关注的问题是实现机器算法的数据完整性问题，如果数据存在非随机缺失的情况，那么机器学习算法的预测结果可能存在选择性偏差问题。

7.2.5 道德风险与误判风险

机器学习的应用范围在不断地扩大，从将日常工作自动化到辅助进行复杂决策。目前，机器学习也在改变医疗保健行业，例如，某一特定算法可以帮助医生分辨需要检查和复诊的患者，也可以预测需要高度关注的人群。

但是，机器学习的应用也带来了新的问题。其中一个问题是"错误估计"。机器学习的优势是用自变量预测因变量。但在医疗政策方面，建立算法模型所使用的数据主要依赖于电子医疗记录和患者对自身病痛的陈述。但这些数据可能存在系统性偏差，导致自变量和因变量的估计产生偏差，并进而放大临床错误和道德风险。

Mullainathan 和 Obermeyer（2017）重点研究了机器学习在医疗政策应用方面造成误判的原因。作者首先通过一个实证案例直观地说明机器学习在精准预测方面的不足。从机器学习的应用案例上看，机器学习似乎主要应用于解决预测问题，例如，对急诊病人的诊断。但是由于同一疾病的不同阶段的差别是轻微到难以分辨的，这就导致急诊病人很难被确诊，例如，中风和有中风可能的病人都有不同程度的相同症状。虽然这种预测有助于确诊或使病人进行进一步的检查或复查，但从医学政策应用的实际来看，更希望提升预测的精准率以帮助医院更为有效地进行资源配置，并不需要在计量上对系数因果进行有效的分析。

作者将一个大型学院医院及其急诊室一周内中风诊断数据及急诊患者一年内的电子医疗档案按临床相关性进行了分类，并使用了逻辑回归算法对患中风的可能性进行预测。实证结果发现曾患有中风的患者有极大的可能在未来会再次患上中风。同理，心血管疾病史对中风的预测也有极强的导向作用。相比这两个因素，其余的因素与中风的联系就相对模糊。

然而，上述实证回归存在一个问题，即数据来源。因为医疗数据的特殊性，导致该文的数据并非都来自精准确诊为中风的病人。具体来说，有几类病人的数据会被收集，并被用于未来预测中风：一是来医院看病被当场确诊为中风的数据；二是有类似中风的症状，来医院看病的病人数据；三是病人因其他疾病到医院检查，被查出有中风的数据。因此，这些数据的混杂和偏差，导致上述实证回归的预测本质是在预测病人可能来医院检查就医的可能性，而并非是自然人可能得中风的可能性。因此，作者认为机器学习在医疗应用中预测疾病存在精确度不足或误判的情况。

为了进一步做对比，作者又做了一次回归。这次回归的因变量由是否患中风变为了在未来30天内是否死亡。因为与医院对中风的数据记录存在混杂问题不同，死亡是一个精确的事件。因此，作者希望通过这种对死亡率的对比回归，说明基于医院数据记录的机器学习在预测更为精确的疾病时存在预测不足。结果发现，更换因变量之后，所有因素与中风的关联程度均有所下降，其中除曾患中风外其他因素与中风基本无关，结肠癌筛查甚至变为负相关。

其次，作者探讨该类问题的产生和影响。作者认为，与自动化产业内的应用不同，在医疗产业中，误诊是不可避免的，主要有以下原因：

（1）信息的主观性。对于医生来说，进行确诊并不是一个客观的行为，而是基于检查结果和治疗方案的一种主观判断。甚至症状都不是一个详尽的报告而是患者愿意通过面谈，检查等所展示的一部分身体情况。

（2）信息获取的有选择性。对哪一方面的症状进行检查是由病患在进入医院前自行选择的。

（3）信息的获取是基于事件的，也就是说所能被获得的信息只是那些被记录下的信息。如果病患不选择治疗他们的疾病，那些确诊信息就不会被记录。

以上三大原因导致了机器学习应用结果的偏差。第一，结果会更倾向于常去医院就诊的人，但事实上很多早期症状的出现并不会让患者想要去看诊。第二，基于算法的自动诊断可能会加强医生的诊断偏差因为创建算法时使用的数据本就有与医生的直观感受相同的偏差。所以算法预测很可能会加强人的直观结论中的偏差。

综上所述，Mullainathan 和 Obermeyer（2017）提出没有一种方法可以完美地解决所有的预测问题，但是可以通过更为精准的判断方式和提高机器学习的应用标准来转嫁或解决预测所产生的问题。机器学习高度依赖大数据和高质量的数据，随着医疗领域大数据的发展，机器学习在医疗领域的应用也日益深入。但是，如果不重视这些数据可能存在的系统性偏差对预测的影响，可能会带来临床误诊和道德风险问题，此时机器学习的应用可能是有害的。

7.3 利用机器学习算法进行学术研究

在传统的研究中,由于数据缺失或者数据分析能力不足导致部分重要学术问题尚未得到解决。大数据和机器学习算法的发展为这类问题提供了新的解决方式。同时,由于市场日新月异,另类数据也迅速发展,导致一些新的研究问题出现,因此,利用机器学习算法,尤其是与大数据相结合,来解决学术问题的做法越来越受到重视。

7.3.1 会计和金融领域的文本分析

自14世纪起,文本分析以各种不同形式存在于许多学科中,包括计算语言学、自然语言处理、信息检索、内容分析等,这一分析方法正在有效地帮助研究者解决各类潜在难题。但是,文本分析这一研究方法对于会计和金融学来说却是一个新兴的辅助工具。

Loughran 和 McDonald(2016)通过对会计、金融和经济学文献中关于文本分析更有选择性的调查,介绍了目前文本分析的现状、存在的问题,以及未来的研究方向。

Loughran 和 McDonald(2016)回顾了国内外关于会计和金融文本分析的文献,讨论了其中的常见分析方法。从中总结了五条撰写文本分析文章的规律。

第一,传统的文章可读性分析指数在会计和金融文本中是不适用的,相反使用信息集成框架进行检测能够更为有效地反映这类文本的可读性。

第二，根据齐夫定律（Zipf's Law），所有单词的错误分类都会对结果产生不利影响。

第三，仔细思量过文章主题、单词列表和统计方法在特定情况下的应用后再选择文本分析的合适环境，可以大幅度减少分析错误。

第四，为保证读者能够正确理解原文献内容，文本分析文章在发表时应保证对其所用语法分析方法作出详尽的解释。

第五，为方便后人借鉴，文本分析文章中因包含对其分析方法的描述。

在该文中，作者证明了将已有文本分析方法运用于会计和金融领域是可行的。但是，基于该领域的特殊性，文本分析仍存在很大的发展空间。作者认为在运用文本分析方法时需要注意以下五个方面。

第一，由于其自身结构的问题，结构复杂的公司所出具的报告理应是相对复杂而难以理解的。而已有方法或模型对公司结构的研究是相当粗糙的，这也就可能导致模型对可读性评价出现误差。

第二，即使文献中所涉及的公司架构是相仿的，分析文章撰写者对于可读性的理解也可能各不相同。

第三，术语加权法能够有效地加强文本分析的可靠度，但是由于缺乏理论支撑和独立验证，可能出现由于选择自由度过高而导致的误差。

第四，已有对于积极/消极语气的分析方法，大多只针对这一单独的现象而不同时研究其他因素。作者认为，研究结果偏向于显示为语气积极的，可信度较低。

第五，由于作者所研究的所有分析文章中所涉及的报告撰写语言均为英语，作者所得出的结论仅适用于英语文本分析，语言类型学家能够提出更适用于其他语言的文本分析方法。

作者提出，如何有效地解决这五个方面的问题，不仅是未来文本分析研究发展的重要方向，更是决定会计和金融领域中文本分析结果是否可靠的重要依据。

7.3.2 公司披露信息的识别

在公司披露的信息中，传统研究往往关注财务信息。然而，公司披露内容中也可能含有其他信息，对未来财务表现具有一定的预测能力，例如披露内容中对企业未来的战略部署、生态建设、管理层心态等。Li（2010）采用朴素贝叶斯算法试图研究企业财报 10-K 和 10-Q 部分的管理层陈述与分析（Management Discussion and Analysis，MD&A）[1]的前瞻性报表（Forward-Looking Statements，FLS）[2]所包含的信息。

Li（2010）主要研究的是公司披露"音调"（Tone），首先使用了统计学习理论分析财务披露信息，用朴素贝叶斯机器学习算法替代过去的基于字典的分析方法，同时也是研究 10Q 和 10K 的前瞻性报表中首次进行大规模样本研究的。而先前的研究大多基于人工小样本的文本分析方式，这样存在着两个显著问题，一个是由于小样本规模带来的考虑范围局限，另一个是可复制性上的困难带来的主观性问题。

在该文研究中，作者选取 1994—2007 年美国证券交易委员会网站

---

[1] 管理层陈述与分析（Management Discussion and Analysis，MD&A）：公司管理层对过去业绩的评价和讨论，以及对会影响公司未来的重要事件、趋势和不确定性的讨论与分析，是对以报表和数字为主的传统会计报表的一个重要补充。

[2] 前瞻性报表（Forward-Looking Statements，FLS）：是指基于预期、估计和预测时作出的声明，包含许多风险和不确定性可能导致实际结果或事件与目前大不相同的预期。

上的数据，并进行特征处理，随机选取30000条语句，基于"音调"和内容两个维度作为训练集，进行手动分类，调性分为：积极、中性、消极、不确定四类；内容分为12类：收益、成本、利润、运营、流动性、投资、融资、诉讼、员工、法规、会计、其他。

然后使用Perl中的朴素贝叶斯模型进行计算训练，最后用训练后的贝叶斯分类器对大约1300万的前瞻性报表材料进行预测，用训练误差和交叉验证对贝叶斯分类器的效果进行评价。

作者发现，那些拥有更好的当前业绩、更低的收益、更小公司规模、更低市净率、更低的收益波动、更低的管理层陈述与分析迷雾指数（MD&A Fog index）、更长历史的企业，拥有更积极的前瞻性报表表现。前瞻性报表的"音调"与公司未来的表现呈正相关，同时对其他变量也具有解释能力。此外，当公司经营者在管理层陈述与分析中发出关于未来绩效增长结果的警告时，企业收益也不太可能被投资者错误定价。最后，基于字典方法的管理层陈述与分析"音调"测度与未来表现没有正相关关系，但是，即使控制了基于字典的"音调"测度变量，贝叶斯"音调"测度仍与未来收益表现出明显的正相关，该证据表明，基于字典的方法可能无法很好地分析公司文件的"音调"。

该文的贡献在于首次使用统计学习方法来分析财务披露信息。由于该文的经验分析是对机器学习方法和经济假设的联合检验，因此，该文的结果表明，在其他研究领域广泛使用的统计学习算法可以成功地应用于财务报表分析，因此，对于未来的企业信息披露相关研究具有借鉴意义。

7.3.3 金融科技创新的识别

金融科技在最近几年呈高速发展态势,从网上购物、移动支付到智能投顾、物联网、区块链等多领域受到大量关注。然而,金融科技如何重构金融类企业的商业模式、如何影响当前的金融行业生态环境、哪类金融科技创新的影响最为显著等问题在目前的学术文献中尚没有详细和系统性的分析,Chen、Wu 和 Yang(2018)利用文本分析和机器学习算法,研究金融科技创新对于金融行业和非金融行业的具体影响。

Chen、Wu 和 Yang(2018)的主要数据为 2003—2017 年各企业在美国申请的专利信息,来源于 Bulk Data Storage System(BDSS)[①] 和 United States Patent and Trademark Office(USPTO)[②]。该文试图从所有专利申请信息中遴选出金融科技创新专利,具体流程如下:(1)建立关于金融科技类专利申请的初始样本,例如,通过分析一些著名的金融科技类企业、专利申请最频繁的金融公司等,这些金融公司主要分布在商业银行、支付、经纪商、资产管理和保险行业,在筛选出的 11000 余份专利申请中随机挑选 1000 份专利文件,通过人工判断的方法将其划分为七类:无线安全、移动支付、数据分析、区块链、P2P、智能投顾、物联网;(2)建立金融服务相关的词典,利用文本分析方式排除非金融服务类专利申请;(3)构建机器学习算法的训练样本;(4)利用机器学习算法从包含 67948

---

① Bulk Data Storage System (BDSS):此处指美国专利及商标局的大容量数据存储系统,2015 年 10 月首次公开,用户可通过该系统获得专利受让人名字、授权日期、引用等信息。

② United States Patent and Trademark Office (USPTO):美国专利及商标局,负责提供专利保护、商品商标注册和知识产权证明等职能。

份专利申请文本的全样本中甄别金融科技创新专利,最后在七类金融科技分类中共有7139份专利。文中发现,大量的金融科技专利来自非上市企业或者个人,而在上市公司的金融科技专利中,超过一半来自非金融服务行业。

为了研究金融科技创新的具体影响,该文首先利用泊松回归模型来估计专利申请的强度,然后利用估计的专利申请强度和相应的股票价格变动来推断金融科技创新的潜在价值。该文实证发现:(1)在金融服务行业,整体而言金融科技创新大幅度增加了上市企业的潜在价值,而最具有增值效果的金融科技创新分别是区块链技术、无线安全和智能投顾,在控制其他潜在因素之后区块链技术和智能投顾仍然是最具价值的金融科技创新;(2)对比非金融服务类行业,金融科技创新为金融服务行业创造了潜在价值,其中,智能投顾、物联网和区块链技术创造的价值最高。

该文在后续研究中分析了金融科技创新对于金融行业的影响机制,发现如果非金融类创业公司的颠覆性金融科技创新越强,对金融行业的负面影响则越严重。而当金融类领军企业在研发和创新方面投资强度越大时,其受到外部创业公司金融科技创新的负面影响越小。

7.3.4 语言信号的识别

在社会活动中,个体语言是一种强有力的信号,反映了个体的情绪、观点、态度、决策等多种信号。考虑到个性化强、非结构化、非系统和难以量化等因素,语言信号的识别是研究过程中的难点,而机器学习技术、文本分析技术的发展为解决该难题提供了新思路。Hansen、Mcmahon和Part(2017)利用文本分析研究美联储公开市场委员会(FOMC)内部评议（Internal Deliberation）参与人的发言，研究当内部评议的结果公开披露之后，对会议各参与人内部评议时发言内容的影响。

现代中央银行制度的重要特点是决策的透明度。增加货币政策决策的透明度有怎样的影响？特别是，对参与货币政策决策的央行官员的行为有怎样的影响？这是学术界和中央银行官员关心的重要问题。Hansen、Mcmahon 和 Part（2017）利用了一次自然实验，对此问题进行了研究。这次自然实验，针对美联储公开市场委员会的内部评议。

美联储公开市场委员会，是美国货币政策的重要决策机构。其内部评议由美联储公开市场委员会成员参加，是美联储进行公开市场操作的重要流程。自 1970 年起，公开市场委员会的内部评议的讨论记录会保存下来。但是在 1993 年 10 月之前，参会委员并不知道讨论记录会保存下来。1993 年 10 月，美联储将 5 年以前所有的会议记录向公众公布，主要目的是增强货币政策决策过程的透明度。这次提高决策过程透明度自然实验，使得所有参加内部评议的成员意识到，会议中作出的任何发言全部会被记录下来，并且在 5 年之后公之于众。

透明度的增加的一个可能的重要影响，是参会人员在发表言论时，更考虑言论对自己未来职业生涯的影响。首先，当讨论的过程变得更加透明时，参会人员有动机进行更加充分的准备，搜集更多的经济信息，以向公众显示自身的专业素质。其次，当讨论变得透明时，参会人员更容易倾向于跟随多数人的观点，以避免成为唯一犯错误的人。

作者使用机器学习的方法，对自然实验前后的文本进行了分析，并对此进行检验。具体而言，作者通过机器学习方法提前文本中的重要话题:（1）识别词组；（2）删除停用词（a、an、the）；（3）选择信息含量最大的 9000 个词语或词组;(4)获得 40 个最重要的话题,即 40 个变量。然后,通过机器学习方法,挑选出 40 个话题变量中,与委员态度(通过阅读文本发现)最相关的话题。研究中的核心变量包括讨论问题的宽度、与其他委员的相似程度、数据话题。

实证结果发现,当美联储公布过去内部讨论发言的文本之后,公开市场委员会成员发言的长度明显增加,引用数字的次数显著增多,预示着参会人员在发言之前搜集了更多的经济信息。作者同时发现,当文本公布之后,参会人员发言涉及的话题相似性显著增加。这意味着,公开市场委员会的成员在参加内部讨论时,更倾向于跟随大多数与会人员的意见。

若对职业生涯的考虑是导致上述现象的重要原因,那么,对参与公开市场委员会内部会议次数较少的委员而言,前文所述的效应将更加显著,实证结果支持了这一点。

透明度增加的两种效应对发言中的信息含量有相反的影响,搜集更多的信息会增加发言的信息含量,而跟随他人发言则会降低发言的信息含量。两种效应究竟哪种更强,作者计算发言的 Page-rank 指数,对此问题进行了研究,结果表明,透明度增加对信息含量的总体影响是增加的,换而言之,搜集更多信息的效应要显著高于跟随他人发言的效应。

7.3.5 社交媒体内容的识别

除了文本信号和语言信号,个体在社交媒体中发布的内容也可以利用机器学习相关算法来进行分析,识别出特定信息。例如,Thorstad 和 Wolff(2018)利用推特中的信息来识别个体的远视行为。

在决策过程中,短视效应往往对长期表现造成负面影响,而思考未来可以帮助人们更好地决策。已有研究检验了短视、远视与行为决策之间的关系，发现短视会造成酒精中毒、药物依赖和赌博等不良行为，而远视则被发现与一些对自身有益的健康行为相关，如长期储蓄等。然而，通过问卷调查研究远见与行为之间的关系时，却常常出现不一致的情况。例如，通过问卷选择"今天获得 60 美元，或者 6 天后获得 100 美元"，远视的人未必选择 100 美元，而短视的人也未必选择 60 美元。这种与以往研究结论的不一致结果对学者提出了新的挑战：是否应改变关于远视和短视的评价指标与衡量方法。目前，有一种研究方式可以避免这种不一致，即对人们自然发生的语言进行分析，而推特正是这样一种自然语言。

Thorstad & Wolff（2018）在这样的背景下，探讨如何使用推特大数据衡量远视与短视，并研究远视是如何影响行为决策的。该文由 5 个小研究构成：（1）远视对投资行为和风险承担行为的影响（集体层面）；（2）远视对投资行为的影响（个人层面）；（3）远视对风险偏好的影响（个人层面）；（4）远视的特征；（5）为什么对未来的看法会影响决策。

第一，作者从美国州层面的集体决策进行研究，研究了美国 50 个州居民的集体决策和远视的关系。研究思路是收集居民风险偏好和投资行为的信息，将这些居民个人的信息汇总到每个州，之后研究这些州层面的指标与每个州的平均远视程度之间的关系。具体而言，SUTime 是一个识别并标准化时间表达式的库，在机器学习领域广为使用。作者用 SUTime 识别并标记每个推特推文中的时间信息，包括推文的发布时间、推文的内容中涉及的时间信息等，通过标记和汇总这些时间，再辅助一定的计算公式，可以计算每个推文、每个个人和一个群体的远视程度，

7 人工智能与机器学习

即对未来认知的平均时间长度（详细计算公式见原文）。之后，作者通过对比SUTime与华莱士调研计算出的时间长度，证实了SUTime确实可以有效地计算时间。

通过计算分析，作者发现美国各州对未来认知的平均长度不同，其平均时长为1.39天。根据各州对未来的认知时长与风险偏好之间的关系，作者发现有更长远眼光的州的居民比有较短眼光的州的居民会选择承担更低的风险。当然，作者也提出这种在集体层面衡量的方法存在一定缺陷，会有些其他影响投资行为因素的干扰无法排除。因此，作者接下来从个人层面进行研究。

第二，作者在个人层面研究远视与投资行为的关系。在延迟折扣实验中，测量为了将来更高的收益而愿意等待的时间。通过实验分析个人是否愿意用时间换取更大收益，从而研究个人的远视行为及其决策之间的关系。如果投资行为与远视程度有关，则个人放弃短期奖励以获得更大的长期奖励的倾向应与他们的远视程度相关。具体而言，作者通过亚马逊众包平台招募实验人员，并去除了无法提取推特数据或推特中不包含未来数据的观测。研究发现，远视程度越高的实验者越希望通过等待获取更大的收益。

第三，作者在个人层面研究风险承担与远视的关系。如果远视影响风险承担行为，则远视程度高的人会比远视程度低的人更倾向于避免那些会给他们造成未来的损失的行为。作者通过吹气球实验研究了个人对未来的看法与其风险喜好之间的关系，实验对象可以选择对气球吹气或放弃此次机会，若吹过气后气球未炸则参与者可以获得一定奖励，若放弃机会参与者可以提现已获得奖励并进入下一轮，若气球爆炸则该轮奖励清零。同时，参与者还提供了推特地址，可以从推特信息计算他们的远视情况。研究发现，通过对实验数据及实验对象推特数据的统计，远视程度更高的参与人风险厌恶程度较高。

第四，作者研究远视的特征。在心理学上，很多心理属性难以严格地区分是稳定的特质，还是瞬变的状态，抑或是两种的混合。研究二和研究三表明远视具有稳定性，而研究一中不同州居民的远视差异又说明了远视也有变化的特点。因此，作者研究远视究竟是一种稳定的特质变量，还是可变化的状态变量。通过对人们推特的分析，就能作出这种判断。如果远视是一种稳定的特质变量，那么从同一个人的推特中获取的远视程度的差异应当很小。而如果远视是一种变化的状态变量，那么同一个人的推特中预测的远视程度的差异会随时间间隔的变长而加大。具体而言，作者通过分析大量人群的多年推特文章，并分析远视在时间上的差异和个体间的差异，结果发现，远视既有特质属性也有状态属性，即个人对未来的认知不仅有一定的稳定度还存在一定的变化。这一发现与前两个实验结论相符。

虽然前四个研究证实了远视会影响决策，但背后的原因还不清晰。因此，作者最后研究了远视影响决策的机制。作者认为，可能是因为有远见的人更可能会认为未来与现在是紧密相连的。如何评估个人将未来视为与现在相关联的程度呢？通过语义分析和语义联系可以实现。已有文献证明当相近的单词互有联系时人们更容易辨识它们，作者认为这一认知机制同样可以作用于发布推特中，即人们在谈论某一话题时，更有可能提及与之相关的话题。经过分析验证，作者证实了这一观点。

8　国内金融科技研究

金融科技相关研究最近几年受到国内学者的高度重视，研究领域也涉及网络借贷、众筹、另类数据、社交媒体、数字加密货币与区块链、人工智能与机器学习六个方面。金融科技相关研究在国内经济、金融、会计、管理及其他社会科学领域知名期刊[①]中已经累计发表文章近100篇，且有逐年上升趋势。

关于"互联网金融"概念，早在2012年，谢平和邹传伟（2012）提出"互联网金融模式"，从支付方式、信息处理和资源配置三个角度进行分析。互联网金融模式作为不同于商业银行间接融资和资本市场直接融资的第三种金融融资模式，将提高资源配置效率和降低交易成本，从

---

① 本书中所涉及统计的国内期刊包括《中国社会科学》《经济研究》《金融研究》《世界经济》《中国工业经济》《管理世界》《管理科学学报》《数量经济技术经济研究》《会计研究》《中国管理科学》《清华大学学报（自然科学版）》《清华大学学报（哲学社会科学版）》。

而促进经济增长、提升社会效益。类似地，谢平等（2015）讨论了"互联网金融"的理论支柱、核心特征和政策含义。李继尊（2015）也强调了"互联网金融"的"草根"和普惠特征，具备低成本、高效率、便捷服务并缓解市场中的信息不对称。

金融科技作为科技和金融的结合，本质是金融属性，无论是在细分场景，还是在宏观战略[①]上，对于国家经济发展具有重要意义。本章内容将分别从网络借贷、众筹、另类数据、社交媒体、数字加密货币与区块链、人工智能与机器学习六个方面对国内关于金融科技的研究进行总结。

8.1 网络借贷

我国网贷行业起步于 2007 年。2014 年起，我国网贷市场进入快速发展时期，交易规模迅猛增长（如图 8.1 所示）。2014 年年底，网贷行业待还余额 0.1 万亿元；2017 年年底，达到 1.22 万亿元。2014 年全年网贷总成交量仅为 0.25 万亿元，2017 年全年成交 2.8 万亿元。

---

① 例如，我国的"一带一路"倡议，当前我国金融科技产业快速发展，在"一带一路"建设中可以发挥独特作用，包括提升"一带一路"国家金融服务、吸引投资、破解贸易融资难题等（李杨和程斌琪，2018）。

8 国内金融科技研究

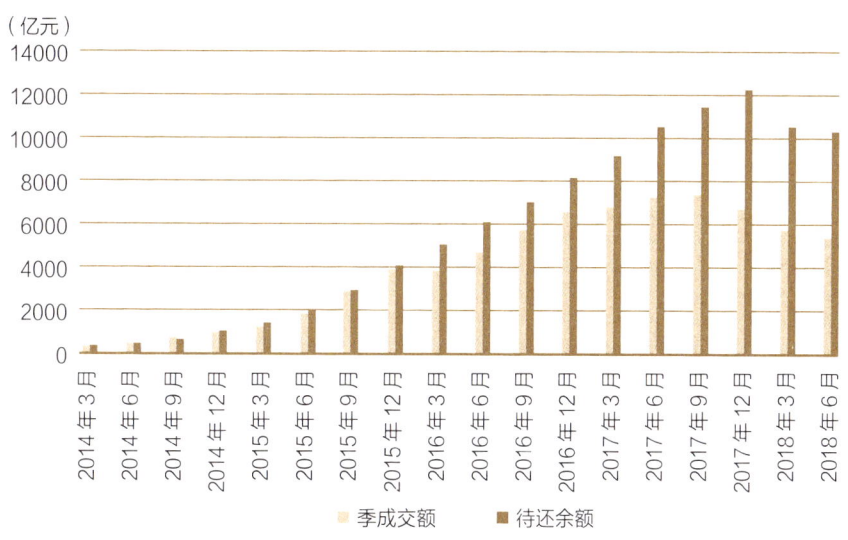

图 8.1 我国网贷行业规模：成交量和待还余额

之所以网络借贷在我国得到蓬勃发展，依赖于资金供需两端的现实背景。一方面，网络借贷为个人和企业提供了新型融资渠道，并且相比于银行信贷，网贷产品的期限更加灵活；另一方面，与银行存款及理财产品相比，网贷投资产品往往能够提供更高的收益率，为广大家庭提供了一个高收益的新型投资渠道。图 8.2 展示了我国网贷行业的月度借款人数和投资人数。2016 年年初，月借款人数不足 100 万，到 2017 年年底，月借款人数超过 500 万。2016 年起，月投资人数基本保持在 300 万人以上。2018 年，网贷行业投资人数和借款人数有所回落；2019 年，网贷行业投资人数和借款人数继续回落，直到有可能最后完全清退。

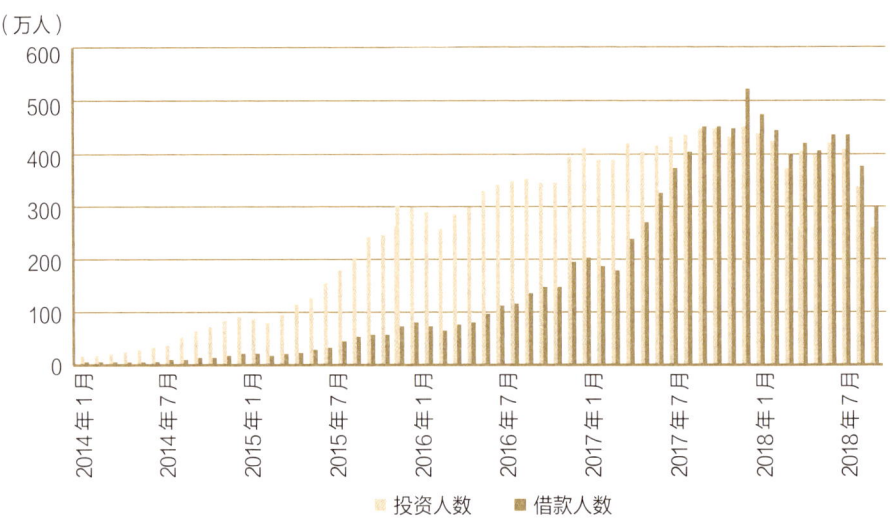

图 8.2 我国网贷行业月度投资人数和借款人数

虽然网络借贷行业目前受政策监管的影响较大，但我国仍然至少曾经是全球最大的 P2P 网络借贷市场。国内关于网络借贷的研究较多，廖理和张伟强（2017）从借款人信息价值和出借人投资行为两个角度对网贷借贷的实证研究进行了总结，发现无论是财务信息、个人特征或者社会关系都具有价值，可以用于评估借款人信用风险，并且需要高成本认证的信息价值最高，但是关于出借人是否具有信息识别能力的研究还没有一致结论。冯博等（2017）具体从影响借贷交易的信息因素、羊群效应及社交网络三个方面分析了网络借贷领域研究的现状和发展脉络。为了解国内关于网络借贷相关的前沿研究，本节内容系统性地总结了国内关于网络借贷相关的研究，包括借款人信息识别、借款项目信息识别、出借人行为、网贷平台、网贷利率影响因素五个方面。

8.1.1 借款人信息识别

与美国相比,我国的个人征信行业发展还有很大空间。在个人信贷领域,尤其是网络借贷,严重的信息不对称现象带来高风险,因此,从借款人相关信息识别出借款人的还款能力、违约风险等至关重要。个人借贷交易中的信息不对称包括数据来源和质量难以验证、贷前数据缺失[①]、贷后监管困难等。网络借贷的优势是利用互联网技术和多样化数据来消除信贷市场中广泛存在的信息不对称,同时具备低成本、高效率等特征。

网络借贷平台作为信息中介,可以通过信用认证机制及信息披露机制,发挥了传统金融机构的信息聚集机制和监督功能。王博等(2017)基于"人人贷"数据的实证结果表明,软信息和硬信息的披露均有助于抑制信息扭曲,提高借贷市场的信息透明度,从而缓解借款人的信贷约束。类似地,蒋翠清等(2017)基于借款人提供的软信息和硬信息建立借款违约预测模型,并结合随机森林算法,发现将网络借贷平台中有价值的软信息融入违约预测模型能够明显提高预测准确率。张海洋(2017)建立基于金融互助的动态模型,提出网络借贷可以缓解个体融资约束,从而提高个体效用。另外,可以从实名认证、征信体系建设等多方面入手来防范违约风险。理论上讲,社交网络信息可以缓解网络借贷交易中的逆向选择和道德风险问题,因为社交网络可以提供借款人的社交软信息,并引入了连带责任和社会制裁成本

---

① 数据缺失会降低信用评估模型的准确性和可用性,尤其是多变量同时缺失。当面临数据缺失时,往往通过数据填补算法来进行信用评估,如蒋辉等(2019)的仿 EM 多变量缺失数据填补法。

（杨立等，2018）。

目前，在缺少高度透明的个人信用体系背景下，网络借贷借款人的信用评级完全由网络借贷平台的信用认证机制作出。王会娟和廖理（2014）基于"人人贷"的数据，从信息不对称的理论框架出发，研究网络借贷平台的信用认证机制对借贷行为的影响。结果发现，当借款人信用评级越高时，借款成功率越高且借款成本越低。此外，工作认证、收入认证、视频认证、车产认证、房产认证、线上和线下相结合等认证方式也对借贷行为有所影响，说明网络借贷平台的认证机制能够揭示信用风险，缓解借贷双方的信息不对称问题。此外，个人的教育背景也可以作为一种信用认证方式，因为高等教育一方面传授了知识、提升了个人的人力资本，同时潜移默化地培养了学术的自律精神和信用操守，从而影响借款人的信用风险。廖理等（2015）从借款人违约行为和出借人偏好两个方面展开研究，发现高学历借款者如约还款概率更高，高等教育年限增强了借款人的自我约束能力，但是，出借人却并未青睐高学历借款人，在通过教育程度识别信用风险的行为上存在偏差。

尽管网络借贷具备技术和成本优势，然而根据中国人民银行征信中心与金融研究所联合课题组在2014年的研究，在个人征信行业仍然面临发展不足的背景下，网络借贷信用风险管理面临以下问题：信贷机构缺乏信用管理经验，从而难以对小微企业和个人的信用状况进行准确建模评估来降低信用风险；信贷机构无法在线实时地获取全面真实的征信数据，从而无法及时了解借款人的信用动态，无法及时掌握借款人的信贷违约行为。该文提出我国需要以全国统一的企业和个人征信系统作为基础，发挥大数据优势，加大个人信用评分产品开发和应用力度，以提升互联网信贷机构的信用风险管理能力和降低网络借贷的违约风险。

借款人信息除了因为反映个人信用而影响网络借贷之外，还有可能因为背景信息产生借贷歧视现象。例如，廖理等（2014）借助"人人贷"平台的交易数据，发现我国网络借贷交易存在地域歧视问题，但是被歧视的省份订单违约率并没有显著地高于其他省份，说明地域歧视是由于出借人的非理性而造成的偏好性歧视行为。胡金焱等（2018）以农民和低收入人群作为研究对象，研究这两类群体在 P2P 网络借贷市场中的违约风险和能否以合理的成本与平等的机会享受符合自身需求的金融服务。农民群体在网络借贷交易中可认证信息不足、信用评分较低，并且借款人违约可能性较大。与农民群体不同，低收入人群的潜在违约风险和实际违约风险均低于中等收入者和高收入者。然而，胡金焱等（2018）发现农民和低收入人群在网络借贷市场均面临融资难和融资贵的问题，说明低收入群体的信用风险被高估。

8.1.2 项目信息识别

在第三章中，网络借贷的描述语言可以对借款结果产生影响，例如 Herzenstein, Sonenshein & Dholakia（2011）的研究。哪类借款描述信息对借款成功率和借款成本产生影响？借款描述对于哪些借款人的影响较大？国内部分学者对这些问题进行了探讨。李焰等（2014）以手工收集的"拍拍贷"平台借款标的为研究样本，发现提供更多描述性信息的借款人更容易成功借款，并且信用等级更低的借款人倾向于提供更多的描述性信息，描述性信息中包含的不同特征对投资人决策的影响不同，表明自己是稳定的更有助于成功借款。关于借款成本，彭红枫等（2016）以 Prosper 网络借贷平台交易数据研究借款描述对借款成功率和实际借款利率的影响，发现借款人提供借款陈述能降低借款成本，并且信用等级较低的借款人提供借款陈述对借贷行为的影响更大。

相似地，彭红枫和林川（2018）对借款语言描述进行了细化研究，以"人人贷"平台的约 39 万条借款标的为样本，将借款陈述中的词语划分为"积极类语气词""消极类语气词""金融类词语""法律类词语""强语气词语""弱语气词语"六大类，以这六类词语所占比重作为借款人信用水平的质量信号，探究文本中六种类型词语比重对网络借贷行为的影响。研究发现，积极类词语和金融类词语比重与借款成功率呈正相关，消极类词语比重、强语气词语比重和弱语气词语比重均与借款成功率呈负相关关系，这些相关关系在不同年龄层次和不同收入水平的借款人存在较大差异。

进一步地，陈霄等（2018）研究了借款描述对网络借贷行为的影响机制。该文以"人人贷"平台的借款数据为研究对象，基于文本复杂性和可理解性构建中文语言环境下的可读性指标，考察借款描述可读性在 P2P 网络借贷市场上的作用。研究发现借款描述的可读性有助于减少信息噪音，提高信息甄别速度，从而降低投资者的信息处理成本。可读性更强的借款描述能向投资者传递积极信号，提高借款的成功率。研究结果说明借款描述中的文本可读性能够发挥信号作用并且具有信息含量。此外，借款描述也可以具备预测借款人违约行为的信用识别功能。廖理等（2015）从语言长度和语言内容两个维度研究借款陈述的认证作用，发现语言长度越长则借款成功率越高，还款成功率也越高。

陈林等（2019）研究发现，当借款描述文本中包含了借款人的还款能力、还款意愿及信用状态补充说明的信息时，借款人的违约风险越小；而当借款描述反映的借款人资金需求急切性越高时，借款人的违约风险越大。

8.1.3 出借人行为

网络借贷市场中的出借人与其他资本市场的投资者相似，既存在理性行为特征，也会受到非理性因素的影响。一方面，网络借贷平台的出借人会利用借款人的信息来识别其信用风险，并且对风险和收益进行权衡而优化投资策略。廖理等（2014）利用"人人贷"平台交易数据发现出借人会根据借款人的公开信息识别相同利率背后所包含的不同违约风险，这种风险识别能力直接反映在一个成功订单的参与人数上，间接反映在订单募资成功所需的竞标时间上。胡金焱和宋唯实（2017）同样利用"人人贷"平台的数据，发现出借人的决策会追求收益和规避风险，且当收益与风险同时存在时，存在一个投资者偏好程度最强的利率水平，这与期望效用理论的推论一致，即网络借贷出借人的投资行为反映了理性意识。

另一方面，网络借贷市场的出借人也会存在非理性行为特征，如过度自信、羊群行为和有限注意等。高铭等（2017）用"人人贷"平台数据，发现男性出借者比女性出借者的换手率更高但是投资收益率更低，并且这些性别差异的主要原因是男性过度交易从而付出更多交易费用。当不考虑交易成本时，男女投资者的收益率没有显著差别。该文研究提供了互联网金融市场上男性过度自信的新证据。投资者的羊群行为不仅存在于股票市场，也存在于我国网络借贷交易市场。廖理等（2015）发现 P2P 市场的出借人在投资时存在羊群行为，体现在出借人对于完成进度越高的订单的投资意愿越强，羊群效应受到信息不对称因素的影响并存在边际效用递减趋势。进一步地，廖理等（2018）发现羊群效应反映了"群体智慧"，因为在控制其他因素后，羊群效应程度越强则借款违约率越低，投资者的羊群效应程度可以作为借款人违约概率的识别信号。当网贷平台的项目数量较大时，投资者的有限注意既会影响投资者对借款人信息的关注，也会影响其投资决策和投资表现。向虹宇等（2017）发现随着借款数量的增加，投资者的注意力下降，更加关注名义利率而忽略名义利率之外的和风险相关的信息。向佳等（2018）发现随着借款数量的增加，投资者的业绩会随着可选笔数的增加而出现先改善后恶化的变化趋势。

除了以上理性特征与非理性特征，网络借贷市场中的投资者也会在投资实践中不断总结、学习，根据过往经验积极调整投资行为。王正位等（2016）选取了"人人贷"的交易数据作为研究样本，发现网络借贷出借人会根据投资经验调整投资策略，具体体现在对投资时机（择时）和投资标的类型的决策中。随着投资经验的增加，投资者更倾向于在借款标的融资晚期进行投资和选择信用等级越高的标的。相似地，廖理等（2018）利用网贷平台数据，发现当用户从"借款人"身份转换到"出借人"身份后，其投资业绩会显著提升，这种由角色转换带来的学习效用来自主动的换位思考。投资者在角色转换之后，其投资风格会出现显著改变，更加偏好信用风险较小的借款。

从筹资效率的角度进行分析，网络借贷的出借人行为对筹资效率也具有一定影响。邱甲贤等（2016）以 Prosper 平台为研究对象，研究网络借贷用户的交叉网络外部性、自网络外部性和平台定价策略对双边用户效用和平台利润的影响，发现借入者之间由于竞争存在负自网络外部性，而借出者之间由于协同关系存在正自网络外部性，而借入者和借出者之间存在显著的正交叉网络外部性。周雄伟等（2017）利用拍拍贷平台的"拍活宝"数据，研究"平台参与投资"的投资模式对筹资效率的影响，即平台参与度如何影响借款人筹资效率。一定程度的平台参与可以显著缩短借款人的筹资时间，提高借款人的筹资效率。但是平台参与不宜过多，过多的平台参与反而会降低借款人的筹资效率。

针对网络借贷市场的投资表现，投资者的性别和教育背景反映了显著的区别。丁杰等（2019）从"人人贷"平台投资者的投资成功率、项目违约率和收益率三个角度研究了投资者的教育溢价，以及教育溢价的性别异质性，发现男性投资者的投资成功率和收益率更高，女性投资者识别违约风险能力更强，而教育有助于提高投资者的投资成功率和收益率、降低违约风险，而教育对男性和女性在提高投资表现上的影响也有差异。

8.1.4 网贷行业问题平台风险

网络借贷在我国得到蓬勃发展依赖于资金供需两端的现实背景。一方面，网络借贷为个人和企业提供了新型融资渠道，并且相比于银行信贷，网贷产品的期限更加灵活；另一方面，与银行存款及理财产品相比，网贷投资产品往往能够提供更高的收益率，为广大家庭提供了一个高收益的新型投资渠道。在网贷行业规模急剧增长的背景下，网贷平台数量大幅度增长。2014年年初，累计成立的网贷平台数量不及1000家；到2018年7月，累计成立超过6000家网贷平台。值得注意的是，伴随着网贷平台数量大规模增长，行业内很多平台也出现了不少问题。

根据清华大学金融科技研究院课题组发布的《网贷行业2018年问题平台报告》，我国网络借贷行业问题平台有两次集中爆发期，第一次出现在2015年1月—2016年12月，第二次出现在2018年。问题平台的定义是运营出现异常问题或者投资者无法正常退出的平台。网贷行业2015年和2016年出现问题平台的主要原因在于：彼时网贷行业处于发展早期，进入门槛较低，这给了动机不良分子以可乘之机。2018年网贷问题平台出现的原因可以分为内部原因和外部原因。内部原因包括平台违规进行刚性兑付、开展涉嫌自融类业务、违规开展其他金融类业务、平台缺乏合理的内部管理机制；外部原因包括经济下行导致借款人大规模逾期、投资者信心不足引发类似挤兑效应、借款人欺诈或恶意逃废债。网贷平台成为问题平台一般是内部原因和外部原因相互交织共同作用导致的。此外，在2018年出现问题的网贷平台中，至少有70%的问题平台向投资者承诺刚性兑付，承担信用中介职能。在宏观经济比较平稳或行业处于向上趋势时，信用中介平台能够吸引大量投资者。但是一旦经济形势严峻、投资者信心下降时，这类平台会承担较大的资金压力从而出现运营问题，规模越大则平台的资金兑付压力越大。

关于网贷平台风险问题，国内学者从平台利率、标的类型、道德风险、信息披露、风险准备金、银行存管等不同角度进行了系统性剖析。叶青等（2016）对网络借贷问题平台进行分析，发现问题平台往往存在高利率、实力薄弱、标的类型单一、风控能力欠缺等特征。向虹宇等（2019）发现网贷平台的利率越高，成为问题平台的风险也越高。何光辉等（2017）在分析整体特征、检验问题与正常平台风险差异基础上，发现当平台的道德风险、公司治理风险、信用管理风险或营运风险越高时，平台出问题的可能性越大。李苍舒和沈艳（2018）发现信息披露程度越高的平台，其运营时间越长，出现问题的可能性越低，对抗风险的能力越强。刘红忠和毛杰（2018）基于实物期权理论，构建了网络借贷平台爆发风险事件的结构模型，借以从理论上来揭示网络借贷平台爆发风险事件的内在机理，发现平台爆发风险事件的理论概率与平台融资人还款金额的增长率、风险准备金的规模负相关，而与平台融资人还款金额的波动率正相关。姜琪（2018）运用双重差分法来测度银行存管对成交量的政策冲击效应，发现银行存管政策能显著地抑制成交量，降低行业风险。王茂光等（2016）以 C5.0 决策树算法为核心，利用平台交易数据、公开信息数据和征信机构数据，构建了对小额网贷平台的风控模型，并对问题平台具有很好的预测能力。杨东（2015）从法律的视角，提出我国现行管制型立法对互联网金融信用风险规制失灵，催生刚性兑付和过度依赖担保，抑制竞争且加剧信息不对称。应该以大数据和征信体系为基础，规范市场准入并明确市场主体法律地位，发挥信息工具之风险预警作用，构建投资者保护立法，并规制信用风险、降低系统性风险。

在极端情况下，网贷平台也存在被违法者用于开展庞氏骗局的风险。在我国网贷平台发展的过程中，不乏利用"互联网金融"的噱头来进行欺诈的案例，例如 e 租宝等。王正位等（2019）利用 e 租宝 88.9 万名投资者的微观交易数据研究投资者陷入庞氏骗局的原因，发现投资者对平台的信任是重要原因。投资者在平台的历史投资经历、朋辈效应的影响，以及官方的外部背书都会加深投资者对平台的信任，从而使得投资者陷入了平台的庞氏骗局。

对于网贷平台而言，可以采取第三方认证方式来缓解平台与投资者之间的信息不对称，例如，风险投资认证（邓颖惠等，2018；Li et al.，2019）。第三方认证的有效性取决于第三方具有信息优势，并且存在约束机制来保证其不会利用信息优势来欺骗外部投资者，而风险投资具备这些条件。邓颖惠等（2018）通过对1500余家网贷平台的交易数据进行分析，发现网贷平台在获得风险投资后短时间内的成交量和出借人数量发生跳跃性增长，因此风险投资认证能够向网贷市场的出借人传递信号。

8.1.5　网贷利率外部影响因素

在中国金融市场深化改革、利率市场化稳步推进、普惠金融全力开展阶段的背景下，研究网贷行业整体利率水平的波动和影响因素十分重要，也是研究中国互联网金融特征的重要切入点。网贷市场利率既受到平台的内部拍卖机制（周正龙等，2018）和平台之间互相竞争的影响（张春霞等，2015），也受到外部因素影响。本节内容从宏观货币政策、监管政策、房价变动、投资者情绪变动等方面进行总结。

第一，网贷利率受到宏观货币政策的影响。何启志和彭明生（2016）通过运用单元和多元GARCH类模型对网贷利率的典型特征以及与传统金融市场利率的互动关系进行研究。发现网贷利率波动具有集聚性和风险累积效应，但是对利好和利空信息反应一致，说明网贷市场风险性强而市场参与者风险意识不强。网贷利率受到 Shibor 基准利率的影响，但是对 Shibor 和中债国债利率几乎没有影响。王博等（2019）发现短期内货币政策能够对网络借贷利率产生影响，表明货币政策的利率传导渠道是有效的。此外，根据"人人贷"的微观借贷数据，市场宏观利率会对个体借贷成本起到显著引导作用，即微观借贷成本对宏观市场利率具有敏感性，同时高融资成本的借款者对市场宏观利率的变动更为敏感。此外，网贷利率和股市、国债利率、Shibor 利率三个市场均存在波动双向溢出效应，与 Shibor 的溢出效应最显著（朱鹏飞等，2020）。

第二，网贷交易受到监管政策的影响。2016 年 10 月 13 日，国务院出台《互联网金融风险专项整治工作实施方案》，从此我国网贷行业从宽监管时代走向严监管时代。在包含网贷平台、监管机构和投资者三方面主体的模型中，刘伟和夏立秋（2018）发现当监管机构采取严格监管措施时，即惩罚值越高，网贷平台越倾向于选择"自律"的行为策略，因此强监管更有利于网贷市场的健康发展。此外，考虑到量价关系是理解金融市场运行的关键问题，唐勇和朱鹏飞（2019）试图研究不同监管政策下网贷市场利率和成交量之间的量价传导关系，以 2016 年 10 月 13 日为监管转变时点，在此之前为宽监管期，之后为严监管期。整体而言，在宽监管期网贷市场利率整体处于下降趋势，成交量呈现出明显的上涨趋势，而在严监管期网贷市场的利率和成交量整体变动无明显上涨或下跌趋势。唐勇和朱鹏飞（2019）利用分形研究方法来研究市场利率和成交量之间的演变关系，发现在宽监管期，利率和成交量交替主导量价传导过程，而在严监管期成交量占主导地位。此外，在严监管期，网贷利率和成交量之间的市场风险明显降低，但有效性水平并未改善。

第三，网贷利率受到房价变动的影响。房价上涨会引起居民住房贷款需求增加，一方面银行信贷向住房信贷的倾斜影响了对非住房类贷款的供给，从而影响居民对于网络借贷等非正规信贷市场的需求；另一方面首付款门槛的提高也会提高居民对网络借贷等非正规信贷市场的需求，两个方面的共同作用导致房价变动对网贷利率的影响。吴雨等（2018）利用"人人贷"平台和中国 70 个大中城市的房价数据，发现房价上涨显著增加了网络借贷市场上的借款利率，尤其在生产经营类和买房类借款项目中体现得更为明显。

第四，网贷利率也会受到互联网金融市场投资者情绪的影响。陈荣达等（2019）利用换手率、新增平台数量、成交额、资金净流入量 4 个类股市指标，以及新增问题平台、投资人数、选择互联网理财比例、个人可投资总额、互联网金融指数、网贷人气指数共 6 个反映互联网金融特征的指标，构建 2014—2017 年的互联网金融投资者情绪指数，发现了互联网金融投资者情绪对网络借贷等互联网理财产品回报呈现单向因果关系，并且是负向影响。该指标造成的系统性风险独立于宏观经济与其他互联网理财产品市场系统性风险，会额外通过互联网理财产品价格波动影响预期收益，得到风险补偿。

8.2 众筹

相比于网络借贷市场在国内的迅猛发展，股权众筹、产品众筹和捐赠众筹市场的发展相对较慢，目前知名的产品众筹平台包括淘宝众筹、京东众筹等平台。国内关于众筹的相关研究集中在定价策略、众筹策略、众筹影响因素等方面。

首先,对于产品众筹项目而言,投资者参与度可以反映产品需求从而影响定价。初创企业的创业者既需要外部资金的投资来继续开展其业务和拓展企业规模,也需要市场对其产品的有效反馈来帮助其对产品前景进行判断。产品众筹市场的投资者往往可以充当这两种角色,既可以选择进行投资为企业提供发展资金,而且其投资行为也反映了不同的投资者对该产品的偏好差异,并且可以阶梯定价。基于互联网的众筹融资模式可以用于生鲜农产品众筹项目、具有"极客经济"属性的互联网众筹项目、电动汽车充电桩众筹等(邵腾伟和吕秀梅,2016;刘征驰等,2017;张奇等,2019)。理论上,众筹项目的定价不仅受到投资者参与度的影响,也会受到投资者参与顺序的影响。众筹项目投资者在投资决策过程中可以采取刻意延迟投资从而搭便车的策略,这种策略的有效性受到众筹目标是否存在固定约束的影响(毕功兵等,2019)。

其次,关于众筹策略,曾燕等(2017)依据股权众筹的流程,构建了股权众筹过程中投融资方利益博弈的三阶段模型并求解最优策略。理论上,股权众筹投融资方均存在最优策略,且最优策略受边际收益、项目成功概率、预期回报率等因素的影响。刘波等(2017)对比预售众筹与股权众筹这两种众筹模式选择的影响及其经济机理,并研究了在考虑众筹平台与企业家声誉后的最优策略。对于初期众筹平台,引入资金需求较小的创意项目并促进众筹自反馈效应有利于平台成长(黄玲和周勤,2014)。在预售众筹中,创业者可能会通过夸大产品质量来吸引投资者以获得众筹成功与追求收益最大化(曾燕等,2019)。

最后，众筹项目的影响因素包括用户活跃度、众筹完成度、项目语言描述、社交网络等。在众筹项目中，用户分享数、评论数、用户支持度，以及社会责任扩散效应和目标梯度效应对用户的参与会产生影响，当众筹金额接近目标金额时，新增的支持金额和人数存在显著的加速过程（杜黎等，2016；顾乃康和赵坤霞，2019）。众筹项目语言的说服性也对众筹效果产生影响，王伟等（2016）将众筹项目的语言说服风格分为五类：诉诸可信、诉诸情感、诉诸逻辑、诉诸回报和诉诸夸张，利用 Kickstarter 平台的交易数据研究不同的语言风格对项目筹资的影响，发现由于项目性质的差异，不同的项目类别对应于不同的最佳说服风格。此外，众筹融资者也可以基于社交网络进行项目营销（屈绍建等，2019）。创业者的社会网络会对其融资过程产生影响，然而这个影响在相似的社交网络群体下也有可能不同。互联网创业条件下涌现了一系列依靠"朋友圈"来获得创业优势的案例，但同时存在创业者具有高水平社交关系却在创业项目上遭受失败的情况。刘刚等（2016）在创业者社会网络特性之外引入创业者内群体条件这一新变量，对社会网络在互联网创业中的作用进行实证研究，发现创业者的社会网络水平在提升创业业绩的过程中受到其内群体条件的影响，从而有效地解释了在相似的创业者"朋友圈"条件下创业业绩存在差异的原因。

8.3　另类数据

国内关于另类数据的学术研究主要是利用网络搜索数据和卫星数据等对经济金融类行为的影响。一方面，网络搜索行为可以反映投资者特征。例如，对二级市场股票的网络搜索程度在一定程度上代表了投资者对于股票的关注度，从而可以探讨投资者关注对股票市场交易和资产价格的影响（宋双杰等，2011；俞庆进和张兵，2012；赵龙凯等，2013；张继德等，2014；张谊浩等，2014；刘维奇和李建莹，2019）。互联网用户对于网络风险等主题的搜索关注也会反映其网络安全风险感知，例如，与余额宝被盗的相关主题的搜索能反映投资者的网络安全风险感知程度，而这与投资者要求的风险补偿程度（风险溢价）直接相关（曾建光，2015）。

另一方面，另类数据可以用于宏观经济预测或者构建宏观经济相关指标。在宏观经济分析中，两种类型数据可以被应用，即结构化数据和非结构化信息。政府统计指标属于结构化数据，而互联网搜索行为则属于非结构化信息。互联网搜索行为是在线大数据中较有代表性的信息，刘涛雄和徐晓飞（2015）发现互联网搜索行为可以帮助预测宏观经济总量，但必须依赖适当模型选择方法。搜索行为数据对于现有统计数据而言起到补充作用，当分步运用政府统计信息和搜索行为数据时模型预测效果最优。另外，网络搜索数据与居民消费价格指数存在一定的相关关系及先行滞后关系，可以用于预测居民消费价格指数（张崇等，2012；徐映梅和高一铭，2017）。与国外相关研究相似，卫星的夜间灯光数据可以作为地方经济增长的代理变量，用于研究地方经济增长的影响因素（范子英等，2016）。

8.4 社交媒体

国内关于金融科技与社交媒体的相关研究主要是社交媒体对股票市场信息效率和价格有效性的影响。近年来，以微博、微信等为代表的社交媒体极大地加快了投资者获取信息的速度、增加了获取信息的渠道、提高了信息传播效率，也有可能对投资者的学习认知习惯、投资决策理念、交易行为模式造成影响，从而影响股票市场的价格波动。

社交媒体可以提升股票的信息传播效率，从而提升股票价格有效性，体现在上市公司开通微博后公司股价同步性降低（胡军和王甄，2015）、微博披露当日公司股票的超额回报和超额交易量显著增加（徐巍和陈冬华，2016）、微博信息中关于经营活动及策略类信息占比越高的公司的股价同步性越低（何贤杰等，2018）、分析师开通微博后股票价格对于盈余修正的敏感性提高（于李胜等，2019）、社交媒体背景下投资者信息获取和解读能力的提高能够显著提高市场盈余预期的准确性并产生盈余预期修正作用（丁慧等，2018）。同时，除了信息传播效率，社交媒体的信息质量也对股票价格的有效性产生影响。刘海飞等（2017）发现微博信息质量与股价同步性有着显著的高度负向线性关联性，即随着社交网络信息质量水平的提升，股价同步性逐渐降低到达最小值，而后又逐渐提高。此外，社交媒体的发展不仅可以影响股票价格有效性，也会影响个股的崩盘风险，因为社交媒体可以提高投资者的信息获取能力并降低投资者意见分歧，从而降低上市公司股票价格崩盘风险（丁慧等，2018）。

8.5　数字加密货币与区块链

由于信息通信技术（ICT）的发展和移动终端普及率的提高，移动支付迅速发展并有可能取代现金和信用卡支付成为主要的支付方式，从而促进了电子货币的发展。以比特币为代表的数字货币的迅速发展不仅吸引了企业界、投资者、政府监管机构对数字加密货币和区块链技术的关注，也引起了学者的研究兴趣。从货币供给角度而言，电子货币可能放大货币效应，从而拉低利率，对 GDP、投资、消费和物价都会造成波动影响（孙浩等，2010）。谢平和刘海二（2013）认为货币与支付方式是相互依存的，移动支付是电子货币形态的主要表现形式，电子货币是移动支付的基础。监管机构可以通过为支付网络设定安全防护的准入标准和制定明确的损失责任分配机制来优化基于电子货币的支付网络（孙浩等，2012）。谢平和石午光（2015）从数字加密货币的基本原理、货币特征和争议、发展与演变、对支付创新的启示、合法化和监管六个方面进行了阐述。周光友和施怡波（2015）发现随着互联网金融的发展，电子货币会降低居民对于预防性现金的需求，减少了活期存款，从而对商业银行形成挑战。尽管数字货币迅速发展，其仍然面临信用风险、技术风险、非法交易风险、贬值风险，以及对金融体系冲击的风险，祁明和肖林（2014）构建了一个包括监管中心层面、货币运行交易层面和用户层面三个维度的虚拟货币管理体系，为控制虚拟货币的相关风险提供了借鉴。

数字加密货币在市场上的迅速发展客观上推动了央行发行法定数字货币的进程。姚前和汤莹玮（2017）提出，理想的数字货币应该具备以下特性：不可"双花"（即不可以被重复花费）、匿名性、不可伪造性、系统无关性、安全性、可传递性、可追踪性、可分性、可编程性、公平性。而法定数字货币作为央行发行的数字货币，为了保持竞争性，应该吸收借鉴先进成熟的数字技术并将传统货币长期演进过程中的合理内涵继承下来，应该实现管控中心化、易于携带和快捷支付、匿名性、安全性四个方面。展望未来，随着现代信息技术和网络经济的发展，法定货币或将出现数字化和智能化趋势，从而更好地降低交易费用和共识成本（姚前，2018）。

区块链技术始于比特币的底层技术，之后被广泛延伸至其他领域，包括数字金融、物联网、智能制造、供应链管理、数字资产交易等方面，如今区块链技术的应用已经上升为我国的国家战略。国内关于区块链技术的研究尚处于理论和初级阶段，主要关注于区块链技术本身的功能和发展特征，而没有针对区块链的场景化应用进行精细化分析。范忠宝等（2018）从文献视角和实践层面讨论了区块链技术的发展趋势和战略应用，提出区块链的关键技术包括分布式账本、非对称加密、共识机制和智能合约等，在未来应用中仍然需要优化交易性能、降低企业部署成本、确保安全、增强信任、提升有效监管等。徐忠和邹传伟（2018）从经济学角度研究了区块链的功能，从 Token、智能合约和共识算法三个角度归纳出目前主流区块链系统采取的"Token 范式"，并梳理了四个应用方向：无币区块链；以非公开发现交易的 Token 代表区块链外的资产或权利，以改进其登记和交易流程；以公开发行交易的 Token 作为计价单位或标的资产；用区块链构建分布式自治组织。

8.6 人工智能与机器学习

人工智能的发展一方面在整体层面上可以促进经济增长，缓解老龄化对经济的不利影响。我国目前面临人口出生率下滑、老龄化不断加剧的风险，长期而言对我国的劳动力市场乃至整个经济而言的负面影响不可忽视。人工智能的迅速发展可以缓解这一趋势，因为人工智能可以提高生产活动的智能化和自动化程度从而减少生产活动所需的劳动力、提高资本回报率从而促进资本积累、提高全要素生产率（陈彦斌等，2019）。然而，在另一方面，人工智能可能加剧结构性失业和收入分配失衡等问题，从而对经济和社会造成负面影响。例如，人工智能的发展使得中间层岗位容易被替代，导致就业结构将呈两极化趋势；伴随结构调整，初次分配中劳动份额将降低，被替代行业中教育和技能水平较低、年龄偏大人群所受损失最大，导致收入差距增大（蔡跃洲和陈楠，2019）。

随着机器学习算法的不断进步和多样化数据的发展，机器学习算法逐步被广泛应用于信贷评分和投资等领域。目前，被应用于信贷评分领域的机器学习算法包括BP神经网络（Back Propagation Neural Network，BPNN）、K均值聚类算法（K-Means Clustering）、支持向量机（Support Vector Machine，SVM）、随机森林（Random Forest）、Light GBM（Light Gradient Boosting Machine）等。例如，蒋翠清等（2017）运用随机森林算法，利用网贷平台中的软信息和硬信息来构建借款违约预测模型。马晓君等（2018）利用 Lending Club 平台的交易数据发现利用 Light GBM 算法得到的预测结果要优于基于平台真实历史交易数据算的平均履约率。黄志刚等（2019）从我国在线信贷行业实际情况出发，提出一种基于多源数据的普适模型栈评分框架，将机器学习模型与传统评分卡模型进行了融合。具体而言，该框架可以根据不同场景的客户建立不同的模型算法，将子模型评分结果转换为等分区间，再利用传统的评分卡建模方法行程最终评分模型。在投资领域，近年来利用机器学习技术来提升量化投资策略是金融科技和量化投资研究的热点内容。例如，李斌等（2019）基于我国 A 股市场的 96 项异象因子（Anomaly），采用预测组合算法、LASSO 回归、岭回归、弹性网络回归、偏最小二乘回归、支持向量机、梯度提升树、极端梯度提升树、集成神经网络、深度前馈网络、循环神经网络和长短期记忆网络 12 种机器学习算法，构建股票收益预测模型及投资组合，发现基于机器学习算法得到的投资策略能够获得比传统线性算法和所有单因子更好的投资绩效。除了运用于信贷评分和投资策略外，机器学习算法也常被用于其他领域的预测，例如利用机器学习算法和互联网大数据有效地预测消费者信心指数（邹鸿飞和王建州，2019），利用时变 LASSO 方法来估计政策因果效应（高华川和白仲林，2019）等。

机器学习算法也为经济和金融领域的文本类信息提供了文本分析的有效方法。例如，关于股票分析师报告的文字内容是否提供了额外信息，马黎珺等（2019）通过机器学习针对分析师报告进行文本分析，发现分析师报告中的前瞻性语句向市场传递了增量信息，可以用于预测企业未来的基本面变化因而有助于价值投资。类似地，伊志宏等

（2019）针对分析师报告的文本分析表明，分析师报告中公司特质信息含量越高则股价同步性越低，这是因为公司特质信息含量高的报告更受投资者关注，能引起更强烈的市场反应，使得股价更多地吸收公司特质信息。此外，关于管理层的信息披露，任宏达和王琨（2019）对上市公司年报进行文本分析发现产品市场竞争越激烈时公司信息披露质量越好。除了信息披露文本的信息含量外，管理层在业绩说明过程中的语调也可以用于预测公司的未来业绩或财务困境（谢德仁和林乐，2015；陈艺云，2019）。

9 总结与展望

9.1 金融科技研究总结

近10年来,金融科技的迅速发展为全球经济注入全新动力。无论是从个体层面的微观金融服务,还是到宏观层面的国家金融发展战略,金融科技都发挥了重要作用。然而,伴随着金融科技对金融领域的全面渗透,其发展带来的风险、监管问题、隐私保护以及社会伦理因素等问题也逐渐暴露出来。为了对全球金融科技的研究前沿和动态有一个完整的认识,本书对金融科技研究发展较快的六个领域,包括网络借贷、众筹、另类数据、社交媒体、数字加密货币与区块链技术、机器学习与人工智能,进行了系统性的梳理与总结。

本书一方面对金融科技各领域的发展前沿进行总结,另一方面对国内外经济、金融、会计、管理及其他社会科学领域知名期刊的研究动态进行了阐述,包括150余篇国际知名期刊论文与近100篇国内知名期刊论文，是金融科技发展以来对金融科技行业分析最全面、最前沿的研究成果。

9.2　金融科技未来研究展望

金融科技的发展引起了国内外学者的高度重视，近年来出现了大量关于金融科技的研究，然而无论是国际的还是国内的研究，都刚刚是开始，未来的研究充满了不确定性，充满了机会和挑战。

首先，20世纪50年代以来，现代金融学伴随着金融实践的发展而发展起来，公司金融、资本市场、行为金融及家庭金融等细分领域开始陆续诞生了重要的理论框架。但是总体而言，金融学每一个阶段的重要进展，都是在基于数据基础上的实证结果，从这个意义上说，金融学是一门数据推动的实证学科。比如上市公司的数据推动了公司金融的发展，资本市场的交易数据推动了资产定价的发展，个人的交易数据和家庭的金融数据则分别推动了行为金融和家庭金融的发展。21世纪以来，互联网和移动终端的普及，使得各个领域的金融数据都能够保存下来并且快速积累，金融大数据开始出现，从学术研究的角度看，大数据具有颗粒度细、频率高及维度丰富的特点。如何利用这些数据去审视和修正现代金融学从开始到现在的所有理论和实证，是金融科技研究面临的第一个重要的任务。

其次，金融科技的发展带来了一些新的业态，比如网络借贷、众筹融资、社交投资以及智能投顾等，这些新的业态所积累的数据既能够使我们研究传统金融的老问题，也能研究新产生的问题。比如当我们拥有个人交易行为数据的时候,我们能够对资本市场有新的认识,当我们拥有交易者的众多维度的画像数据的时候,我们又能够对行为金融有新的认识。又比如,我们研究家庭金融长期依赖于问卷调查所产生的家庭资产负债表数据,而现在我们则逐渐拥有了真正的家庭负债表的精确数据,这些数据大大拓宽了我们的研究范围,并逐渐成为进一步的理论发展的重要支撑。

再次,对于金融科技"新方法"的使用还不够普遍。比如目前关于机器学习算法在学术研究中的应用已经逐渐普遍,然而机器学习算法存在难以进行因果识别的问题。在经济学研究中,田野实验设计可以用于进行因果推断。2019 年,三位经济学家因为减贫的研究而获得诺贝尔经济学奖,以表彰其在全球扶贫问题上使用的实验型方法。三位学者通过利用和推广随机试验的方法,更新了人们对贫困的认识,产生了对贫困和反贫困的新的认识。金融科技的发展为开展大规模田野实验提供了支持,然而目前这一方法尚未得到广泛使用,在未来的研究中可以进行优化和发展。

最后,区块链技术的研究还有所不足。区块链技术始于比特币的诞生和使用,之后被广泛延伸至其他领域,包括数字金融、物联网、智能制造、供应链管理、数字资产交易等方面,如今区块链技术的应用已经上升为我国的国家战略。然而,目前关于区块链技术的研究尚处于理论和初级阶段,主要关注于区块链技术本身的功能和发展特征,而没有针对区块链的场景化应用进行精细化分析。因此,关于区块链技术的研究还有待继续深入挖掘。

参考文献

[1] Acemoglu, D., & Restrepo, P. Robots and jobs: Evidence from US labor markets. Forthcoming in Journal of Political Economy.

[2] Agarwal S., Skiba P. M., Tobacman J. Payday loans and credit cards: New liquidity and credit scoring puzzles? [J]. American Economic Review, 2009, 99(2): 412–17.

[3] Ai W., Chen R., Chen Y., et al. Recommending teams promotes prosocial lending in online microfinance [J]. Proceedings of the National Academy of Sciences, 2016, 113(52): 14944–14948.

[4] Allison T. H., Davis B. C., Webb J. W., et al. Persuasion in crowdfunding: An elaboration likelihood model of crowdfunding performance [J]. Journal of Business Venturing, 2017, 32(6): 707–725.

[5] Anglin A. H., Short J. C., Drover W., et al. The power of positivity? The influence of positive psychological capital language on crowdfunding performance [J]. Journal of Business Venturing, 2018.

[6] Anglin A. H., Wolfe M. T., Short J. C., et al. Narcissistic rhetoric and crowdfunding performance: A social role theory perspective [J]. Journal of Business Venturing, 2018.

[7] Axbard, S. Income Opportunities and Sea Piracy in Indonesia: Evidence from Satellite Data [J]. American Economic Journal: Applied Economics, 2016, 8(2), 154–94.

[8] Bailey, M., Cao, R., Kuchler, T., & Stroebel, J. The economic effects of social networks: Evidence from the housing market. Journal of Political Economy, 2018, 126(6), 2224–2276.

[9] Ban, G. Y., El Karoui, N., & Lim, A. E. Machine learning and portfolio optimization. Management Science, 2016, 64(3), 1136–1154.

[10] Bapna S. Complementarity of Signals in Early-Stage Equity Investment Decisions: Evidence from a Randomized Field Experiment [J]. Management Science, 2017.

[11] Bartlett R., Morse A., Stanton R., et al. Consumer-lending discrimination in the FinTech era [R]. National Bureau of Economic Research, 2019.

[12] Bartov, E., Faurel, L., & Mohanram, P. S. Can Twitter help predict firm-level earnings and stock returns [J]. The Accounting Review, 2017, 93(3), 25–57.

[13] Begenau J., Farboodi M., Veldkamp L. Big data in finance and the growth of large firms [J]. Journal of Monetary Economics, 2018.

[14] Belleflamme P., Lambert T., Schwienbacher A. Crowdfunding: Tapping the right crowd [J]. Journal of business venturing, 2014, 29(5): 585–609.

[15] Belloni, A., Chernozhukov, V., Fernández-Val, I., & Hansen, C. Program evaluation and causal inference with high-dimensional data. Econometrica, 2017, 85(1), 233–298.

[16] Berg, A., Buffie, E. F., & Zanna, L. F. Should we fear the robot revolution? (The

correct answer is yes) [J]. Journal of Monetary Economics, 2018, 97, 117-148.

[17] Berg, T., Burg, V., Gombović, A., & Puri, M. On the rise of FinTechs-Credit scoring using digital footprints [J]. Forthcoming in Review of Financial Studies, 2018.

[18] Berger S. C., Gleisner F. Emergence of financial intermediaries in electronic markets: The case of online P2P lending [J]. BuR Business Research Journal, 2009, 2 (1).

[19] Bernstein S., Korteweg A., Laws K. Attracting early-stage investors: Evidence from a randomized field experiment [J]. The Journal of Finance, 2017, 72 (2): 509-538.

[20] Bertrand M., Morse A. Information disclosure, cognitive biases, and payday borrowing [J]. The Journal of Finance, 2011, 66 (6): 1865-1893.

[21] Biais, B., Bisiere, C., Bouvard, M., & Casamatta, C. The blockchain folk theorem [J]. The Review of Financial Studies, 2019, 32 (5), 1662-1715.

[22] Blankespoor, E., Miller, G. S., & White, H. D. The role of dissemination in market liquidity: Evidence from firms' use of Twitter [J]. The Accounting Review, 2013, 89 (1), 79-112.

[23] Blevins, D. P., & Ragozzino, R. On social media and the formation of organizational reputation: How social media are increasing cohesion between organizational reputation and traditional media for stakeholders. Academy of Management Review, 2019, 44 (1), 219-222.

[24] Blumenstock, J. E. Fighting poverty with data [J]. Science, 2016, 353 (6301), 753-754.

[25] Blumenstock, J., Cadamuro, G., & On, R. Predicting poverty and wealth from mobile phone metadata [J]. Science, 2015, 350 (6264), 1073-1076.

[26] Brunnermeier, M. K., & Niepelt, D. . On the equivalence of private and public

money. Forthcoming in Journal of Monetary Economics, 2019: 27-41.

[27] Buchak, G., Matvos, G., Piskorski, T., & Seru, A. (2018). Fintech, regulatory arbitrage, and the rise of shadow banks. Journal of Financial Economics, 2018, 130 (3), 453-483.

[28] Bursztyn L., Fiorin S, Gottlieb D., et al. Moral Incentives in Credit Card Debt Repayment: Evidence from a Field Experiment [J]. Forthcoming in Journal of Political Economy, 2018.

[29] Burtch G., Carnahan S., Greenwood B. N. Can you gig it? An empirical examination of the gig economy and entrepreneurial activity [J]. Management Science, 2018.

[30] Burtch G., Chan J. Investigating the Investigating the Relationship between Medical Crowdfunding and Personal Bankruptcy in the United States: Evidence of a Digital Divide [J]. Management Information System Quarterly, 2019.

[31] Burtch G., Ghose A., Wattal S. Cultural differences and geography as determinants of online pro-social lending [J]. Management Information System Quarterly, 2014.

[32] Burtch G., Ghose A., Wattal S. Secret admirers: An empirical examination of information hiding and contribution dynamics in online crowdfunding [J]. Information Systems Research, 2016, 27 (3): 478-496.

[33] Burtch G., Ghose A., Wattal S. The hidden cost of accommodating crowdfunder privacy preferences: A randomized field experiment [J]. Management Science, 2015, 61 (5): 949-962.

[34] Burtch, Gordon, Anindya Ghose, and Sunil Wattal. An empirical examination of the antecedents and consequences of contribution patterns in crowd-funded markets [J]. Information Systems Research 24.3 (2013): 499-519.

[35] Butler A. W., Cornaggia J., Gurun U. G. Do local capital market conditions affect

consumers' borrowing decisions? [J]. Management Science, 2016, 63 (12): 4175-4187.

[36] Camerer C. F., Nave G., Smith A. Dynamic unstructured bargaining with private information: theory, experiment, and outcome prediction via machine learning [J]. Management Science, 2018.

[37] Camerer, C. F., Nave, G., & Smith, A. Dynamic unstructured bargaining with private information: theory, experiment, and outcome prediction via machine learning. Management Science, 2018, 65 (4), 1867-1890.

[38] Campbell J. Y., Cochrane J. H. By force of habit: A consumption-based explanation of aggregate stock market behavior [J]. Journal of Political Economy, 1999, 1, 107 (2): 205-251.

[39] Campbell, J. L., DeAngelis, M. D., & Moon, J.. Skin in the game: Personal stock holdings and investors' response to stock analysis on social media. Forthcoming in Review of Accounting Studies, 2019.

[40] Cavallo, A. Online and official price indexes: measuring Argentina's inflation [J]. Journal of Monetary Economics, 2013, 60 (2), 152-165.

[41] Cavallo, A. Are online and offline prices similar? Evidence from large multi-channel retailers [J]. American Economic Review, 2017, 107 (1), 283-303.

[42] Cavallo, A., Neiman, B., & Rigobon, R. Currency unions, product introductions, and the real exchange rate [J]. The Quarterly Journal of Economics, 2014, 129 (2), 529-595.

[43] Chen, H., De, P., Hu, Y. J., & Hwang, B. H. Wisdom of crowds: The value of stock opinions transmitted through social media [J]. The Review of Financial Studies, 2014, 27 (5), 1367-1403.

[44] Chen, M. A., Wu, Q., & Yang, B. How Valuable Is FinTech Innovation?. The Review of Financial Studies, 2019, 32 (5), 2062-2106.

[45] Chen, X., & Nordhaus, W. D. Using luminosity data as a proxy for economic statistics[J]. Proceedings of the National Academy of Sciences, 2011, 108(21), 8589–8594.

[46] Chernozhukov, V., Chetverikov, D., Demirer, M., Duflo, E., Hansen, C., & Newey, W. Double/debiased/neyman machine learning of treatment effects[J]. American Economic Review, 2017, 107(5), 261–65.

[47] Chiu, J., & Koeppl, T. V. Blockchain-based settlement for asset trading. The Review of Financial Studies, 2019, 32(5), 1716–1753.

[48] Cong, L. W., & He, Z. Blockchain disruption and smart contracts[J]. The Review of Financial Studies, 2019, 32(5), 1754–1797.

[49] Csóka, P., & Jean-Jacques Herings, P. Decentralized clearing in financial networks[J]. Management Science, 2017, 64(10), 4681–4699.

[50] D'Acunto, F., Prabhala, N., & Rossi, A. G. The promises and pitfalls of robo-advising[J]. The Review of Financial Studies, 2019, 32(5), 1983–2020.

[51] Da Cruz J V. Beyond financing: crowdfunding as an informational mechanism[J]. Journal of Business Venturing, 2018, 33(3): 371–393.

[52] Dai, Hengchen, and Dennis J. Zhang, Prosocial goal pursuit in crowdfunding: Evidence from kickstarter. Journal of Marketing Research, 2019, 56(3), 498–517.

[53] Davis B. C., Hmieleski K. M., Webb J. W., et al. Funders' positive affective reactions to entrepreneurs' crowdfunding pitches: The influence of perceived product creativity and entrepreneurial passion[J]. Journal of Business Venturing, 2017, 32(1): 90–106.

[54] Dobbie W., Skiba P. M. Information asymmetries in consumer credit markets: Evidence from payday lending[J]. American Economic Journal: Applied Economics, 2013, 5(4): 256–82.

[55] Du N., Li L., Lu T., et al. Prosocial Compliance in P2P Lending: A Natural Field

Experiment [J]. Forthcoming in Management Science, 2019.

[56] Duarte J., Siegel S., Young L. Trust and credit: The role of appearance in peer-to-peer lending [J]. The Review of Financial Studies, 2012, 25 (8): 2455–2484.

[57] Dugast J., Foucault T. Data abundance and asset price informativeness [J]. Journal of Financial Economics, 2018, 130 (2): 367–391.

[58] Eagle, N., Macy, M., & Claxton, R. Network diversity and economic development [J]. Science, 2010, 328 (5981), 1029–1031.

[59] Easley, D., O'Hara, M., & Basu, S. From mining to markets: The evolution of bitcoin transaction fees [J]. Journal of Financial Economics, 2019.

[60] Einav L, Levin J. Economics in the age of big data [J]. Science, 2014, 346 (6210): 1243089.

[61] Etter, M., Ravasi, D., & Colleoni, E. Social media and the formation of organizational reputation [J]. Academy of Management Review, 2019, 44 (1), 28–52.

[62] Ewens, Michael, and Richard R. Townsend, Are early stage investors biased against women? [J] Journal of Financial Economics, 2019.

[63] Feng, G., Giglio, S., & Xiu, D.. Taming the factor zoo: A test of new factors. Forthcoming in Journal of Finance, 2019.

[64] Fernández-Villaverde, J., & Sanches, D. Can currency competition work?. Journal of Monetary Economics, 2019, 106, 1–15.

[65] Fisch, C. Initial coin offerings (ICOs) to finance new ventures [J]. Journal of Business Venturing, 2019, 34 (1), 1–22.

[66] Foley, S., Karlsen, J. R., & Putniņš, T. J. Sex, drugs, and bitcoin: How much illegal activity is financed through cryptocurrencies? [J]. The Review of Financial Studies, 2019, 32 (5), 1798–1853.

[67] Froot K., Kang N., Ozik G., et al. What do measures of real-time corporate sales

say about earnings surprises and post-announcement returns? [J]. Journal of Financial Economics, 2017, 125(1): 143-162.

[68] Fulford S. L. How important is variability in consumer credit limits? [J]. Journal of Monetary Economics, 2015, 72: 42-63.

[69] Fuster, A., Plosser, M., Schnabl, P., & Vickery, J. The role of technology in mortgage lending [J]. The Review of Financial Studies, 2019, 32(5), 1854-1899.

[70] Galak J., Small D., Stephen A. T. Microfinance decision making: A field study of prosocial lending [J]. Journal of Marketing Research, 2011, 48(SPL): S130-S137.

[71] Gandal, N., Hamrick, J. T., Moore, T., & Oberman, T. Price manipulation in the Bitcoin ecosystem [J]. Journal of Monetary Economics, 2018, 95, 86-96.

[72] Gathergood J, Guttman-Kenney B., Hunt S. How do payday loans affect borrowers? Evidence from the UK Market [J]. The Review of Financial Studies, 2018, 32(2): 496-523.

[73] Gee, L. K. The more you know: information effects on job application rates in a large field experiment [J]. Management Science, 2018, 65(5), 2077-2094.

[74] Gelman, M., Kariv, S., Shapiro, M. D., Silverman, D., & Tadelis, S. Harnessing naturally occurring data to measure the response of spending to income [J]. Science, 2014, 345(6193), 212-215.

[75] Ghose, A., Ipeirotis, P. G., & Li, B. Modeling consumer footprints on search engines: An interplay with social media [J]. Management Science, 2018, 65(3), 1363-1385.

[76] Goel, S., Hofman, J. M., Sébastien Lahaie, & Watts, P. D. J.. Predicting consumer behavior with web search [J]. Proceedings of the National Academy of Sciences of the United States of America, 2010, 107(41), 17486-17490.

[77] Grewal, L., Stephen, A. T., & Coleman, N. V. When Posting About Products on Social Media Backfires: The Negative Effects of Consumer Identity Signaling on Product Interest [J]. Journal of Marketing Research, 2019, 56 (2), 197-210.

[78] Griffin, J. M., & Shams, A.. Is bitcoin really un-tethered?. Forthcoming in Journal of Finance, 2018.

[79] Gu, S., Kelly, B., & Xiu, D.. Empirical asset pricing via machine learning. Forthcoming in Review of Financial Studies.

[80] Hansen, S., McMahon, M., & Prat, A. Transparency and deliberation within the FOMC: a computational linguistics approach. The Quarterly Journal of Economics, 2017, 133 (2), 801-870.

[81] Henderson, J. V., Storeygard, A., & Weil, D. N. Measuring economic growth from outer space [J]. American economic review, 2012, 102 (2), 994-1028.

[82] Hertzberg A., Liberman A., Paravisini D. Screening on loan terms: evidence from maturity choice in consumer credit [J]. The Review of Financial Studies, 2018: hhy.024.

[83] Herzenstein M., Sonenshein S., Dholakia U. M. Tell me a good story and I may lend you money: The role of narratives in peer-to-peer lending decisions [J]. Journal of Marketing Research, 2011, 48 (SPL): S138-S149.

[84] Hildebrand T., Puri M., Rocholl J. Adverse incentives in crowdfunding [J]. Management Science, 2016, 63 (3): 587-608.

[85] Hong Y., Hu Y., Burtch G. Embeddedness, Pro-Sociality, and Social Influence: Evidence from Online Crowdfunding [J]. Management Information System Quarterly, 2018.

[86] Howell, S. T., Niessner, M., & Yermack, D.. Initial coin offerings: Financing

growth with cryptocurrency token sales. Forthcoming in Review of Financial Studies, 2019.

[87] Hu M., Shi M., Wu J. Simultaneous vs. sequential group-buying mechanisms[J]. Management Science, 2013, 59(12): 2805-2822.

[88] Huang, A. G., Tan, H., & Wermers, R.. Institutional trading around corporate news: Evidence from textual analysis. Forthcoming in Review of Financial Studies.

[89] Huang, J. The customer knows best: The investment value of consumer opinions. Journal of Financial Economics, 2018, 128(1), 164-182.

[90] Huang, N., Burtch, G., Gu, B., Hong, Y., Liang, C., Wang, K., ... & Yang, B. Motivating user-generated content with performance feedback: Evidence from randomized field experiments[J]. Management Science, 2018, 65(1), 327-345.

[91] Iyer R., Khwaja A. I., Luttmer E. F. P., et al. Screening peers softly: Inferring the quality of small borrowers[J]. Management Science, 2015, 62(6): 1554-1577.

[92] Jack, W., & Suri, T. Risk sharing and transactions costs: Evidence from Kenya's mobile money revolution[J]. American Economic Review, 2014, 104(1), 183-223.

[93] Jean, N., Burke, M., Xie, M., Davis, W. M., Lobell, D. B., & Ermon, S. Combining satellite imagery and machine learning to predict poverty. Science, 2016, 353(6301), 790-794.

[94] Jolivet, G., & Turon, H. Consumer search costs and preferences on the internet[J]. The Review of Economic Studies, 2018, 86(3), 1258-1300.

[95] Jung, M. J., Naughton, J. P., Tahoun, A., & Wang, C. Do firms strategically disseminate? Evidence from corporate use of social media[J]. The Accounting Review, 2017, 93(4), 225-252.

[96] Karlan D., Zinman J. Expanding credit access: Using randomized supply decisions to estimate the impacts [J]. The Review of Financial Studies, 2009, 23 (1): 433-464.

[97] Karlan D., Zinman J. Long-run price elasticities of demand for credit: evidence from a countrywide field experiment in Mexico [J]. Review of Economic Studies, 2018, 86 (4): 1704-1746.

[98] Karlan D., Zinman J. Microcredit in theory and practice: Using randomized credit scoring for impact evaluation [J]. Science, 2011, 332 (6035): 1278-1284.

[99] Karlan D., Zinman J. Observing unobservables: Identifying information asymmetries with a consumer credit field experiment [J]. Econometrica, 2009, 77 (6): 1993-2008.

[100] Kim K., Viswanathan S. The "Experts" in the Crowd: The Role of Experienced Investors in a Crowdfunding Market [J]. Management Information System Quarterly, 2019.

[101] King, & G. Ensuring the data-rich future of the social sciences [J]. Science, 2011, 331 (6018), 719-721.

[102] Kleinberg, J., Lakkaraju, H., Leskovec, J., Ludwig, J., & Mullainathan, S. Human decisions and machine predictions [J]. The quarterly journal of economics, 133 (1), 237-293.

[103] Kozak, S., Nagel, S., & Santosh, S. Shrinking the cross-section [J]. Journal of Financial Economics, 2019.

[104] Krämer, J., Schnurr, D., & Wohlfarth, M. Winners, losers, and Facebook: the role of social logins in the online advertising ecosystem [J]. Management Science, 2018, 65 (4), 1678-1699.

[105] Kuppuswamy V., Bayus B. L. Does my contribution to your crowdfunding project matter? [J]. Journal of Business Venturing, 2017, 32 (1): 72-89.

[106] Lanz, A., Goldenberg, J., Shapira, D., & Stahl, F. Climb or Jump: Status-Based Seeding in User-Generated Content Networks [J]. Journal of Marketing Research, 2019, 56 (3), 361–378.

[107] Lazer, D., Pentland, A., Adamic, L., Aral, S., Barabási, A. L., Brewer, D., ... & Jebara, T. Computational social science [J]. Science, 2009, 323 (5915), 721–723.

[108] Li, Emma, L. Liao, Z. Wang, H. Xiang. Venture capital certification and customer response: Evidence from P2P lending platforms, Forthcoming in Journal of Corporate Finance, 2019.

[109] Li, F. The information content of forward-looking statements in corporate filings-Anaïve Bayesian machine learning approach. Journal of Accounting Research, 2010, 48 (5), 1049–1102.

[110] Lin M., Prabhala N. R., Viswanathan S. Judging borrowers by the company they keep: Friendship networks and information asymmetry in online peer-to-peer lending [J]. Management Science, 2013, 59 (1): 17–35.

[111] Lin M., Viswanathan S. Home bias in online investments: An empirical study of an online crowdfunding market [J]. Management Science, 2015, 62 (5): 1393–1414.

[112] Liu D., Brass D., Lu Y., et al. Friendships in online peer-to-peer lending: Pipes, prisms, and relational herding [J]. Management Information System Quarterly, 2015.

[113] Loughran, T., & McDonald, B. Textual analysis in accounting and finance: A survey [J]. Journal of Accounting Research, 2016, 54 (4), 1187–1230.

[114] Mahmood A., Luffarelli J., Mukesh M. What's in a logo? The impact of complex visual cues in equity crowdfunding [J]. Journal of Business Venturing, 2019, 34 (1): 41–62.

[115] Makarov, I., & Schoar, A. Trading and arbitrage in cryptocurrency markets [J]. Journal of Financial Economics, 2019.

[116] Manela, A., & Moreira, A. News implied volatility and disaster concerns [J]. Journal of Financial Economics, 2017, 123（1）, 137–162.

[117] Melzer B. T. Spillovers from costly credit [J]. The Review of Financial Studies, 2018, 31（9）: 3568–3594.

[118] Melzer B T. The real costs of credit access: Evidence from the payday lending market [J]. The Quarterly Journal of Economics, 2011, 126（1）: 517–555.

[119] Michalopoulos, S., & Papaioannou, E. National institutions and subnational development in Africa [J]. The Quarterly journal of economics, 2013, 129（1）, 151–213.

[120] Michels J. Do unverifiable disclosures matter? Evidence from peer-to-peer lending [J]. The Accounting Review, 2012, 87（4）: 1385–1413.

[121] Mollick E., Nanda R. Wisdom or madness? Comparing crowds with expert evaluation in funding the arts [J]. Management Science, 2015, 62（6）: 1533–1553.

[122] Mollick E. The dynamics of crowdfunding: An exploratory study [J]. Journal of business venturing, 2014, 29（1）: 1–16.

[123] Montes, R., Sand-Zantman, W., & Valletti, T. The value of personal information in online markets with endogenous privacy [J]. Management Science, 2018, 65（3）, 1342–1362.

[124] Morse A. Payday lenders: Heroes or villains? [J]. Journal of Financial Economics, 2011, 102（1）: 28–44.

[125] Mullainathan, S., & Obermeyer, Z. Does machine learning automate moral hazard and error? [J]. American Economic Review, 2017, 107（5）, 476–80.

[126] Olafsson A., Pagel M. The liquid hand-to-mouth: Evidence from personal

finance management software [J]. The Review of Financial Studies, 2018, 31 (11): 4398-4446.

[127] Oo P. P., Allison T. H., Sahaym A., et al. User entrepreneurs'multiple identities and crowdfunding performance: Effects through product innovativeness, perceived passion, and need similarity [J]. Journal of Business Venturing, 2018.

[128] Paravisini D., Rappoport V., Ravina E. Risk aversion and wealth: Evidence from person-to-person lending portfolios [J]. Management Science, 2016, 63 (2): 279-297.

[129] Parhankangas A., Renko M. Linguistic style and crowdfunding success among social and commercial entrepreneurs [J]. Journal of Business Venturing, 2017, 32 (2): 215-236.

[130] Parkes, D. C., & Wellman, M. P. Economic reasoning and artificial intelligence. Science [J], 2015, 349 (6245), 267-272.

[131] Philipp B. Cornelius, and Bilal Gokpinar, The Role of Customer Investor Involvement in Crowdfunding Success. Management Science, 2019.

[132] Pinkovskiy, M., & Sala-i-Martin, X. Lights, camera… income! Illuminating the national accounts-household surveys debate [J]. The Quarterly Journal of Economics, 2016, 131 (2), 579-631.

[133] Pope D. G., Sydnor J. R. What's in a Picture? Evidence of Discrimination from Prosper. com [J]. Journal of Human resources, 2011, 46 (1): 53-92.

[134] Ravina, E. Love & Loans: the Effect of Beauty and Personal Characteristics in Credit Markets [J]. Working paper, 2012.

[135] Ravasi, D., Etter, M., & Colleoni, E. Why Would the Rise of Social Media Increase the Influence of Traditional Media on Collective Judgments? A Response to Blevins and Ragozzino [J]. Academy of Management Review, 2019,44 (1),

222-226.

[136] Roma P., Gal-Or E., Chen R. R. Reward-Based Crowdfunding Campaigns: Informational Value and Access to Venture Capital [J]. Information Systems Research, 2018.

[137] Scheaf D. J., Davis B. C., Webb J. W., et al. Signals' flexibility and interaction with visual cues: Insights from crowdfunding [J]. Journal of Business Venturing, 2018, 33 (6): 720-741.

[138] Schilling, L., & Uhlig, H. Some simple bitcoin economics [J]. Journal of Monetary Economics, 2019, 106, 16-26.

[139] Sismeiro, C., & Mahmood, A. Competitive vs. complementary effects in online social networks and news consumption: A natural experiment [J]. Management Science, 2018, 2018, 64 (11), 5014-5037.

[140] Steigenberger N., Wilhelm H. Extending Signaling Theory to Rhetorical Signals: Evidence from Crowdfunding [J]. Organization Science, 2018, 29 (3): 529-546.

[141] Stephen A. T., Galak J. The effects of traditional and social earned media on sales: A study of a microlending marketplace [J]. Journal of Marketing Research, 2012, 49 (5): 624-639.

[142] Stevenson R. M., Ciuchta M. P., Letwin C., et al. Out of control or right on the money? Funder self-efficacy and crowd bias in equity crowdfunding [J]. Journal of Business Venturing, 2018.

[143] Strausz R. A theory of crowdfunding: A mechanism design approach with demand uncertainty and moral hazard [J]. American Economic Review, 2017, 107(6): 1430-1476.

[144] Tambe, P. Big data investment, skills, and firm value [J]. Management Science, 2014, 60 (6), 1452-1469.

[145] Tang H. Peer-to-peer lenders versus banks: substitutes or complements? [J]. Review of Financial Studies, 2019.

[146] Thorstad, R., & Wolff, P. A big data analysis of the relationship between future thinking and decision-making [J]. Proceedings of the National Academy of Sciences, 2018, 115(8), E1740-E1748.

[147] Vallee, B., & Zeng, Y. Marketplace lending: a new banking paradigm? [J]. The Review of Financial Studies, 2019, 32(5), 1939-1982.

[148] Walthoff-Borm X., Schwienbacher A., Vanacker T. Equity crowdfunding: First resort or last resort? [J]. Journal of Business Venturing, 2018.

[149] Wang Z., Wolman A. L. Payment choice and currency use: Insights from two billion retail transactions [J]. Journal of Monetary Economics, 2016, 84: 94-115.

[150] Wei Z., Lin M. Market mechanisms in online peer-to-peer lending [J]. Management Science, 2016, 63(12): 4236-4257.

[151] Wu J., Shi M., Hu M. Threshold effects in online group buying [J]. Management Science, 2014, 61(9): 2025-2040.

[152] Wu, L., Lou, B., & Hitt, L. M. Data Analytics Supports Decentralized Innovation [J]. Forthcoming in Management Science, 2019.

[153] Younkin, Peter, and Venkat Kuppuswamy, The colorblind crowd? Founder race and performance in crowdfunding, Management Science, 2017, 64(7), 3269-3287.

[154] Zhang J, Liu P. Rational herding in microloan markets [J]. Management science, 2012, 58(5): 892-912.

[155] Zhu, C. Big data as a governance mechanism [J]. The Review of Financial Studies, 2019, 32(5), 2021-2061.

[156] 毕功兵, 杨云绅, 梁樑. 策略延迟下众筹项目的定价和激励决策 [J]. 中

国管理科学, 2019, 27（11）: 1–10.

[157] 蔡跃洲, 陈楠. 新技术革命下人工智能与高质量增长、高质量就业[J]. 数量经济技术经济研究, 2019, 36（05）: 4–23.

[158] 曹颢, 尤建新, 卢锐, 等. 我国科技金融发展指数实证研究[J]. 中国管理科学, 2011, V19（3）: 134–140.

[159] 陈林, 谢彦妩, 李平, 等. 借款陈述文字中的违约信号——基于P2P网络借贷的实证研究[J]. 中国管理科学, 2019, 27（4）: 37–47.

[160] 陈荣达, 林博, 何诚颖, 等. 互联网金融特征、投资者情绪与互联网理财产品回报[J]. 经济研究, 2019（7）.

[161] 陈霄, 叶德珠, 邓洁. 借款描述的可读性能够提高网络借款成功率吗[J]. 中国工业经济, 2018（3）: 174–192.

[162] 陈彦斌, 林晨, 陈小亮. 人工智能、老龄化与经济增长[J]. 经济研究, 2019（7）.

[163] 陈艺云. 基于信息披露文本的上市公司财务困境预测: 以中文年报管理层讨论与分析为样本的研究[J]. 中国管理科学, 2019, 27（7）: 23–34.

[164] 邓颖惠, 廖理, 王正位. 风险投资的认证作用——来自网贷市场的证据[J]. 投资研究, 2018（3）: 94–117.

[165] 丁慧, 吕长江, 陈运佳. 投资者信息能力: 意见分歧与股价崩盘风险——来自社交媒体"上证e互动"的证据[J]. 管理世界, 2018（9）: 16.

[166] 丁慧, 吕长江, 黄海杰. 社交媒体, 投资者信息获取和解读能力与盈余预期——来自"上证e互动"平台的证据[J]. 经济研究, 2018（1）: 12.

[167] 丁杰, 曾燕, 李悦雷, 等. 金融投资中的教育溢价及其性别异质性——基于P2P网贷投资的实证检验[J]. 中国管理科学, 2019, 27（10）: 1–11.

[168] 杜黎, 苏海莉, 钱丽新. 众筹环境下用户参与行为影响因素研究[J]. 中国管理科学, 2016（S1）: 371–377.

[169] 范忠宝, 王小燕, 阮坚. 区块链技术的发展趋势和战略应用——基于文献

视角与实践层面的研究［J］.管理世界,2018（12）:21.

［170］范兆斌,张柳青.中国普惠金融发展对贸易边际及结构的影响［J］.数量经济技术经济研究,2017,34（9）:57-74.

［171］范子英,彭飞,刘冲.政治关联与经济增长———基于卫星灯光数据的研究［J］.经济研究,2016,1:114-126.

［172］冯博,叶绮文,陈冬宇.P2P网络借贷研究进展及中国问题研究展望［J］.管理科学学报,2017,20（4）:113-126.

［173］傅秋子,黄益平.数字金融对农村金融需求的异质性影响——来自中国家庭金融调查与北京大学数字普惠金融指数的证据［J］.金融研究,2018,461（11）:68-84.

［174］高华川,白仲林.一种基于机器学习的时变面板数据政策评估方法［J］.数量经济技术经济研究,2019（8）.

［175］高铭,江嘉骏,陈佳,等.谁说女子不如儿郎?——P2P投资行为与过度自信［J］.金融研究,2017,449（11）:96-111.

［176］顾乃康,赵坤霞.实时的社会信息与互联网产品众筹的动态性——基于大数据的采集与挖掘研究［J］.金融研究,2019,463（1）:168-187.

［177］何光辉,杨咸月,蒲嘉杰.中国P2P网络借贷平台风险及其决定因素研究［J］.数量经济技术经济研究,2017（11）:45-63.

［178］何启志,彭明生.基于互联网金融的网贷利率特征研究［J］.金融研究,2016（10）:95-110.

［179］何贤杰,王孝钰,孙淑伟,等.网络新媒体信息披露的经济后果研究——基于股价同步性的视角［J］.管理科学学报,2018（6）:4.

［180］胡金焱,李建文,张博.P2P网络借贷是否实现了普惠金融目标［J］.世界经济,2018（11）:9.

［181］胡金焱,宋唯实.P2P借贷中投资者的理性意识与权衡行为——基于"人人贷"数据的实证分析［J］.金融研究,2017（7）:86-104.

［182］胡军，王甄．微博，特质性信息披露与股价同步性［J］．金融研究，2015（11）：190-206.

［183］黄玲，周勤．创意众筹的异质性融资激励与自反馈机制设计研究——以"点名时间"为例［J］．中国工业经济，2014（7）：135-147.

［184］黄志刚，刘志惠，朱建林．多源数据信用评级普适模型栈框架的构建与应用［J］．数量经济技术经济研究，2019，36（04）：156-169.

［185］蒋翠清，王睿雅，丁勇．融入软信息的P2P网络借贷违约预测方法［J］．中国管理科学，2017（11）：12-21.

［186］蒋辉，马超群，许旭庆，等．仿EM的多变量缺失数据填补算法及其在信用评估中的应用［J］．中国管理科学，2019（3）：11-19.

［187］姜琪．中国P2P网贷平台效率差异及成交量影响因素研究［J］．数量经济技术经济研究，2018（6）：4.

［188］李斌，邵新月，李玥阳．机器学习驱动的基本面量化投资研究［J］．中国工业经济，2019（8）．

［189］李苍舒，沈艳．风险传染的信息识别——基于网络借贷市场的实证［J］．金融研究，2018，461（11）：98-118.

［190］李继尊．关于互联网金融的思考［J］．管理世界，2015（7）：1-7.

［191］李建军，韩珣．普惠金融，收入分配和贫困减缓——推进效率和公平的政策框架选择［J］．金融研究，2019，465（3）：129-148.

［192］李俊霞，张哲，温小霓．科技金融支持高新技术产业发展的实证研究——基于系统动力学方法［J］．中国管理科学，2016（S1）：751-757.

［193］李涛，徐翔，孙硕．普惠金融与经济增长［J］．金融研究，2016（4）：1-16.

［194］李焰，高弋君，李珍妮，等．借款人描述性信息对投资人决策的影响——基于P2P网络借贷平台的分析［J］．经济研究，2014，49（A01）：143-155.

［195］李杨，程斌琪．"一带一路"倡议下的金融科技合作体系构建与金融外交升级［J］．清华大学学报（哲学社会科学版），2018（5）：14.

[196] 廖理, 吉霖, 张伟强. 借贷市场能准确识别学历的价值吗？——来自P2P平台的经验证据[J]. 金融研究, 2015（3）: 146-159.

[197] 廖理, 吉霖, 张伟强. 语言可信吗？借贷市场上语言的作用——来自P2P平台的证据[J]. 清华大学学报（自然科学版）（04）: 43-51.

[198] 廖理, 李梦然, 王正位. 聪明的投资者：非完全市场化利率与风险识别——来自P2P网络借贷的证据[J]. 经济研究, 2014（7）: 125-137.

[199] 廖理, 李梦然, 王正位. 中国互联网金融的地域歧视研究[J]. 数量经济技术经济研究, 2014, 31（5）: 54-70.

[200] 廖理, 李梦然, 王正位, 等. 观察中学习：P2P网络投资中信息传递与羊群行为[J]. 清华大学学报（哲学社会科学版）, 2015, 1: 156-165.

[201] 廖理, 向佳, 王正位. P2P借贷投资者的群体智慧[J]. 中国管理科学, 2018, 26（10）: 30-40.

[202] 廖理, 向佳, 王正位. 网络借贷的角色转换与投资者学习效应[J]. 中国工业经济, 2018（9）: 4.

[203] 廖理, 张伟强. P2P网络借贷实证研究：一个文献综述[J]. 清华大学学报（哲学社会科学版）, 2017, 32（2）: 186-196.

[204] 刘波, 刘彦, 赵洪江, 等. 预售众筹与股权众筹的选择：基于众筹平台与企业家声誉的视角[J]. 金融研究, 2017（7）: 175-191.

[205] 刘刚, 王泽宇, 程熙镕. "朋友圈"优势、内群体条件与互联网创业——基于整合社会认同与嵌入理论的新视角[J]. 中国工业经济, 2016（8）: 110-126.

[206] 刘海飞, 许金涛, 柏巍, 等. 社交网络、投资者关注与股价同步性[J]. 管理科学学报, 2017, 20（2）: 53-62.

[207] 刘红忠, 毛杰. P2P网络借贷平台爆发风险事件问题的研究——基于实物期权理论的视角[J]. 金融研究, 2018, 461（11）: 119-132.

[208] 刘涛雄, 徐晓飞. 互联网搜索行为能帮助我们预测宏观经济吗？[J]. 经

济研究, 2015, 50（12）: 68-83.

[209] 刘伟, 夏立秋. 网络借贷市场参与主体行为策略的演化博弈均衡分析——基于三方博弈的视角［J］. 中国管理科学, 2018（5）: 17.

[210] 刘维奇, 李建莹. 媒体热议度能有效降低股价暴跌风险吗？——基于公司透明度调节作用的研究［J］. 中国管理科学, 2019, 27（11）: 39-49.

[211] 刘征驰, 马滔, 周莎, 等. 极客经济, 社群生态与互联网众筹产品定价［J］. 中国管理科学, 2017（9）: 107-115.

[212] 马黎珺, 伊志宏, 张澈. 廉价交谈还是言之有据？——分析师报告文本的信息含量研究［J］. 管理世界, 2019（7）.

[213] 马晓君, 沙靖岚, 牛雪琪. 基于LightGBM算法的P2P项目信用评级模型的设计及应用［J］. 数量经济技术经济研究, 2018, 35（5）: 144-160.

[214] 彭红枫, 林川. 言之有物: 网络借贷中语言有用吗？——来自人人贷借款描述的经验证据［J］. 金融研究, 2018, 461（11）: 133-153.

[215] 彭红枫, 赵海燕, 周洋. 借款陈述会影响借款成本和借款成功率吗？——基于网络借贷陈述的文本分析［J］. 金融研究, 2016（4）: 158-173.

[216] 齐红倩, 李志创. 中国普惠金融发展水平测度与评价——基于不同目标群体的微观实证研究［J］. 数量经济技术经济研究, 2019, 36（05）: 101-117.

[217] 祁明, 肖林. 虚拟货币: 运行机制, 交易体系与治理策略［J］. 中国工业经济, 2014（4）: 110-122.

[218] 清华大学金融科技研究院课题组. 网贷行业2018年问题平台报告［J］. 清华金融评论, 2018（11）: 24-31.

[219] 邱晗, 黄益平, 纪洋. 金融科技对传统银行行为的影响——基于互联网理财的视角［J］. 金融研究, 2018, 461（11）: 17-30.

[220] 邱甲贤, 聂富强, 童牧, 等. 第三方电子交易平台的双边市场特征——基于在线个人借贷市场的实证分析［J］. 管理科学学报, 2016, 19（1）: 47-59.

［221］屈绍建，卢艳玲，纪颖.社交网络推送下的众筹融资机制分析［J］.中国管理科学，2019（3）：1-10.

［222］任宏达，王琨.产品市场竞争与信息披露质量——基于上市公司年报文本分析的新证据［J］.会计研究，2019（3）：5.

［223］邵腾伟，吕秀梅.基于F2F的生鲜农产品C2B众筹预售定价［J］.中国管理科学，2017，24（11）：146-152.

［224］沈丽，张好圆，李文君.中国普惠金融的区域差异及分布动态演进［J］.数量经济技术经济研究，2019，36（7）：62-80.

［225］宋双杰，曹晖，杨坤.投资者关注与IPO异象——来自网络搜索量的经验证据［J］.经济研究，2011，1：145-155.

［226］孙浩，柴跃廷，刘义.电子货币对宏观经济影响的建模及分析［J］.清华大学学报（自然科学版），2010（01）：3-6.

［227］孙浩，柴跃廷，刘义.构建可信支付网络的顶层机制设计［J］.清华大学学报（自然科学版），2012（03）：73-76.

［228］唐勇，朱鹏飞.网贷市场利率与成交量关系研究——基于不同监管时期数据的实证分析［J］.中国管理科学，2019，27（7）：35-45.

［229］王博，梁洪，张晓玫.利率市场化，货币政策冲击与线上线下民间借贷［J］.中国工业经济，2019（6）：5.

［230］王博，张晓玫，卢露.网络借贷是实现普惠金融的有效途径吗——来自"人人贷"的微观借贷证据［J］.中国工业经济，2017（2）：98-116.

［231］王会娟，廖理.中国P2P网络借贷平台信用认证机制研究——来自"人人贷"的经验证据［J］.中国工业经济，2014（4）：136-147.

［232］王茂光，葛蕾蕾，赵江平.基于C5.0算法的小额网贷平台的风险监控研究［J］.中国管理科学，2016，24（S1）：345-352.

［233］王伟，王洪伟.众筹融资成功率与语言风格的说服性——基于Kickstarter的实证研究［J］.管理世界，2016（5）：81-98.

[234] 王颖, 曾康霖. 论普惠: 普惠金融的经济伦理本质与史学简析[J]. 金融研究, 2016(2): 37-54.

[235] 王正位, 王新程, 廖理. 信任与欺骗: 投资者为什么陷入庞氏骗局?——来自e租宝88.9万名投资者的经验证据[J]. 金融研究, 2019, 470 (8): 96-112.

[236] 王正位, 向佳, 廖理, 等. 互联网金融环境下投资者学习行为的经济学分析[J]. 数量经济技术经济研究, 2016, 33 (3): 95-111.

[237] 吴雨, 李洁, 尹志超. 房价上涨对P2P网络借贷成本的影响分析——来自"人人贷"的经验证据[J]. 金融研究, 2018, 461 (11): 85-97.

[238] 向虹宇, 廖理, 王正位. 注意力与P2P投资者投资决策——来自人人贷的证据[J]. 经济学报, 2017(3): 84-107.

[239] 向虹宇, 王正位, 江静琳, 廖理. 网贷平台的利率究竟代表了什么?[J]. 经济研究, 2019 (5).

[240] 向佳, 廖理, 王正位. 投资者有限注意对投资业绩的影响[J]. 技术经济, 2018, 37 (4): 109-120.

[241] 谢德仁, 林乐. 管理层语调能预示公司未来业绩吗?——基于我国上市公司年度业绩说明会的文本分析[J]. 会计研究, 2015(2): 20-27.

[242] 谢平, 刘海二. ICT, 移动支付与电子货币[J]. 金融研究, 2013(10): 1-14.

[243] 谢平, 石午光. 数字加密货币研究: 一个文献综述[J]. 金融研究, 2015, 1: 1-15.

[244] 谢平, 邹传伟, 刘海二. 互联网金融的基础理论[J]. 金融研究, 2015, No.422 (08): 5-16.

[245] 谢平, 邹传伟. 互联网金融模式研究[J]. 金融研究, 2012 (12): 11-22.

[246] 邢乐成, 赵建. 多维视角下的中国普惠金融: 概念梳理与理论框架[J]. 清华大学学报(哲学社会科学版), 2019(1): 14.

［247］徐巍，陈冬华．自媒体披露的信息作用——来自新浪微博的实证证据［J］．金融研究，2016（3）：157-173．

［248］徐映梅，高一铭．基于互联网大数据的CPI舆情指数构建与应用——以百度指数为例［J］．数量经济技术经济研究，2017，34（1）：94-112．

［249］徐忠，邹传伟．区块链能做什么，不能做什么？［J］．金融研究，2018，461（11）：1-16．

［250］杨东．互联网金融的法律规制——基于信息工具的视角［J］．中国社会科学，2015（4）：107-126．

［251］杨立，赵翠翠，陈晓红．基于社交网络的P2P借贷信用风险缓释机制研究［J］．中国管理科学，2018，26（1）：47-56．

［252］姚前．共识规则下的货币演化逻辑与法定数字货币的人工智能发行［J］．金融研究，2018（9）：37-55．

［253］姚前，汤莹玮．关于央行法定数字货币的若干思考［J］．金融研究，2017（7）：78-85．

［254］叶青，李增泉，徐伟航．P2P网络借贷平台的风险识别研究［J］．会计研究，2016（6）：38-45．

［255］易行健，周利．数字普惠金融发展是否显著影响了居民消费——来自中国家庭的微观证据［J］．金融研究，2018，461（11）：47-67．

［256］伊志宏，杨圣之，陈钦源．分析师能降低股价同步性吗——基于研究报告文本分析的实证研究［J］．中国工业经济，2019，370（01）：160-177．

［257］于李胜，王成龙，王艳艳．分析师社交媒体在信息传播效率中的作用——基于分析师微博的研究［J］．管理科学学报，2019，22（7）：107-126．

［258］俞庆进，张兵．投资者有限关注与股票收益——以百度指数作为关注度的一项实证研究［J］．金融研究，2012（8）：152-165．

［259］曾建光．网络安全风险感知与互联网金融的资产定价［J］．经济研究，2015，50（7）：131-145．

[260] 曾燕, 梁思莹, 田凤平, 等. 股权众筹投融资方的最优策略分析[J]. 管理科学学报, 2017, 20（9）: 113-126.

[261] 曾燕, 邱国盛, 黄守军. 预售众筹产品质量夸大行为及其预防措施分析[J]. 管理科学学报, 2019(7): 6.

[262] 张崇, 吕本富, 彭赓, 等. 网络搜索数据与CPI的相关性研究[J]. 管理科学学报, 2012, 15（7）: 50-59.

[263] 张春霞, 蔡炎宏, 刘淳. 竞争条件下的P2P网贷平台定价策略研究[J]. 清华大学学报(自然科学版), 2015(4).

[264] 张海洋. 融资约束下金融互助模式的演进——从民间金融到网络借贷[J]. 金融研究, 2017(3): 101-115.

[265] 张勋, 万广华, 张佳佳, 等. 数字经济, 普惠金融与包容性增长[J]. 经济研究, 2019(8): 6.

[266] 赵龙凯, 陆子昱, 王致远. 众里寻"股"千百度——股票收益率与百度搜索量关系的实证探究[J]. 金融研究, 2013(4): 183-195.

[267] 张继德, 廖微, 张荣武. 普通投资者关注对股市交易的量价影响——基于百度指数的实证研究[J]. 会计研究, 2014(8): 52-59.

[268] 张奇, 李彦, 王歌, 等. 基于复杂网络的电动汽车充电桩众筹市场信用风险建模与分析[J]. 中国管理科学, 2019（8）.

[269] 张谊浩, 李元, 苏中锋, 等. 网络搜索能预测股票市场吗？[J]. 金融研究, 2014(2): 193-206.

[270] 中国人民银行征信中心与金融研究所联合课题组, 纪志宏, 王晓明, 等. 互联网信贷、信用风险管理与征信[J]. 金融研究, 2014（10）: 133-147.

[271] 周光友, 施怡波. 互联网金融发展, 电子货币替代与预防性货币需求[J]. 金融研究, 2015(5): 67-82.

[272] 周雄伟, 朱恒先, 李世刚. "平台参与投资"与P2P筹资效率——基于拍拍贷平台"拍活宝"数据的经验研究[J]. 中国工业经济, 2017(4): 155-

175.

[273] 周正龙, 马本江, 胡凤英. 随机需求条件下的 P2P 网络借贷拍卖机制 [J]. 中国管理科学, 2018, 26（5）: 21-30.

[274] 朱鹏飞, 唐勇, 洪小梅, 卢团团. P2P 网贷利率存在波动溢出吗？——基于时—频域溢出指数的实证研究. 中国管理科学, 2020.

[275] 邹鸿飞, 王建州. 一种基于差分灰狼算法的消费者信心预测指数的设计 [J]. 数量经济技术经济研究, 2019, 36（02）: 121-135.

索引

A

Acxiom 60,221
Alpha 274
Alternative Data 15
Amazon's Mechanical Turk 40,101
AngelList 14,134,136

B

Bankrate 17
Behavioral model 87
Beta 210,274
Betterment 10
Bitcoin 252
Bitcorncharts 241
Bitfinex 255
Bootstrap 146
BP 神经网络 20,315

暴力催收 43
贝叶斯推断 61
比特币 Ⅳ,Ⅴ,233–237,241–242,252–258,313–314,320

C

CAPM 170,274
CBDC 258,260
Compartamos Banco 71
Convolutional Neural Networks 195
Cox Hazard 45
Credit Karma 18
Crowdcube 14,139
Crowdfunding 13
超预期盈利 209,211
处置效应 270
长短期记忆网络 316

D

Dash　257

Delivery versus Payment　247

Distributed Ledger Technology（DLT）248

Dropbox　104

道德风险　V,29,43,46,65,67–69,129–131,246–247,279,281,297,304–305

断点回归　69,88,191

E

e租宝　305

Earnings Surprise　209

Elance　202

Equifax　74,93

Estimize　17

ETF　11,256

Ethos Appeals　118

Excess Sensitivity　154

Experian Score X PLUS　35

F

Facebook　12,42,100,107,109–110,221–222,226–228

FF5　274

Fidelity　10

Foreclosure　83

发薪贷　68,85–86,89,93

非结构化　20–21,195,287,311

分布式账本　237,243–244,248,314

风险共担能力　163–164

G

GitHub　240

GLM　240

Gofundme　13

刚性兑付　13,304–305

高朋网　165–166,168

拐点回归　69

关系羊群效应　47–48

管道效应　46,48

广义矩估计法　120

过度自信　301

H

Hand-to-Mouth Behavior　154,156

Hazard 违约模型　32

Heckman　37,45

互联网公司金融　7–8

互联网消费金融　7–8

I

IBES　209

ICO　22,237–240

Indiegogo　14

IPO　101,103,135,237

J

JOBS 2,108
极值效应 270
集成神经网络 316
角色认同理论 104
接受者操作特性曲线 58
京东京小贷 9
卷积神经网络 195–196

K

Kabbage 9
Kaiko 241
Kickstarter 14,96,99–100,102,105,107–110,113,115–117,119,123,126–129,132,145,310
Kiva 51,56,63–64,79–80
K 均值聚类算法 20,315
可变利益实体 92

L

LASSO 271,316
LendingClub 12,59,92
LendingTree 17
LightGBM 20
Likert 120,123
LinkedIn 174
Logit 31,46,48
Logos Appeals 118

LPL Financial 4
莱特币 234
棱镜效应 47–48
岭回归 316
领先用户理论 104
领英 175
逻辑回归 53–54,280
逻辑证明 118–120

M

Mint 18
Monero 257
Motif Investing 5
Mt.Gox 252
MTurk 230,231
蚂蚁微贷 9

N

Neoclassical model 87
News Implied Volatility 333
内生性 53–54,64,81,90,133,216,222,273
逆向选择 29,50–51,65,67,69,297

O

O2O 2
OLS 31–32,72,137,156
Ondeck 9
Option Implied Volatility 275

P

P2P 网贷　2,11–12,14,91–92

Pathos Appeals　118

Payday loan　68

Peer Effect　221

PersonalCapital　10

Pipe effect　46

Poisson　37,80

PriceMinister　158

Prism effect　47

Probit　37,38,41,45–46

Proof-of-Work　234,243,245,249

Propensity Score Matching　83

Prosper　12,31–32,34–36,39–40,44–45,48–50,53–55,57,60–62,70,300,303

PSM　83–84

爬虫程序　166

拍拍贷　46–48,299,303

偏好性歧视　30–33,95–96,299

Q

Quantopian　17

齐夫定律　283

迁移学习　195–196

嵌入度　109

情感证明　118–120

趋势跟随行为　270

取消抵押品赎回权　83–84

去中心化　V,177–178,234,243,249–250,254,262

R

Robinhood　5

ROC 曲线　58

人力资本　101–104,137,176,298

人人贷　297–299,300–303,307–308

融360　17

软信息　50,57–59,297,315

S

Seeking Alpha　17,208–209,215

Self-Efficacy　145

Shannon Entropy　220

Social stigma cost　43

Social Value Orientation（SVO）　228

三重差分　84,110,206

社会认同理论　104

社会资本　101–103

深度前馈网络　316

数字鸿沟　132

双重差分　72,73,86,91–92,110,181,206,305

随机森林　20,297,315

随机折现因子　272–273

T

Tether　254–256

Tobit 37,41
Token 314
Transfer Learning 195
Twitter 42,109–110
泰达币 254
梯度提升树 316
田野实验 21,63,65,71–72,76–78,81,90,124–125,136,174–175,320
同伴效应 109,221
统计性歧视 30–33,95–96
推特 210–211,213–214,217–218,222,289–292

U

UBI 6
UpWork 202
USDT 21,255
User Generated Contents（UGC） 228

V

Vanguard 10

W

Wealthfront 10
WRDS 273–274
文本分析 V,21,102,109,152,208,210,212–213,269,282–287,316

X

夏普比率 269,271,273
现金贷 65–66,68,81,84–89
消费贷 11–12,76,87,168
心理资本 99,101–103,116
新古典模型 87,267
信号理论 101–102,118,238
信息不对称 Ⅱ,8,20,29,35,42,46,49,65,67–69,72,112,121,123,136,138,140,145,170,180,184,207,213,238–239,247,294,297,298,302,305–306
信息瀑布 47
信息中介 57,63,172,217,297
信用中介 57,304
信誉证明 118–120
循环神经网络 316

Y

亚马逊机器人 96–98,141
亚马逊土耳其机器人 40,101
羊群效应 Ⅱ,47–48,56,60–63,107,121,175,185,296,302
一价定律 200–201
因果推断 21,320
影子银行 90
硬信息 297,315
有限注意 301–302

Z

ZCash 257

Zopa 11

支持向量机 20,315

芝加哥计划 258,260

智能投顾 7,9-11,269-270,285-287,319

专家打分法 40

啄食顺序理论 138-140

自我效能 III,145-147

最大似然法 52

最小二乘回归 60,69,83,125,316